JN299797

政治を問い直す❶

国民国家の境界

加藤哲郎・小野一・
田中ひかる・堀江孝司
［編］

日本経済評論社

政治を問い直す　第1巻
国民国家の境界／目次

序　章　国民国家の境界
　　　　　――時間と空間から問い直す　　　　田中ひかる・堀江孝司　　1

第Ⅰ部　国籍と市民権を問い直す

第1章　越境するシティズンシップとポスト植民地主義
　　　　　　　　　　　　　　　　　　　　　　　大中一彌　　27

第2章　動揺する国民国家を受け止める　　　　丹野清人　　59

第3章　国民の歴史意識を問い直す
　　　　――国籍と戸籍をめぐって交錯した沖縄・奄美と旧植民地
　　　　　　　　　　　　　　　　　　　　　　　鳥山　淳　　75

第Ⅱ部　公共政策空間を問い直す

第4章　公共圏の創出，拡大，変容
　　　　――東ドイツ環境運動を事例に　　　　井関正久　　93

第5章　越境する政策と国際的な規範
　　　　――女性政策をめぐる国境を越える政治　堀江孝司　　113

第6章　越境するハウスホールド
　　　　――大陸ヨーロッパにおける移民家庭内ケアワーカーから考える
　　　　　　　　　　　　　　　　　　　　　　　稗田健志　　133

第7章　ドイツにおける移民・外国人政策
　　　　――ヨーロッパ政治との相互規定関係の中で　小野　一　　151

第8章　「移民のいない日」（2006年5月1日）の衝撃
　　　　――ヒスパニックはアメリカをどう変えたか　高橋善隆　　169

第Ⅲ部　越境の歴史を問い直す

第9章　国境を越える連帯
　　　　──1920年代広州における「中韓協会」　　　許　寿童　189

第10章　国民国家を越える戦場への移動
　　　　──スペイン国際旅団とアメリカ人義勇兵：
　　　　　　アメリカの若者が見たスペイン内戦　　島田　顕　207

第11章　人の移動と思想・運動の生成
　　　　──ロシア革命前後のロシア出身のユダヤ系移民アナーキスト
　　　　　　　　　　　　　　　　　　　　　　　田中ひかる　229

あとがき　　249

編者・執筆者紹介　　253

序章

国民国家の境界
――時間と空間から問い直す

田中　ひかる・堀江　孝司

はじめに

(1) シリーズ「政治を問い直す」が目指すもの

　本書は，全2巻からなるシリーズ「政治を問い直す」の第1巻である。「政治を問い直す」というテーマは，現代における現実政治の変化とそれをめぐる思索の双方が，政治に関する学問の基本的諸前提に再検討を迫るのではないか，という私たちの認識に由来する。

　そのような認識に至ったのは，現代の政治を取り巻く状況と，これをめぐって次々と現れてくるさまざまな思索に私たちが直面し続けた結果である。例えば第1巻で扱われているグローバル化は，国民国家という単位を軸にして行われることを自明のこととしていた政治を相対化している。その結果，私たちは，自分たちが抱いている政治に関わる概念や理論，イメージといったものの多くが国民国家といかに深く結びついているかに気づかされることになったのである。他方，第2巻で扱われているような，従来「政治」として扱われなかった多くの現象について，近年ではその政治的側面に焦点が当てられるようになり，そういった諸側面に関する議論も起こるようになっている。

　本シリーズの執筆者は，専門を異にする多様な顔ぶれで構成されているが，各自の専門領域において，それぞれの立場から政治の現実を見つめる中で，政治の意味，対象，あるいは形態に関する新しい変化に直面してきた。そして私たちは，それら政治の新たな変容の全体像に迫るためには，各自が個別

の事例を再検討することを通じて、最終的には「政治」そのものを問題にする必要があるのではないか、と考えるようになった。本シリーズのタイトルを「政治を問い直す」としたゆえんである。

「政治を問い直す」という大きなテーマは、さまざまな学問領域で、個別的かつ具体的な事例や問題領域の中での検討と、それらを総合することを通じて探求されるべきものであろう。本書だけでそのような大がかりな作業ができないのは当然であるが、少なくとも、そうした学際的な作業の一部を担うことを、本書は目指した。

本シリーズは、第1巻『国民国家の境界』と第2巻『差異のデモクラシー』からなり、第1巻では、グローバル化の中で揺らぐ国民国家の「境界」を、空間と時間という二つの次元を意識しながら再検討し、私たちが日常的に自明のものと見なしている「国民国家」という枠組みや、それにまつわるさまざまな前提を問い直すものである。第2巻は、これも現在の私たちにとっては当然のものとして受け入れている「デモクラシー」を、思想や制度、歴史や実践に及ぶ領域にわたって再検討し、問い直すものである。以下では、本書第1巻の基本的な特徴と内容について述べていきたい。

(2) **本書の特色**

第1巻の本書は、「国民国家の境界」と題されている。私たちが暮らす現代という時代には、さまざまな特徴づけが可能であるが、有力なものの一つは、グローバル化の時代というものであろう。

グローバル化にはさまざまな側面があるが、多くの人がイメージするのは、ヒト、モノ、カネなどの国境を越えた移動が増大する、という面ではないだろうか。本書はそれにとどまらず、それらに付随して移動するさまざまな情報が、私たちが慣れ親しんできた国民国家という枠組みに沿って物を見、考える作法を相対化すること、言い換えれば、境界を越えて移動する情報が、国民国家という境界に枠づけられた私たちの思考を揺さぶるという点を重視する。

国境を含めたあらゆる境界を越える「移動」について、近年新たな問題提

起を行ったのが，社会学者のJ. アーリである。彼は，これまでの社会学が，そして「社会」という観念それ自体が，定住社会を前提に組み立てられてきたことを反省し，人の移動を踏まえたその脱構築を提唱している（アーリ2006）。政治に関する学問も，このような社会学者アーリの提言を真剣に受けとめ，「政治」が行われる「場」や「単位」と考えられてきた枠組みによって，私たちの思考や物の見方が拘束されている可能性に想像力を働かせ，そうした前提自体疑ってみる必要があるのではないだろうか。

こうした問題関心から，シリーズの第1巻である本書は，国境で区切られた「国民国家」という単位自体を自明視しない政治についての論文を集めた。いわば，「移動によって相対化される国民国家」，「国民国家を越える政治」が本書のテーマである。

無論，国民国家を越える政治にはさまざまなものがありうるが，本書が中心的に扱うのは，既存の国民国家の枠にとらわれないで思考し，ときには自ら移動する名もなき人びとによる政治であり，あるいは国民国家の境界を越えて移動してくる情報に想像力を刺激されながら，国民国家の境界を相対化し，政治が行われる枠組み自体に問い直しを迫る，そのような政治である。本書の構成に沿って，具体的に見ていこう。

⑶　本書の構成

本書は，3部構成を取っている。

第Ⅰ部は「国籍と市民権を問い直す」と題され，3章からなる。第1章（大中一彌）は，古典古代にさかのぼり，人類が「市民」というものをいかに捉えてきたかを，ヨーロッパという単位に着目しながら振り返るものである。古代から現代までを一望する大中の試みは，シティズンシップが時代の刻印を帯びてきたことを示すと同時に，それをもたぬ人びとへの排除の機制となるという点では，歴史を通じて一貫する核をもつことをも確認している。続く2つの章は，国籍を問い直す論考である。日本の国籍法を主たる題材に，国籍のゆらぎを検討する第2章（丹野清人）は，国民の範囲を定める国籍法が，国際社会からの規定を受けると同時に，当該社会における家族観の関数

でもあることを示し，第二次大戦後の世界における「容れ物」たる国家の安定性と「中身」たる国民のゆらぎというコントラストを描いている。第3章（鳥山淳）は，日本国籍を喪失した旧植民地住民が，「境界」に位置する沖縄の戸籍を取得することを通じて，日本人に「なりすます」という行動とともに，日本人であるにもかかわらず占領軍によって引かれた境界を越えて移動すると，日本から強制送還されてしまうという，沖縄・奄美出身者の存在に光を当てる。以上の3章は，国民の境界の人工性・恣意性への思索へと，読者をいざなう。

　第II部は「公共政策空間を問い直す」と題され，5章からなる。第4章（井関正久）は厳しい情報統制が敷かれていた旧東ドイツで生まれ，対抗公共圏を形成した環境運動が，西側の運動とネットワークを形成することで生き残った様子を，「サミズダート」（「地下出版」）による情報や言説の移動を視野に入れながら論じる。第5章（堀江孝司）は，女性の権利に関する政策を題材に，規範の伝播などを通じて一国の政策が国際的に形成されるという見方を提示するとともに，国際的な規範への着目が，社会運動にとって戦略的に重要であることをも指摘している。第6章（稗田健志）は，G. エスピン-アンデルセンのよく知られる福祉国家類型論が，「国民」を前提として組み立てられていることに疑問を呈し，家庭内ケアワーカーとして移民の果たす役割が増大している諸国の事例を検討することを通じて，類型論自体の組み替えが要請されるという点を指摘している。第7章（小野一）は，ドイツの移民政策を題材に，グローバル化の進展や地域共同体の形成といった，国民国家の論理を相対化するかにみえる事態の推移の中に，逆に一国政府のイニシアティブの芽を見出す。移民政策には，国民の管理を越えた，さらなる戦略的な意義があり，そこにおいて一国政府が重要な役割を果たすことを，小野は強調している。第8章（高橋善隆）は，「移民のいない日」と呼ばれるストライキを象徴的事例として取り上げ，ヒスパニック系移民がアメリカ社会に深く根づくことで，労働運動が活性化したり，各種選挙で大きな変化が起こっていることなどに焦点をあてながら，私たちのもつアメリカ像が，大きくゆらいでいることを指摘する。

第Ⅲ部は「越境の歴史を問い直す」と題され，3章からなる。第9章（許寿童）は，「中韓協会」という組織の事例から，中国人と朝鮮人という異なる民族同士が，反帝・反日という共通の目標を持って連帯したという事例を検討し，国民や国家という理念や領域，すなわち民族の「境界」を持つ人びとが，そのような境界を越えて結びつくという，今日にもしばしば見られる現象にアプローチするための枠組みを提供している。第10章（島田顕）は，アメリカからスペイン内戦に参加した義勇兵の実態を検討することを通じて，普遍的な理念に導かれて，国家だけでなく，民族という境界を乗り越えた人びとの姿を描き，今日国境を越えて活躍する国際ボランティアを検討する重要な視座を提供している。第11章（田中ひかる）は，アメリカに渡ったロシア出身のユダヤ系移民が，アメリカでアナーキストとなり，国境を越えて情報をやりとりする中で，彼らの思想や運動を作り出したこと，そして，ロシア革命に参加したアナーキストたちの見解が，時間と空間を越えて現代に伝達されていたことを論じる。

　以上のような各章が，空間と時間から国民国家を問い直すという本書の視点にどのように関わっているのか，という点については第1節と第2節でそれぞれ論じる。その前に，本書の方法上の特徴について，もう少し詳しく述べよう。

(4) 視点の移動

　上で述べたような「国民国家を越える政治」を検討するうえで重要なのは，私たちの視点をも，境界を越えて移動させることである。

　例えば，視点や視座を移動させ国境を越えて思考することは，一国的なものに見える政治現象がグローバルな現象の一部でもあるという視界を開く（第5章）。

　また，国民国家を対象としてきた福祉国家研究が，国民ならざる移民へと視点を移動させ，彼らを理論に組み入れることで，比較福祉国家研究の前提が変わり，世界的によく知られる類型論が再考を迫られる（第6章）。

　このように，一国単位，一国民単位でみていたものを，グローバルに見直

すと異なった像が浮かび上がるのだが，こうした「視点の移動」という方法は，現在の政治現象の見直しのみならず，歴史の見直しにおいても有効である。

アメリカ国内政治において，ほとんど影響力をもたなかったアメリカ共産党を，世界的文脈に置き換えてみると，情報の中継点として重要な役割を果たしていたという面が見えてくるのは（加藤 2007b），視点を国民国家からグローバルなレベルへと移動させ，国境を越えた枠組みで過去の現象を捉えようとするからである。

ロシア革命という過去の事件も，一見すると，ロシアという一国の枠組みで自己完結した事件にしか思えないが，グローバルな視点から見れば，かつてロシアからアメリカに移民した人びとが，ロシアに戻って革命に参加した，という事実も見えてくる（第11章）。

以上のように，「視点の移動」によって，既存の理論や過去に対する認識が，いかに「国民国家」や「国民」といったものに拘束されているかがわかるのである。

(5) 境界（ボーダー）の思考

次に本書のタイトルにある「境界」について，説明しておかねばならない。国境のような境界を越えることが，見慣れたものとは違う視界を開かせてくれることもあるが，境界上に立つことによって，いずれの側にも属さない者としての視点が獲得される面もある。

例えば，植民地からの解放後，旧植民地の住人が宗主国の国籍を喪失する（境界を越えて向こう側に行く），という世界的な現象に，沖縄という境界線上の場を設定することで，ある旧植民地出身者が沖縄の戸籍を取得することを通じて，日本人になりすます（もう一度境界を越えてこちらに戻ってくる）というような行動が視野に入ってくる。政治的に引かれる境界に翻弄された名もなき人びとが，それを逆手に取り，国家を欺こうとすることもあるのである（第3章）。

あるいは日本国籍を持たないものの，日本にゆかりのある「外国人」とい

う境界線上に立つ人びとの視点から，国籍というものを考えることを通じて，国民国家を越える視点を得ることができる（第2章）。

ロシア出身のユダヤ人がアメリカに移民すると，アメリカ人とロシア人，そしてユダヤ人というアイデンティティの境界線上に立つことになり，そうした彼らの視点から世界を見ることによって，私たちが自明視してきた「国民」や「祖国」といったものを相対化する視点を獲得することもできる（第11章）。

アメリカで差別される少数派だった共産党員は，周辺的な存在である一方，アメリカの民主主義という伝統を愛する人びとであった。そこには，彼らが境界線上に立つ存在であることが読み取れる。彼らも，国民国家を越える視点を持っていた（第10章）。

また，境界というものは，人びとを差異化する論理に従って重層化する。ローカル－ナショナル－リージョナル－グローバルという同心円に，活発化する人の移動と彼らをめぐる法制度や規制の束で補助線を入れると，「市民」の範囲にまつわるさまざまな境界が，国民国家の境界とずれていることに気づかされる（第1章）。

そのような幾重にも重なる境界が，現在の欧州連合（EU）において外部からの侵入者を阻んでいるが，かつてそれ以上に境界の壁を高くし，国境を越える情報の移動に厳しい制限が課されていた旧東欧圏において，東西の市民たちが地下で流通する新聞によって情報を共有していた，という事実があった。ここではいわば，言説空間としての公共圏と国民国家の境界がずれていたのである（第4章）。

こうした境界上の思考，あるいは境界を越えた移動は，物理的な国境のみならず，国民国家をめぐる私たちの思考を枠づけている，さまざまな境界を相対化し，国民国家にまつわる諸々の前提をゆさぶる。そのような現象を，本書は空間と時間という2つの次元からの問い直そうとしている。空間と時間というそれぞれの次元で国民国家がどのように問い直されるか。この点について，それぞれ第1節と第2節で述べておきたい。

1　空間的越境から問い直す

(1)　国境を越える情報と想像力

　近年，「移動」に着目した研究は少なくないが，移動とは多くの場合，人の移動を念頭に議論される概念である（例えば伊豫谷編 (2007) など）。
　それに対し本書は，移民が一国社会に与えた影響（第8章）や移民政策（第7章），移民が理論の問い直しを迫るケース（第6章），あるいは，故郷と移民先の人びとが国民国家の境界を越えて結びつく事例（第11章）など，移民に関わる論考を含むが，人の移動だけを問題にしているわけではなく，また移民に関する共同研究というわけでもない。
　国民国家を越えた「移動」の観点から政治を問い直すに際し，本書は「情報」の役割に注目している。人は自ら移動しなくても，国境を越えて移動してくる情報に触れ，思考や想像力を飛翔させることができる。行ったこともないスペインの話を聞いて，アメリカの若者が義勇兵＝ボランティアになるために，今度は自分が移動するのである（第10章）。
　その意味で本書はむしろ，国境を越えて移動する情報の役割に着目した論考を集めたものといえるであろう。
　情報が重要であるのは，それが私たちに自らの意識や視野の越境を促し，ついには国境を越えて思考すること，すなわち国民国家の枠組みから自由に考えることを可能にするからである。グローバリゼーションに関して，「意識」に着目する一連の議論があるが，代表的な論者の一人であるR.ロバートソンは，グローバル化を相互依存の拡大という客観的側面とグローバルな意識の拡大という主観的側面との二重の過程として捉えようとする（ロバートソン 1997）。
　国境を越えたヒト，モノ，カネの移動が増大し，諸国民国家間の相互依存が進むのは，グローバル化の半面にすぎない。国境を越えたさまざまな活動がグローバルな現象として観察される一方で，そのことを認識する側の意識もグローバル化するのである。そのことは，例えば戦争のような政治現象の

見方にも影響を及ぼす。

ボスニア・ヘルツェゴヴィナやルワンダなど，冷戦後のいくつかの戦争について U.ベックは，人権侵害や民族浄化を伴う戦争は以前からあったが，「『国際社会』によって人権の原則が承認されているにもかかわらずその人権が無視された戦争だと多数の人びとに認識された点，またこの認識にはメディアによる世界中への大規模な報道がイニシアティブを発揮したという点で，これまでと異なる」として，「局地的な軍事紛争のグローバルな意味をマスメディアが作りあげ構築する」点に着目する（ベック 2005：180）（圏点原文のまま）。

情報を瞬時に世界中に広めるメディアの発達とともに，解釈枠組みの共有がここでは重視されている。物の見方や規範を共有する人びとの範囲が国境を越えて広がることで，ローカルなできごとがグローバルな意味を獲得するのである。そしてそのことは，政治のあり方をも規定する。

1990年代以降にグローバル化をめぐって生起した社会運動にとって，「反グローバリズム」が世界的な解釈枠組みとなり，国内的な問題でもグローバルな問題でも，「グローバル＝新自由主義的なグローバル化」が原因と診断されるようになったという。この解釈枠組みの普及が，動員を容易にするのである（樋口・稲葉 2004：194）。

反グローバリズムの運動にとって重要だったことは，単にインターネットで世界が結ばれたことだけではなく，それを通じて認識枠組みや解釈枠組みが普及したことである。

(2) モジュールという装置

こうした国境を越えた意識や認識の広がりを，歴史的にどこまでたどることができるかは難しい問題であるが，本書では，こういったことが最近になって見られるようになった現象ではない，という点に注目したい。例えば，「ナショナリズム」や「ナショナリティ」，あるいは「エスニシティ」という概念について考えてみよう。「私たちはみな一人である」，あるいは「私たちはみな一民族である」という考え方は，B.アンダーソンによれば，古くか

らどこにでもあったのではない。これらの考え方は、18世紀末頃に、北西ヨーロッパや南北アメリカ大陸といった極めて限られた地域で発明された「人造物」である。ところが、単一の「民族」によって構成される国家（＝国民国家）を建設する、という思想や運動（ナショナリズム）は、19世紀末から20世紀末に至るまで、アジアやアフリカを含む世界各地で見られるようになった。地球上のほんの一地域で発明されたに過ぎない考え方を、全世界で急速に普及させたものは何だったのだろうか。

　アンダーソンによれば、「ナショナリズム」とは、模倣しやすい「モデル」、あるいは規格化された「モジュール」だった。そのため、さまざまな地域の人びとが、容易に盗み、活用できたのである（アンダーソン 1997：22, 136-138）。したがって、アジアやアフリカでは、自分たちを支配する西ヨーロッパ各国で生み出された「国民国家」という考え方が、それら支配者たちから独立するための強力な武器としてさらに研ぎ澄まされ、活用された（アンダーソン 1997：192-212）。このことが示唆するのは、ナショナリズムという考え方の汎用性の高さだが、同時に、このような事実からは、意識や認識が国境を越えて広がるという現象がそれほど新しいものでもない、ということも理解できるのである。

　グローバル化は、しばしばヒト、モノ、カネが国境を越えて移動することと観念されるが、それらに付随して情報も移動する（加藤 2007a）。国境を越えた情報の移動は、考え方や物の見方を、国際的に伝播させる。
　19世紀にJ. リサールらフィリピンのナショナリストたちや中国のナショナリストたちは、国境を越えてやってきた新聞や手紙を通じて、他国の独立運動を知り、自分たちの運動の方法や目標を構想した。末広鉄腸は、リサールから影響を受け、彼を主人公にしたフィリピン独立運動をテーマにした小説のなかで、日本がフィリピンの独立を支援して、スペインをフィリピンから駆逐するというストーリーを描き、ナショナリズムばかりでなく、アジアの民族の連帯をも描いた（梅森 2007）。
　つまり、ナショナリズムは、ネイションの内発的な作用ではなく、外部の情報と接触することで形づくられるのであり、そして場合によっては、相互

のネイションをつなぎ合わせる論理をも作り出すのである。

　以上見てきたナショナリズムの事例からわかるように，モジュールは，情報の移動を容易にする装置である。例えば S. タローは，社会運動における集合行為のレパートリー，すなわち運動に関わるさまざまな情報・知識・戦術・手段などが「モジュール」となって伝播すると指摘している。それはときに，異なる目的をもった運動にも伝播し，敵対する相手にも利用される。1848 年にはフランスで，少なくとも 9 つの異なる主張のためにバリケードが使用され，1960 年代に進歩的でリベラルな集団が利用した座り込み（シット・イン）は，1980 年代には中絶反対運動のような彼らのイデオロギー上の敵対者にも広まった。もちろん，行為のレパートリーというモジュールも国境を越える。アメリカの植民者たちはヨーロッパから古い集合行為レパートリーを持ち込み，大英帝国の周縁地域で新税に対する局地的な反応として始まったボイコットは，帝国の中心部へと渡っていった。座り込みや妨害戦術も，1960 年代には大西洋をすぐに渡ったのである（タロー　2006：65, 76, 78, 151-152, 262）。

(3) 人を動かす情報

　国境を越える情報は，ときに人を動かす。1930 年代のスペイン内戦の時に起きた現象のことを考えてみよう。当時スペイン内戦は，「民主主義」や「自由」といった「普遍的な理念」をめぐる争いとして，アメリカ合衆国に住む多くの若者の心に訴えかける力を持っていた。

　彼ら若者たちが，スペイン内戦に関する情報を得たのは，当時アメリカにおいて最も目につくかたちでプロパガンダを展開したアメリカ共産党による街頭などでの活動を通じてであった。こうして，スペインからアメリカ共産党へ，そして共産党のプロパガンダを通じてアメリカの若者へ，という経路で伝えられたスペイン内戦の理念，そして戦争に関する情報は，若者たちが義勇兵としてスペインに向かうことを決意するうえで，極めて重要な役割を果たしていた（第 10 章）。

　スペイン内戦に参加したイギリスやフランスの共産主義者たちは，「反フ

ァシズムのナショナリズム」に基づいて闘っていた,という見解がE.J.ホブズボームによって示されているが（ホブズボーム 2001：190），近年の義勇兵に関する研究で示されている資料は,彼らをスペインに向かわせたのは,ナショナリズムを越えたより普遍的な理念ではなかったのか,と思わせる。

　例えば,帝政ロシアの反ユダヤ主義と貧困から逃れてアメリカにやって来たユダヤ人の両親の間に生まれたA. オシェロフは,社会主義者が多く住むニューヨークのブルックリンで育ち,早くから「不正義,不公正なことに深く突き動かされる」「ラディカルなヒューマニスト」になり,「世界をよりよくするためには劇的な変化をもたらす必要がある」と考える人物であり,「平和主義者」だったが義勇兵としてスペインに向かっている（Darman 2009：19-20）。

　ウクライナからポグロム（ユダヤ人に対する暴行,掠奪,虐殺）を逃れてイギリスに移民してきたユダヤ人移民の子孫L. ケントンは,ある晩,ファシズム反対集会に夫婦で参加した。彼の妻は,オーストリアからナチスの迫害を逃れて亡命してきた看護師だった。集会が終わるとケントンと妻は,あちこちでコーヒーを飲みながら,夜通し歩いて話し続け,「明け方4時にコーヒーショップに入って,互いに相手の目を見ながら言ったんだ。『私たち行かないと』ってね」。こうして彼らはスペインに向かった（Darman 2009：20-21）。

　アメリカからスペインに向かった黒人C. フランクソンは,「私がここスペインにいるのは」,黒人に対する差別のない「新しい社会」を建設するためである,と友人宛の手紙の中で書いている（Darman 2009：22）。グラスゴウの労働者T. ニコルソンは,次のように回想している「人類の未来はすべてあそこの戦いにかかっていると信じていた。勝つのは社会主義かファシズムかどっちかだってね。行かなくては,とわれわれが思った理由は,そういうことだ」（Darman 2009：23）。

　国境を越える旅は,今日に比べれば極めて困難であったが,スペインには,実にさまざまな理由から,多数の人びとが義勇兵として参加した。経済学者K. ポラニーは,世界大恐慌以降の1930年代を「甲殻類としての国家」,すなわち,固い殻をまとい外部からの侵入者を寄せ付けない,そういった国家

が全盛だった時代として特徴づけ（ポラニー 2009：367），J. トーピーは，この時期の諸国家が「われわれ」と「かれら」を厳しく峻別し，人の移動を厳しく統制するようになったと指摘するが（トーピー 2008：193-200），先述した義勇兵の例を見ればわかるように，そのような時代にも，多くの人びとは，国家や民族，もしくは一国内の政党を代表する者としてではなく，普遍的な理念に導かれて，自分の命が危険にさらされることを覚悟で，一度も行ったことがない場所に赴いていたのである。

　もちろん，スペイン内戦における共和国側の内部分裂やイデオロギー闘争に関する G. オーウェルの報告を見れば，普遍的な理念によって国境を越えて連帯することがいかに困難であるかは明らかである（オーウェル 1992）。したがって，以下のような指摘もまた傾聴に値する。「20 世紀に実際に国境を越えようと思った人びとの運命は，リヒアルト・ゾルゲのような場合を含め，悲惨だった。……むしろ脱出し移住した先で『もう一つの国民国家の壁』につきあたった悲劇が無数にある」（加藤 2007a：198）。

　国境を越えた人びとの理念が普遍的な性格を持っていたとしても，20 世紀においては，依然として国民国家の壁が厳然と立ちはだかり，個人の理想を押しつぶしていた，という事実に基づけば，国境を越える普遍主義を安易に理想化することには慎重でなければならないのは当然である。

　それにもかかわらず，ここまで見てきたような，情報に導かれて人びとが国境を越えた，というさまざまな過去の出来事を，「今」という時代に生きる私たちが振り返る意味は，どこにあるのだろうか。少なくとも，先に見たスペイン内戦に参加した元義勇兵たち（ボランティア）と同様，今日でも国際ボランティアはさまざまな困難を乗り越えて国境を越え，地道な成果を挙げている。アムネスティ・インターナショナルから「国境なき医師団」に至るまで，今日の国際 NGO の献身的な行動を支えている理念は，「国民国家の壁」にぶつかり，挫折と失敗を繰り返してきた，過去のさまざまな「国境を越える」動きにつらなっているのではないだろうか。自分の命の危険を顧みずに国境を越える「今」の人びとの姿を「過去」に投影することを通じて，私たちは，そのような視野を獲得することができるであろう。

さらに，そういった国境を越えて移動する情報が，長期的な視野からみると，一体何を生み出すのかについても，考えておかねばならない。今日に至るまで，国家による暴力を激しく非難しつづける言語学者 N. チョムスキーの原点は，アナーキストによって書かれたスペイン内戦に関するパンフレットや，ユダヤ人アナーキストが発行するイディッシュ語の新聞を読むことを通じて，大西洋を越えてわたってきた情報を得た，という少年時代における経験に基づくものだった（第11章）。そうだとすれば，今日，彼の政治的な言論や行動によって影響を受ける多くの人びとについて考えるとき，情報の移動が人びとの考え方や見方に影響を与えるという現象は，数十年単位，あるいは数世代単位で見ていかねばならない，ということに気づかされる。いわば，情報は空間的に国境を越えるのみならず，時間をも超えるのである。

(4) 国境を越える情報とメディア

ここで，情報の越境を促すうえで重要なものが何であるかを整理しておこう。例えば，上で述べた，ナショナリズム，ナショナリティあるいはエスニシティという考え方を生みだした要因で重要と思われるものは2つあり，ともに資本主義の出現と密接に結びついている。それらは，マス・コミュニケーションと大量移民である（アンダーソン 1993：184）。境界を越えてやってくる外部の情報との接触，そしてその経験を伝播させる媒体の誕生を待って，はじめてそれらの観念は生まれたのである。その背景には，1914年までに世界の貿易量が急速に拡大する一方で，ヨーロッパ各国が資源獲得のために植民地を拡大していった，という事実があった。

こういった経済のグローバル化を支えていたのは，鉄道と蒸気船だった。これらにより，輸送時間が短縮され，コストが削減されるとともに，地理的な障害が克服された。それと同時に，新聞，雑誌，写真などが大量に流通するようになる。そのような情報の移動をさらに加速させたのは19世紀後半から急速に発展した電信であり（スティーガー 2010：39），さらに，1870年代までには，海底ケーブルネットワークが主要な海洋をすべて横断し，言葉だけでなく絵や写真なども伝達されるようになったことにより，瞬時の世界的

なコミュニケーションが,実質的に可能となった。

　他方,1874年に設立された万国郵便連合によって,手紙,書籍,雑誌,新聞が国境を越えて,それまでになかった規模で行き交うようになる。そして,このようなコミュニケーションの革命は,汽船や鉄道網の発達によって支えられていた。アンダーソンは,以上のような19世紀末頃に起きた通信と輸送の革命によりもたらされた事態を,「初期グローバリゼーション」と呼ぶ(梅森 2007：75-76)。

　ニューヨークとロンドン,そして帝政ロシアの西部国境地域をつなぐ「環大西洋ネットワーク」とイディッシュ語メディアによるコミュニケーションや(第11章),日本,アメリカ,中国という太平洋を挟んで結びついた朝鮮民族の朝鮮語メディアを通じたネットワークもまた,初期グローバリゼーションを背景として成立したものである(第9章)。

　20世紀になって発達する写真メディアは,スペイン内戦でR.キャパが撮影した写真を広め,世界中の人びとに戦争をリアルなものとして伝達した(第10章)。しかし,20世紀に発達したメディアの中でも,新聞や写真,そして映画と全く異なる性質をもっていたのがラジオだった。第一次世界大戦後にアメリカ,イギリスそして北西ヨーロッパ諸国で急速に普及したラジオは(ホブズボーム 1996上：298),第二次世界大戦中には政治的な役割を果たすことになる。

　その後,1970年代までには,ラジオに加えてテレビとカセットテープレコーダーが普及するようになると,例えば,のちのイラン革命の指導者ホメイニが,亡命先のフランスで行った演説を,支持者たちが簡単に国内に持ち込んで,複製し普及させることになる。テレビはラジオに比べると高価であったが,例えば1980年代には,ブラジルのような国の人口の80%がテレビに接していた。やがて先進諸国では,ビデオカセットレコーダーが家庭に持ち込まれるようになる(ホブズボーム 1996上：317-318)。以上のような経緯を経て,20世紀末頃になると,テレビやテープレコーダーにより,最も隔離された事件であってもそれを世界の話題にさせないようにすることは困難になっていた(ホブズボーム 1996下：253)。

しかし，こういった情報メディアの発達が，常にグローバルかつ大衆的な情報の共有をもたらしたわけではない。情報の移動を妨げる境界が，政治的に築かれることもあった。ロシア革命勃発後，ソ連の情報は次第に西側に伝わらなくなっていった。ボリシェヴィキが「被疑者」，「人質」，「階級の敵」に対して行った拷問や虐殺，迫害等に関する情報を境界の外に伝えるのは，1920 年代には，亡命者たちがもたらす情報だけだった（クルトワ／ヴェルト 2001：92, 113-115）。冷戦期になると，ソ連や東欧における情報が国境を越えることはさらに困難になる。核開発のためにスターリン時代以降に建設された 40 にものぼる秘密都市は，地図には記載されず，日本のソ連研究者には知られていなかった（下斗米 1999：9-12）。また，ソ連の軍事予算は，ソ連の最高指導者である共産党書記長しか知りえない情報であったが，1985 年に書記長に就任したゴルバチョフにとってさえ，「巨大なブラック・ホール」だった。さらに，第二次世界大戦から冷戦終結に至るソ連軍の公式戦死者数もまた，ソ連崩壊後に明らかにされている（下斗米 1999：17）。

　それでも，ソ連における反体制派は，遅くとも 1960 年代以降，西側と情報を相互に交換していた。例えば，1960 年代以降はサミズダートが登場する。これら出版物で明らかにされた情報はソ連国内で流通すると同時に国外に流され，西側でも知られるようになった（アプルボーム 2006：592-594）。しかし，東西間にあった壁を越えて情報が相互に行き来する，という状況ではなかった。

　こういった状況をやがて大きく変えることになるきっかけは，1975 年にヘルシンキで開会されたヨーロッパ安全保障・協力会議（CSCE）において採択された，「人権と基本的自由の尊重」と情報の浸透に関する文言を含む宣言である。翌 1976 年以降，ソ連・東欧ではこの宣言を支持する「ヘルシンキ・グループ」が急速に成長していくことになる。CSCE は，東ヨーロッパに対するソ連の支配を正当化する，という目的のためにソ連が提唱して開始されたものであったにもかかわらず，「ヘルシンキ合意」は，東欧諸国でソ連支配に反対することを正当化する根拠になっていく（ガディス 2007：217）。

マスメディアの発達は，ソ連・東欧における民主化運動を促進した。反体制派に対する弾圧が起きれば，そのニュースは一夜にして世界中に伝わるようになる（アプルボーム 2006：592）。そして冷戦が終結した後には，ロシア共和国大統領だった B. エリツィンが戦車の上からモスクワ市民に向かって，共産主義者の反乱に反対する演説を行うと，（まだ共産主義者の手の内にあった）ソヴィエト・ラジオからは放送されないかわりに，CNN の衛星放送で報道されるという事態も起きるようになった（ベック 2005：40）。

　その後，インターネットや電子メールの普及が，世界的な社会運動に力を与えたことを，私たちはイラク戦争開戦時の反戦運動で目の当たりにした（加藤 2007a）。このような現象を見れば，テレビ，ラジオ，映画といった旧来のメディアに加え，とくに情報通信革命による新しい形態のコミュニケーションの発達が「想像の共同体」の地球版を成立させる，もしくは「グローバルな共同体」を人びとに意識させる，という指摘が極めて妥当であるように思えてくる（アーリ 2006；カルドー 2007）。

　だが同時に，そうしたグローバルな反戦運動があったにもかかわらず，結局イラク戦争は始められてしまったことや，世界中から「ノー」をつきつけられたブッシュ大統領を，アメリカの有権者だけで再選できてしまうことをどう考えるか，あるいはイラク戦争開戦時の世界的な反戦運動の盛り上がりの中で，日本の参加者が他国よりけた外れに少なかったことをどう説明するか，などといった問題は依然残る。規範や認識を共有する人びとの範囲が拡大し，インターネット上にグローバル市民社会が芽生えつつあったとしても，国境はなお意味をもち，国民性や国内政治は機能している。

　本書も，グローバル化の中でも，一国政治のもつ重要性が消えるわけではない点に，注意を喚起している。例えば，欧州統合により EU 加盟諸国の権限縮小は著しいと考えられるが，第 7 章で小野は，ドイツの法律の 84% が EU 起源だとする指摘を紹介しつつも，ドイツ政府が決定権限を単に EU に譲り渡しているという見解を取らずに，むしろドイツ政府が EU からの影響を，自国の国際競争力に有利なように選択的に利用している側面に着目し，そこにナショナルな政府の自律性を見出そうとする。グローバル化に対応す

るために各国政府がグローバル化を利用するという,境界上の政治が行われているのである。

2　時間を超えて問い直す

(1)　現在と過去との対話

　グローバル化を踏まえて国民国家の境界を問い直す際の,本書のもう一つの視点は,時間を超えるというものである。グローバリゼーションをめぐる類書の中でも,歴史的な研究を多く含むとともに,それが現代の研究と併存していることも,本書の特色の一つである。現在進行形で展開しているグローバリゼーションという現象を考えるうえで有効な方法として,本書で採用したのが,「現在と過去との対話」,すなわち,政治学,社会学といった「今」を捉えようとする研究と,歴史学という「過去」を捉えようとする研究のコラボレーションである。このような方法がなぜ有効なのか,ということを理解するうえで,歴史学という学問の特質を確認しておく必要がある。

　歴史学は,単に「過去」を捉えるためだけの学問ではない。歴史研究とは,歴史家が「今」という時代に対峙するなかで生まれた「問い」を,過去に対して発することによって生み出される。「歴史とは歴史家と事実との間の相互作用の不断の過程であり,現在と過去との間のつきることを知らぬ対話」(カー 1962：40；二宮 2004：10-20) と言われる理由がここにある。そのように考えれば,歴史研究として提示される「過去」の姿は,歴史研究者が対峙する「今」の姿によって大きく変わってくる,とも言える。

　例えば,今日,政治学や社会学など,現在の問題を主たる研究対象とする学問領域だけではなく,過去を扱う学問である歴史学においても,「グローバル・ヒストリー」という,今日のグローバリゼーションを強く意識した研究領域が生まれている。

　「グローバル・ヒストリー」は,論者によってその対象や分析の枠組みは多様であるが,そこには一定の共通性が見られる。すなわち,世界を諸国家からなる「国際社会 (international society)」と見なすような前提を乗り越

え,「国民国家の枠組みを超えた人間の活動空間が歴史的に存在してきたことを新たな前提とする」という点である（田中 2009：40）。その背景には, やはり「ソ連邦解体を経た 1990 年代以降の急速なグローバリゼーションの進展」（水島 2008：2）があったと考えられる。

　「今」という時代におかれた研究者たちは,「グローバリゼーション」による, 政治・経済・社会・文化といった多様な領域における変動を認識せざるをえず, またそのような変動を前提として「今」を捉えていかざるをえないが, そうした現在の事象にのみ焦点を当てるだけでは, 見えてこないものもある。そもそもグローバリゼーションという現象が過去からどのような経緯をたどって今日の事態に至っているかを考える場合, その起点は, 研究のアプローチによって異なり, 先史時代に設定される場合もあれば, 1970 年代以降に設定される場合もある（スティーガー 2010：22-24）。グローバル化の起源をいつと考えるかは, それ自体が一つの大きなテーマであるが（西川 2001：374；ベック 2005：45）, グローバリゼーションを, ごく最近の現象とは考えない立場は多様に存在する。

　だが, 私たちはとかく自分たちの暮らす「今」を特権化しがちである。1990 年代にアンダーソンは, 2050 年の歴史家たちが 20 世紀を振り返ったとき,「彼らは今生じている現象を, 2 世紀以上にもわたって進行している深い構造的変動過程の一部としてみるだろう」と述べた（アンダーソン 1993：179）。現在, 私たちが最新の現象と考えていることは, 長い歴史的過程の一部であるかもしれないし, 過去にも同じようなことが起こっていたかもしれない, ということを, 私たちは忘れがちである。国民国家の境界で仕切られた世界を自明視しがちな私たちが, グローバル・ヒストリーとの対話を通じて,「国際社会」ではなく, むしろ「地球社会」として人類の歩みを読み直すことは, そうした現在中心的な視野への解毒剤となりうる。

　そうしたことを念頭に置けば, グローバリゼーションと「今」のさまざまな変動との関係について考察する際に,「過去」に目を向け, そこから「今」を再検討する, という作業の意義がみえてくるであろう。本書が,「今」を扱う政治学や社会学の研究者と「過去」を扱う歴史学の研究者とのコラボレ

ーションという方法を採用したのは，以上の理由からである。

(2) 過去との対話から読み直す国民・市民権・国籍

例えばグローバリゼーションの中で，「市民」の範囲を問い直す研究が進展してきているが，近年の「市民」概念の変容という観点から過去を見直せば，古代ギリシア時代から今日に至るまで，「市民」の境界線や，その包摂と排除の論理は，常に変動を繰り返してきた，という事実に光を当てることが可能となるのである。そしてそれは，社会の成員たる「市民」の範囲は，人類の歴史を通じて問い直されてきたのであり，自明でも固定的でもないということを示すとともに，欧州統合に代表されるような国民国家を超える単位の出現が，改めてそうした問い直しを要請するという意味で現代性を帯びてもいるということにも気づかされるのである（第1章）。

マックス・ヴェーバーが，国家による暴力手段の独占に着目したことになぞらえて，トーピーは国家が人の移動を管理する権限を独占することに近代国家の確立をみる（トーピー 2008）。国家は国境を管理し，国境を越える人の移動を管理し，その境界の内側に住む人びとに市民権を付与するとともに，彼らを国籍によって管理する。しかし，その手法やそれをめぐる考え方もまた固定的ではなく，問い直されるべき対象である。

日本における近年の国籍をめぐる動向を見るだけで，グローバル化の中で，国籍の範囲や，国籍をめぐる考え方が大きく変動してきていることがわかる。このように，国籍という概念が大きく「揺れ動く」ことを目の当たりにすることにより，国籍の「過去」を再検討する視点を獲得することができる（第2章）。

そのような視点をもって過去を振り返れば，例えば戦場となった場所で記録の紛失が起き，あるいは戦争の敗北の結果，国境線が引き直され，それまで帰属していた国家から与えられていた国籍を奪われる人びとが生まれた場合，国籍を奪われまいとする人びとが国籍そのものに揺さぶりをかける，という事実を発見することにつながるのである（第3章）。

あるいは，今日のグローバル化の中では，国民国家の境界を越えて，異な

るエスニック集団や異なるアイデンティティを持つグループの間で政治的な連帯が生まれることがあるが,そういった現象に注目することにより,同様の現象を,現代にだけではなく,過去にも見出すことが可能となる(第9章)。

さらに,自然災害や内戦の被害者を救援するために国境を越えて現場に向かう現代のボランティア組織に目を向ければ,国境を越える動きは,普遍的な理念に促されていることがわかる。そこから,普遍的な理念を信じ,国境を越えて他国の救援に向かった,という過去のあらゆる動きを,現代のボランティア,あるいは「グローバル市民社会」の一員を見るのと同様の視点から分析することも可能になる(第10章)。

加えて,今日,グローバル化の中で,移民たちの間では,国境をまたいだトランスナショナル・コミュニティや社会的ネットワークが形成され,そういった現象が「トランスナショナリズム」と呼ばれるようになっている(村井 2007)。

例えばアメリカ合衆国におけるヒスパニック系移民が故郷と移民先のアメリカとの間で強いきずなで結びつきながら,アメリカで構築された彼らの組織が故郷の政治にインパクトを与える,という現象にも注目が集まってきている(第8章;ベック 2005:61-64)。

そのような「新しい」と呼ばれる現象を知ることにより,これまでの歴史研究ではしばしば,それぞれの国民国家における移民,つまり「やがては国民になる人たち」として扱われてきた人びとを,国境を越えたネットワークによって結びついていた人びと,すなわち,トランスナショナル・コミュニティという枠組みによって捉え直すことも可能となる(第11章)。移民史研究が一国史的性格を帯びてきたという逆説は,私たちの認識が国民国家という境界によって拘束されてきたことを示すものである。

以上のように,「現在」において獲得した視点を「過去」に向けることを通じて得られた新たな認識は,再び「現在」に送り返される。そのとき,私たちは,目の前で起きている諸現象を,極めて限定された「今」という観点からしか見ていないことに気づく。

繰り返せば,そのような発想を持つことができるのは,「現在」が長い歴

史の一部をなしている，と思える瞬間を，「今」という時間の中で体験するからである。「現在」という時代において，グローバリゼーションのただなかにいるという認識を獲得した私たちが過去を捉えることにより，過去もまたグローバルな枠組みで捉え直すことができるようになる。

国籍もエスニック集団も，ボランティアも移民も，「今」という時代に限定されたものとしてではなく，過去からの長い時間の流れの一部として捉えることができるようになる。その結果，私たちは，「過去」から送り出されてくる問題を，より多様な観点から分析すべきではないのか，あるいは，見逃されている別の問題があるのではないか，といった新たな問いを発見し，「現代」の研究に新たな論点を提示し，それらを検討することを通じて，「現在」を捉える思考をより鋭敏なものにしていくことができるのである。

このような「現在と過去との対話」という方法論は，本書において現代の問題を扱う政治学や社会学の各論文において，多かれ少なかれ意識されている。「現在と過去との対話」がどこまで成功しているかはわからないが，本書が目指しているのは，そのような地点である。

(3) 時空を越えて考える

本書では，近年提起された「国境を越えて行き来する移民（トランスナショナル・マイグランツ）」という枠組みでユダヤ系移民を捉えることを通じて，従来「アメリカ国民の歴史」に回収されてきたユダヤ系移民を，境界的な存在として捉える視座を提供し（第11章），あるいは，「国際共産主義運動」や「ファシズム vs. 民主主義」といった枠組みで語られてきたスペイン内戦に参加した義勇兵たちを，今日の「国境を越えるボランティア」を分析する視点から把握し直すことを通じて，従来とは異なり，個別的かつ具体的な動機や行動に沿って描き出している（第10章）。

こういった視角の多くは，グローバル化という文脈の中で思考する現代という位置から歴史を見返すことで，初めて獲得できたものでもある。その意味で本書は，空間的にのみならず，時間的にも視点を移動させることで，私たちのもっている政治の像を大きく揺さぶることを目指している。本書はい

わば時間と空間を越えて、国民国家の枠組みに囚われない政治のあり方を考えようとする試みである。そのことは、国民国家という境界と密接に結びついた私たちの思考の枠組み自体を相対化する作業である。

もっとも本書は、従来の私たちの思考法を拘束していた政治にまつわる既存の理論や概念などを逐一検討し、それらをグローバル化時代にふさわしいものへと鋳直すというような作業を、直接的には担うものではない。むしろ本書が取り組むのは、そうした理論的作業の素材となるような事例を、歴史の中から、あるいは現代政治のケース・スタディを通じて数多く提供することにより、国境によって仕切られた国民国家の内部で行われる政治や、主権をもった国家間で行われる（戦争を含む）政治とは異なる政治のイメージを、読者に対してなるべく多く提供することである。そのため本書は、さまざまな時代や地域を専門とする研究者を集め、事例研究の多様性(ダイヴァーシティ)を一つの特色としている。

本書の各章は、対象とアプローチの点で、非常にバラエティに富んだものとなっているが、これら多様な論考が、国民国家という境界に枠づけられた読者の視野や思考の幅に、少しでもゆらぎをもたらすものであることを、願ってやまない。

■参考文献

アプルボーム、アン（2006）『グラーグ――ソ連集中収容所の歴史』（川上洸訳）白水社。
アーリ、ジョン（2006）『社会を超える社会学――移動・環境・シチズンシップ』（吉原直樹監訳）法政大学出版局。
アンダーソン、ベネディクト（1993）「〈遠隔地ナショナリズム〉の出現」（関根政美訳）『世界』1993年9月号。
アンダーソン、ベネディクト（1997）『想像の共同体――ナショナリズムの起源と流行』［増補版］（白石さや・白石隆訳）NTT出版。
伊豫谷登士翁編（2007）『移動から場所を問う　現代移民研究の課題』有信堂。
梅森直之編（2007）『ベネディクト・アンダーソン　グローバリゼーションを語る』集英社新書。
オーウェル、ジョージ（1992）『カタロニア讃歌』（都築忠七訳）岩波書店。
カー、E.H.（1962）『歴史とは何か』（清水幾太郎訳）岩波書店。

ガディス, J.L.(2007)『冷戦——その歴史と問題点』(河合秀和・鈴木健訳)彩流社.
加藤哲郎(2007a)『情報戦の時代——インターネットと劇場政治』花伝社.
加藤哲郎(2007b)『情報戦と現代史——日本国憲法へのもうひとつの道』花伝社.
カルドー, メアリー(2007)『グローバル市民社会論——戦争へのひとつの回答』(山本武彦・宮脇昇・木村真紀・大西崇介訳)法政大学出版局.
クルトワ, ステファヌ／ヴェルト, ニコラ(2001)『共産主義黒書——犯罪・テロル・抑圧〈ソ連篇〉』(外川継男訳)恵雅堂出版.
下斗米伸夫(1999)「ペレストロイカ・ソ連崩壊・ロシア」下斗米伸夫・北岡伸一『新世紀の世界と日本——世界の歴史 30』中央公論新社.
スティーガー, マンフレッド B.(2010)『新版 グローバリゼーション』(櫻井公人・櫻井純理・高嶋正晴訳)岩波書店.
田中孝彦(2009)「グローバル・ヒストリー——その分析視座と冷戦史研究へのインプリケーション」『日本の国際政治学 4——歴史のなかの国際政治』有斐閣.
タロー, シドニー(2006)『社会運動の力——集合行為の比較社会学』(大畑裕嗣監訳)彩流社.
トーピー, ジョン(2008)『パスポートの発明——監視・シティズンシップ・国家』(藤川隆男監訳)法政大学出版局.
西川長夫(2001)『国境の越え方——国民国家論序説』[増補版]平凡社.
二宮宏之(2004)「歴史の作法」『歴史を問う 4——歴史はいかに書かれるか』岩波書店.
樋口直人・稲葉奈々子(2004)「グローバル化と社会運動」曽良中清司・長谷川公一・町村敬志・樋口直人編『社会運動という公共空間——理論と方法のフロンティア』成文堂.
ベック, ウルリッヒ(2005)『グローバル化の社会学——グローバリズムの誤謬——グローバル化への応答』(木前利彰・中村健吾監訳)国文社.
ホブズボーム, E.J.(1996)『20世紀の歴史——極端な時代』[上・下](河合秀和訳)三省堂.
ホブズボーム, E.J.(2001)『ナショナリズムの歴史と現在』(浜林正夫・嶋田耕也・庄司信訳)大月書店.
ポラニー, カール(2009)『大転換——市場社会の形成と崩壊』[新訳](野口建彦・栖原学訳)東洋経済新報社.
水島司(2008)「グローバル・ヒストリー研究の挑戦」『グローバル・ヒストリーの挑戦』山川出版社.
村井忠政(2007)「アメリカ合衆国における移民研究の新動向——トランスナショナリズムをめぐる論争を中心に」『トランスナショナル・アイデンティティと多文化共生——グローバル時代の日系人』明石書店.
ロバートソン, ローランド(1997)『グローバリゼーション——地球文化の社会理論』(阿部美哉訳)東京大学出版会.

Darman, Peter (2009) *Heroic Voices of the Spanish Civil War: Memories from the International Brigades*. New Holland Publishers.

第Ⅰ部

国籍と市民権を問い直す

第1章

越境するシティズンシップとポスト植民地主義

大中　一彌

はじめに

　本章では，日本語の世界からすると多義的な意味をもつ訳しづらい言葉でありながら，近年の政治学や社会科学におけるキーワードのひとつとなったシティズンシップという概念について理解を深めることを目指す。そのために，この概念の発祥の地であるヨーロッパに焦点を当てながら，シティズンシップの歴史をふりかえる。具体的には，第1節で古代におけるシティズンシップを，第2節で近代におけるシティズンシップ，第3節で現代におけるシティズンシップを論じる。この章の記述をつうじて，シティズンシップという言葉（より正確には，英語の citizenship という単語に対応する各国語の言葉）が，歴史的な展開のなかでその多義性を得ていったことが理解されるはずである。

　この章では同時に，シティズンシップという言葉が歴史を貫いて有している，ある概念的な核についても論じる。詳細は本論に委ねるが，ここでシティズンシップ概念の核となる側面をまとめておくと，それはつぎの3つの側面からなる。

　第一の側面は，普遍的・抽象的な理念としての「あらゆる人間に属する権利」（加藤 1992：161）との関係におけるシティズンシップである。シティズンシップ概念が含む権利としての側面は，日本語では「市民権」という訳語によって表現される。当面言いうることは，この側面におけるシティズンシップが，各国の法制のもとで市民が現に有している諸権利のリストという

静(スタティック)的なイメージに尽きるものではないということである。少なくとも，アメリカやフランスを典型とする近代以降の共和政体を念頭に置く場合，権利としてのシティズンシップは，抽象的・普遍的な人権を具体化するための動(ダイナミック)的な媒介物として観念されてきたということができる。これらの共和政体の創設時に定められた市民の諸権利の多くは，いわゆる天賦人権の普遍性を根拠として，この超越的な根拠（それは元来宗教的な着想とも無縁ではない）からの演繹によって正統化されてきたのである。

つづく第二の側面は，帰属の問題にかかわる。すなわち，個々人のある政治体への帰属の有無を示す，日本語でならば「国籍」と訳される意味合いが，シティズンシップ概念には含まれているのである。そして重要なことは，この政治体への帰属の観念には，「市民権」という第一の訳語からは脱け落ちている成員の義務の観念――そもそも政治体への帰属そのものを義務と考えるような――が往々にして付随していることである。シティズンシップの権利面をいう第一の側面に，この第二の側面が加わることによって，シティズンシップは単なる理念の言葉とは異なる，具体的な強制力を備えた法的な権利義務の束になるのである。

さらに，この2つの意味合いに加えて，シティズンシップという言葉のなかには，「人権」と「帰属」をつなぐ環となる第三の意味合いもまた含まれている。すなわち，教育によって培われる同一の言語や価値観，生活様式の共有という意味での「市民性」と訳される語義がそれに当たる。この第三の側面については，本章では詳しく論ずることができないが，イギリスなどにおいては必修科目として「市民性教育(シティズンシップ・エデュケーション)」が学校教育に取り入れられていることもあり，教育学の分野では市民性を主題とした文献が日本語でも多く出版されている。このイギリスにおける「市民性教育」の対象は，基本的にはこれから市民となるべき人びとであるといえるが，とりわけ，青少年に対する公民・道徳教育，および国籍をもたない移民に対するホスト社会への統合のための教育をそれは含んでいる（嶺井編 2007：184-195）。

最後に，この章を執筆するにあたっての問題関心について一言断っておきたい。私たちは確かに，シティズンシップという言葉の多義性に注目してい

るが,それは単にたくさんの意味が,シティズンシップという言葉のなかに含まれているということを示したいからではない。そうではなく,政治学や社会科学の分野において,シティズンシップ概念が近年脚光を浴びている背景には,それなりの理由があるということを示したいがためである。私たちの考えでは,シティズンシップが近年脚光を浴びているひとつの理由として,この概念に内在する緊張が,現実の社会に見られる矛盾をうまくすくいあげて表現しているということが挙げられる。ここでいう現実の社会に見られる矛盾とは,例えば,かつての植民地出身の外国人が,長期にわたってかつての宗主国で暮らし,その社会の事実上の成員となりながら,国籍をもたないことも多いがゆえに陰に陽に差別的な処遇を受けるといった矛盾である。この種のポスト植民地主義的な矛盾は,典型的には西ヨーロッパと日本において見られるが,北アメリカやオセアニアにおいても先住民族や移民・難民とのかかわりにおいて,こうした矛盾に関連づけることの可能な状況が存在している。

　ところで,なぜシティズンシップ概念が,こうした社会矛盾を活写しうるのかといえば,それはこの概念そのものが,いわば「人権と帰属のあいだの緊張」ともいうべき論理的対立を,内に含んでいるからである。すでに見たように,(1)シティズンシップには,普遍的・抽象的な人権が,制約を伴いながらも具体的に実現された「市民権」としての意味合いがある。この側面から前述のようなポスト植民地主義的な矛盾を捉える場合には,差別的な処遇を受けている人びとに対して権利を付与する平等化の原理として,シティズンシップ概念は解釈されうる。言い換えるならば,これらの人びとが市民権を獲得することで,ポスト植民地主義的な矛盾の解消に向けた一助とすることができる。いっぽう,(2)シティズンシップには,個々人の政治体への帰属の有無を示す「国籍」としての意味合いも含まれていた。この側面からすれば,そもそも自国民と外国人に対する処遇が異なるのは当然であるとする,市民団(＝集団としての国民)の主権にもとづく排除の原理として,シティズンシップ概念は機能しうるのである。本章において,読者は,古代以来,市民団の閉鎖性が観察されること,そして同時にそのような閉鎖性が,すで

に古代において,思想的な意味でも(ディオゲネスにおける「世界市民」),また実践的な意味でも(ローマ帝国),挑戦にさらされていたことを見るであろう。

以上から,シティズンシップとは,「人権と帰属のあいだの緊張」をそれじしんにおいて体現する概念であると当面いうことができる。ちなみにこの事情は,近代における国民的(ナショナル)なシティズンシップについても,また現代におけるヨーロッパ連合市民権のような超国家的(スープラナショナル)なシティズンシップについても,基本的には変わらない。そしてそのような,意味のうえでの対立を内にはらむ概念であるがゆえに,シティズンシップは,移民や外国人を多く主題とする今日の政治をめぐる討論のなかで,さまざまな立場の人びとが異なる意味において,しかしともに用いることのできる語彙となりえたのである。

1　古代におけるシティズンシップ――ギリシアとローマ

本節では,上に述べた問題関心にしたがって,シティズンシップという言葉と,古典古代のギリシアおよびローマとの関係についてそれぞれ検討していく。

(1)　ギリシア

そもそも,シティズンシップという英語の単語がもちうる意味のうち,「市民であること (being a citizen)」という意味に相当するギリシア語はポリテイア ($\pi o \lambda \iota \tau \varepsilon \iota \alpha$; politeia) である。しかしこのポリテイアの語の意味は,シティズンシップという英単語が意味するところと必ずしも完全に重なり合うわけではない。例えば,政治思想史の古典で論じられるさいのポリテイアには,しばしば政体 (polity, constitution) の意味が込められている。ポリテイアという単語そのものは抽象語であり,市民を意味するポリテス ($\pi o \lambda \iota \tau \eta \varsigma$; polites) から派生し,このポリテスという単語自体は都市を意味するポリス ($\pi o \lambda \iota \varsigma$; polis) に由来しているとされる。

古代ギリシアの社会的な結合形態として名高いポリスは,紀元前8世紀ご

ろに成立したとされる。私たちの議論との関係でいえば，それ以前のいわゆる暗黒時代には，ポリスもポリテスも存在しなかったということになる。E. バンヴェニストによれば，ポリスやポリテスといった言葉の形成は，血統にもとづく社会組織から，共通の居住地による名乗りへの転換に関係している（Benveniste 1969：309）。紀元前508/507年のアテナイにおけるクレイステネスの改革は，父の名が示す系譜の代わりに，ポリスの基本行政単位たるデモス（既存の村落を基にしている）への登録をもって市民の要件とした。

　それでは，ここでいう市民とは何者であるのか。一般に，ポリス社会以前のアカイア＝ミュケナイ文明にあっても，すでに奴隷と自由民の区別がなされていたとされる。しかし後のポリス社会にあって，自由民であれば市民（ポリテス）であるわけではない。ひとくちに古代ギリシアといっても，現実には各ポリスによって地位身分のカテゴリー分けは異なっており，また同一のポリスにおいても時代や法制の変遷によって異なっている。

　アテナイに関して言うならば，前594/593年に実施されたソロンの改革が，この点の理解のために重要である。ソロンの時代においては，貨幣経済の拡大に伴い非貴族の一部が富裕化し，貴族とこれらの富裕な非貴族の緊張が高まるとともに，貴族でない人びとの内部においても富者と貧者の格差が拡大し，借金のために自己の身体を抵当としたアテナイ人が債務奴隷に転落する例が後を絶たなかった。ソロンは，土地所有の実態に応じて人びとを4つの財産級に分け，国政や兵役への参加の様態はこの財産級に従うこととした。また債務契約の無効化や，人身抵当の禁止によって，当時多かった債務奴隷の減少に努めた。

　P.マニェットは，ソロンのこうした改革が，社会の格差増大による内戦や暴政の発生を防ぐために実行されたが，その改革は思わぬ副産物を生みだしたとする。すなわち「アテナイ社会の外部にあるものに対する差異の強調」がそれである（Magnette 2001：10）。

　この点は多少の説明を要する。マニェットは，一部の歴史家の見解とは異なり，ソロンの改革をもって「シティズンシップという意味でのポリテイア」の確立とは解釈しないとする。紀元前6世紀において身分制的な秩序

(コスモス）観は健在であり，ソロンは未だ市民についてではなくアテナイ人について語っていたというのである。そればかりか，クレイステネスの改革の時代にあってもなお，アテナイ人は本当の意味でみずからを市民であるとは感じていなかった。それが可能になるのは，ペルシア戦争に代表される軍事的勝利と，デロス同盟の覇者として富と人口の増大を経験した紀元前460年頃においてであり，これらの歴史的成功によるアテナイ人の自信の深まりと，ポリテイアという言葉が初めて用いられた時期とが一致するというのである。

　年代上の問題については議論の余地があるにせよ，自由民のアテナイ人成人男性の間における地位身分の平等が最盛期のアテナイにおいてある程度制度化され，その事実のうちに「シティズンシップという意味でのポリテイア」の成立がこれまでも多く読み込まれてきたという点については，私たちも同意することができるであろう。そして，覇権国アテナイのポリテイア（対外的な国籍の意味における）は，それが対内的に民主的であるだけに他ポリスの人びとから見ていっそう羨望の的となりえたという解釈にも，一定の説得力を認めることができる。

　前述の「アテナイ社会の外部にあるものに対する差異の強調」が，市民団の対外的，対内的な閉鎖性という意味で重要になるのはこの地点においてである。すなわち，アテナイが繁栄する民主的ポリスであるがゆえに，対外的に，ポリテイア（ここでは十全な市民権を伴った国籍）の外国人による取得は厳しく制限されている。ポリテイアの取得は，ポリスに多大な貢献を果たした外国人にのみ認められる特権であり，それは開戦や新規の租税の導入の議案と同じく厳格に，可決されるためには秘密投票で最低でも6000人の賛成を得なければならない議案であった（Magnette 2001：15）。そして対内的にも，ソロン以来の民主化は市民団の閉鎖性をむしろ昂進させ，「市民と奴隷のあいだの障壁」を「ほとんど乗りこえがたいほどに強固」にした（桜井1997：33）。例えば，紀元前451/450年に成立したペリクレスの市民権法は，アテナイ市民であるための要件を，両親ともにアテナイ人の者のみに限ると定めていたとされている（プルタルコス 2007：61）。

アテナイにおける非市民の地位について研究した桜井万里子は、在留外国人であるメトイコイ（移動を意味する「メタ」と家を意味する「オイコス」の合成語）を、奴隷や女性に近しい存在と捉えている。メトイコイとアテナイ人女性は自由民であり、奴隷とは異なるが、これらの人びとはみな、市民との関係において周縁化された存在である。例えば、メトイコイには、納税や兵役といった市民の義務は課されるのに、土地所有や民会および司法手続きへの参加は原則として許されていない。場合によっては土地所有など部分的な権利が認められることもあるが、参政権を得ることはなく、また市民が享受しているような法的保護の対象ではない。

非市民の自由民であるメトイコイのこのような地位は、公的な政治の領域と、私的な家政の領域という教科書的な二分法のとおりには必ずしも分岐していない領域が、ギリシアの都市国家に存在しえたことを示唆している。公的な領域、すなわちデモスに所属する市民たちの政治空間としてのデーモシオスの領域にも、あるいは私的な領域、つまり広い意味での生産活動の場であるオイコスの領域にも、メトイコイの活動は必ずしも切り分けられえないのである。ちなみに桜井は、この市民でもなく奴隷でもないメトイコイが活動する空間を、コイノスの領域と呼んでいる。コイノスの領域とは、日常的な生活世界の場であり、そこではメトイコイが一定の制約のもとに市民とともに活動することが可能である。例えば、演劇の上演や饗宴への参加、アゴラでの立ち話といった行為がその種の共同の活動として見いだされる（桜井 1997：246）。また、公の事柄から一切退隠していたソクラテスが、家の中に閉じこもることなく青年に語りかけた街頭の空間も、このコイノスの領域に含まれるという（桜井 1997：248）。

ここで注目されるのは、桜井のコイノス論（ソクラテスの位置づけを含めた）に触発されたと思われる、山川偉也『哲学者ディオゲネス』の分析である。山川によれば、桜井が描き出すようなコイノスの領域における人びととの対話をつうじて、アテナイやテバイやメガラといった特定のポリスの法を超えた場所に位置する普遍的な正義に、ソクラテスは到達したのだとされる。いっぽう、山川が主題として取り上げるシノペのディオゲネスは、亡命を拒

みあえてアテナイの法に従って自死したソクラテスとは反対に，みずから望まないかたちで祖国追放の憂き目にあった放浪の思想家である。この「逆転したソクラテス」は，正義の普遍性を示すにあたり，みずから進んで世界市民（$κοσμοπολίτης$; kosmopolites）を名乗った最初のひとであった（山川 2008：13，166）。

そもそも山川の解釈によれば，ソクラテスの哲学そのものが，すでに「アテナイ社会のなかでだけ通用するものではなくて，普遍的であり，国境をもたぬもの」である（山川 2008：183）。しかし，ディオゲネスによって発明された世界市民という言葉は，ソクラテスの時代には存在しなかったある歴史的背景をもっていることも事実である。その歴史的背景とは，マケドニアによるギリシア諸ポリスの支配，そしてその後に続くアレクサンドロス大王によるヘレニズム世界の建設の開始である。

ところで，各種のディオゲネス伝には，アレクサンドロスとディオゲネスの関係を暗示する有名な逸話が残されている。その概略はつぎのようなものである。すなわち，コリントス市の体育場(クラネイオン)で日なたぼっこをしていたディオゲネスを，アレクサンドロスが訪ねた[1]。アレクサンドロスは，ディオゲネスに「何か頼みはないか」と質問する。するとディオゲネスは，「その日の当たるところから，少しばかりどいてもらいたい」と返答した，というのである（山川 2008：196）。

ラエルティオス『ギリシア哲学者列伝』によれば，アレクサンドロスはディオゲネスに「お前は，余が恐ろしくないのか」と尋ねたといわれる。しかし別の箇所では，「もし自分がアレクサンドロスでなかったなら，ディオゲネスでありたかったのだが」という言葉が述べられており，権力を恐れぬ精神の自律にたいするアレクサンドロスの肯定的な評価が感じられる（ラエルティオス 1989：127-178）。

この逸話に示されるディオゲネスの立場の特質は，ソクラテスとの対比という観点を交えることによっていっそう明らかになる。じっさい，前述の逸話から導かれるべきソクラテスとディオゲネスの違いは，ディオゲネスが対決している相手が，同胞市民ではなく，ポリスの枠を超えた支配者であると

いう点にある。そして，アレクサンドロスにたいするディオゲネスもまた，ソクラテスが対話相手を遇したように，クラネイオンというコイノスの領域に身を置きながら，アレクサンドロス「大王」を対等な人間として扱う。しかしながら，ディオゲネスが，『弁明』や『クリトン』におけるソクラテスと異なるのは，アレクサンドロスとおのれの対等性の根拠として，もはや特定のポリス（多少とも理想化された）への共通の帰属感情（祖国愛）を引き合いに出すことができないという点である[2]。というのも，個々のポリスなどやすやすと破壊しうる外国からの征服者（アレクサンドロス）を前にして，ギリシアの特定のポリスへの共感を求めたところで，征服者の側の同情の対象にこそなれ，当の征服者とみずからの対等性の根拠としては意味をなさないからである。

「『無国籍』（アポリス＝非市民）の哲学者」（山川 2008：240）ディオゲネスの志をあえて忖度するならば，じつのところ，ディオゲネスの主張の力点は，ポリスを空間的に超え出ることにあるというよりも，むしろ市民的な対等性から排除される人間を地上からなくすことのほうにあるというべきである。そもそも，ディオゲネスは，祖国を心ならずも追われ，いずれの土地においても亡命外国人として過ごさざるをえなかったひとである。そのような境遇は，たしかに「祖国愛」の幻影からひとを自由にしうるものであるが，しかし「越境」の空想的な称揚もまた，おそらくはそのようなひとに似つかわしくない。いずれにせよ，そのような境遇が構想させたのかもしれない，コスモポリスと呼ばれることになる，排除なき対等性を実現すべき政治体の詳細については，ディオゲネスの著作『国家』が散逸したこともあって，今日まで知られていない[3]。

(2) 古代ローマ

つぎに，ローマとシティズンシップの関係について論ずる。ローマは，アレクサンドロスの作り出したヘレニズム世界を上回る，地中海文明の全体を包含する帝国を作り出した。このことは，今日の英語におけるシティズンシップ観念に最も近いラテン語であるキウィタス（civitas）の歴史的発展に影

響を及ぼしている。すなわち，ローマの支配領域の拡大は，当初ローマ市民権（civitas romana）がギリシアのポリテイアと共有していた，市民団の対外的閉鎖性という特徴をしだいに掘り崩していくのである。

そもそも，ラテン語のキウィタスは，ギリシア語のポリテイアと同じように，個人的な意味（シティズンシップ）と集団的な意味（都市）の双方を含んでいる。しかし，ラテン語は，前者の個人的な意味においても，後者の集団的な意味においても，必ずしもギリシア語と同一でない語源および語彙の分岐を示している。前者の個人的な意味について言えば，ラテン語の重要な特徴は，ギリシア語のように都市国家（ポリス）から市民（ポリテス）が導出されるのではなく，むしろ語源のうえでも敵国人（hostis）と対比された同国人（civis）が先にあり，同国人の総体としての市民団（cives）内部の互酬性を指して抽象語としてのキウィタスが生まれるという順序を取ることである（Benveniste 1974：272-280）。そして後者の集団的な意味について言えば，複数あるこの種のラテン語の語彙のなかでもっとも知られているのは，res publica と civitas であろう。これら2つの単語はともに都市を指すが，多くの場合交換可能な仕方で用いられており，文脈から離れてはその用法を決定することができないとされる（Magnette 2001：29 n. 36）。

私たちの議論ととくに関係のある個人的な意味（国籍）について言えば，そこにはおおよそ2つの方向性が認められる。第一の方向性は，支配領域の拡大に伴って，完全なローマ市民権や，あるいはローマ市民権ほどではないにせよ部分的な権利がそれに付随する各種の地位身分を，多くの人に適用しようとする拡大の動きである。一例として，ローマ市民権をもつ市民とローマ市民権をもたない外国人の中間的地位として設定された，投票権を欠いた市民権（civitas sine suffragio）を挙げることができる。このキウィタス・シネ・スッフラギオは，ガリア人との戦いを助けた功績で，紀元前390年にエトルリアの都市カエレに対して与えられ，以後，イタリア各都市に広がり，さらに紀元前3世紀にはイタリアの領域を越えて適用されていくこととなった（Sherwin-White 1973：54）。じっさいには，この種の中間的地位には多数の種類があるが，総じて，すべての権利を具備したローマ市民権を頂点に，

部分的な権利のみを享受する法的周縁部（中間的なさまざまな地位）が配置されるという形式をとる。そして，これらのさまざまな中間的地位は，一個人の地位身分を表すとともに，一都市の称号でもある。しかしながらもちろん，その都市の全住民に当該の地位身分が与えられるということをこのことは意味しない。ローマとの同盟・服属関係に入った都市の上層はこれらの地位身分を享受しうるが，下層民はアテナイにおけるメトイコイの地位に似て，これらの中間的地位に比べてもさらに限定された一部の権利のみを与えられるのであった。このような地位身分の付与は，共和政から帝政へとローマの政体が変容するにつれていっそう加速していく。その過程のひとつの極致が，いわゆる212年のカラカラの勅令であり，これによってすべての属州の男性自由民に，ローマ市民権が付与されたのであった。

　第二の方向性は，キウィタスのこのような拡大が，市民団の対外的閉鎖性という特徴をしだいに掘り崩していくことに対する，共和政エリートの憂慮である。そもそも，ローマの政体理論のうえでは，市民は元老院とともにキウィタスの権威を担う存在とされてはいたが，ローマの共和政は，制度上の事実において盛期アテナイの民主政とは異なる性格を帯びていたと言ってよい。紀元前494年の聖山事件以降，ローマの平民には元老院に対する拒否権としてのポテスタスが認められ，これを護民官が平民のために行使することとされていた。しかし，この権力は完全なる「人民主権」概念からは程遠い。平民のポテスタスは，それがもっとも良く護民官によって代表された場合にも，結局のところ都市内部に複数ある権力の一つにとどまる。それは，政治の空間において，執政官が行使する軍事指揮権としてのインペリウムや，元老院の有する権威としてのアウクトリタスと，競合する関係にある。端的にいうならば，ローマにおける共和的な立法および代表者選出は，あくまでも政治エリートに枠づけられたものとして存在していたのである。そして，そのような枠づけは，キケローのような代表的な政治理論家の言葉によって裏打ちされている。

　「［……］またあらゆる国家は，それを治める者の本性や意志と同じ様相を

もつ。したがって自由は，国民の権限が最大である国を除いて，いかなる定住地ももたない。たしかに自由より甘美なものは何一つありえないし，またそれは公平でなければ，けっして自由ではない。しかし，隷属がけっして曖昧でも不確かでもない王国は言うまでもないが，名目の上ではすべての人が自由である国々において，自由はいかにして公平でありうるか。じじつ，彼らは投票を行い，戦時と平時の官職者を選出し，票のために言い寄られ，彼らに法律が提案されるが，しかし彼らは与えたくなくともあたえざるをえないもの，また他人が彼らから求めてはいるが彼ら自身もっていないものを［むしろ］与える。なぜなら，彼らは命令権，公の審議，選ばれた審判人による裁判から除かれており，これらの権限は家柄の古さや財産を考量して与えられるのであるから」（キケロー 1999：42）。

「混合政体論」のテーマをつうじて多くの歴史家や思想家が論じてきたように，前述のような諸権力のあいだの相互作用から，共和政ローマは拡大に向かう推進力を得ていたといってよい。しかし，その半面，支配領域の拡大そのものが，共和政を内部から崩壊させていったという側面も否めない。すなわち，すでに触れたキウィタス（個人のシティズンシップの意味での）の適用の拡大は，負担力に応じた軍役義務や政務への市民参加といった原則をしだいに掘り崩していく。富める人びとの軍役や納税の義務は軽減され，それを不満に思う貧しい大衆には小麦や公有地が分配されるようになっていく。キケローの死後，本格的に成立する帝政において，共和政的なキウィタスの衰退はいよいよ顕著となる。カエサルの時代にはまだ維持されていた市民の軍役義務は，アウグストゥス以降の時代には放棄されていく。カラカラの勅令を経て，4世紀にはキウィタスの代わりに帝国全体を指す言葉としてロマヌスの語が用いられるようになるが，これは厳密に法的な意味における紐帯としての市民資格を指すというよりは[4]，侵入する蛮族に対してより高次の文明を享有していることを示す言葉であった（Magnette 2001：28）。

2　近代におけるシティズンシップ——フランスとドイツ

　近代的なシティズンシップの出現は，基本的には国民国家の形成と軌を一にしている。すなわち，古代ギリシアにおけるのとは異なり，近代の市民たちは，数百万～数千万単位の人口からなる国民として組織された存在である。それだけではない。官僚制と常備軍は，市民革命以前の絶対主義の政治体制のもとにあっても，領主層やブルジョワ層の国家官僚化をもたらす。換言するならば，近代的なシティズンシップの出現は，人権の理念の領域的，実定法的な具体化である以前に，中央への権力の集中や国家装置の肥大化という現実の傾向によって条件づけられているのである。近代的なシティズンシップを古代のシティズンシップとの関係で差異化するのは，その出現にあたってのこれらの現実的な諸条件であるということができる。
　いっぽう，古代においてギリシアとローマでシティズンシップの類型が異なっていたのと同様に，近代的なシティズンシップの枠内においても類型的な対立が従来の研究において認められてきた。このような対立が認められるにあたって，とりわけ決定的であると捉えられてきた要素は，ナショナルな主権が確立される時期とその確立にいたる経過である。例えば，R.ブルーベイカー『フランスとドイツの国籍とネーション』は，フランスとドイツのシティズンシップを1つの対をなす2つの類型として位置づけた研究であるが，ブルーベイカーはこのような類型化を，フランスとの関係におけるドイツの領土的な統一の遅れによって説明する。すなわち，フランスにおいては生地主義への，ドイツにおいては血統主義への，国民的な自己認識の「結晶化」が，第一次世界大戦に先立つ数十年間に起きたという（「血統主義」「生地主義」といった用語については，注を参照されたい[5]）。ブルーベイカーによれば，このような「結晶化」の一因は，ビスマルクによって建設されたドイツ帝国が，「エスノネーション的見地」から反省されたさいに露呈させる「不完全性」に求められる[6]。この命題をいま少し敷衍してみよう。まず，フランスにおいて，地域的なマイノリティは，ドイツに比べるならば早い段

階からナショナルな共同体に包摂された。それゆえ,同化を前提とする対外的な開放性が「文化イディオム」の基調になった(なお,文化イディオムとは,ブルーベイカーがスコチポルから借用した用語であり,集団がそれをつうじて「利害関心を表出するだけでなく構成する」言語的媒介を意味する[7])。そしてこのような文化イディオムのあり方が,革命以降のフランスにおける,「国家ネーション的」な集団的自己理解の優位を産みだしたとされるのである[8]。
これに対し,ドイツにおいては,領邦の分立や,領邦内外の「メルティング・ポット」の存在(領域外の民族的ドイツ人やプロイセン東部のポーランド人),身分ごとに分かれた法制度などが,19世紀の後半になっても依然として残存しているという事態が,危機感とともに認識されていた。しかしながらこの時期,領邦的な現実を一挙に突き崩しうる勢力が存在していたわけでもなかった。したがって,まずは既存の領邦的体制の延長や拡大によって,これらの分断を包摂することが図られた。このような「不完全性」——ないしはドイツにおける近代的な統一国家の欠落——のいわば代償行為として,「文化イディオム」の水準における「エスノネーション的」な閉鎖性が追求され,醸成されたとブルーベイカーはいうのである。
外国人に対するエスニックな「社会的閉鎖性」の形成を[9],身分的民族的な分断の克服の努力と関連づけるこのような説明は,歴史分析としてどこまで客観的でありうるのだろうか。この問いは暫くおくとしても,「文化イディオム」にかんするブルーベイカーの類型化が,あるクリシェ(＝決まりきったイメージ)に対応していることは確かである。すなわち,近代のどの国民国家においても,市民権はほぼ排他的に国籍と結び付けられている。これを定式化するならば〈国籍＝市民権〉となるであろう。ところで,このような排他的な結びつきのなかにも,強調の置き方の違いは存在しうる。そして,フランス／ドイツのカップルこそ,この違いを典型的に表現するのだとされる。つまり,〈国籍＝市民権〉の市民権の項に力点を置くのが,「開放的」かつ「共和主義的」なフランス型の特徴である。それに対し,国籍の項を強調するのが「閉鎖的」かつ「エスニック」なドイツ型の特徴だと捉える——このようなクリシェである。

本章の紙幅では，この問題を詳細に検討することはできない。しかし，このようなクリシェが形作られるにあたって，フランス／ドイツのカップルに，開放性／閉鎖性というもうひとつの概念上のカップルが重ね合わせられているという点を見て取るのは容易であろう。いったい，このクリシェ，すなわちこれら２つの概念的カップルの重ね合わせを，私たちはどの程度真剣に受け取るべきなのだろうか。私見では，ブルーベイカー『フランスとドイツの国籍とネーション』の問題性のひとつは，この点にあるように思われる[10]。確かに，ブルーベイカーは丹念に独仏の国籍法制を跡づけており，例えば1804年の民法典（いわゆるナポレオン法典）における国籍の考え方が基本的に血統主義に立つものであるといった重要な事実を見落としているわけではない。しかしそうはいっても，文化イディオムといった概念を援用していることからも推測されるように，ブルーベイカーの記述は国籍をめぐる政治のナショナルな継続性をむしろ強調するものである[11]。ここでの危険は，いささか漠然とした開放性／閉鎖性（彼自身の語彙でいえば「国家ネーション的」，「エスノネーション的」）といった政治文化にかかわる記述が，血統主義／生地主義という法技術上の概念とはっきり区別されないままに用いられる危険をもたらしかねないという点にあるのではないだろうか[12]。

　そこで，「ネーションの概念は国籍をめぐる政治が利害関心のダイナミクスによって駆り立てられる軌道を決定してきた」とマックス・ヴェーバーに依拠しながら述べるブルーベイカーとは異なり，「国籍法がネーションの概念の反映であるということはない」と明確に主張している，パトリック・ヴェイユ『フランス人とは誰か』の議論を簡単に紹介しておこう[13]。ドイツとフランスの近代国籍法制史という同じ領域を扱うにあたって，ヴェイユが語るストーリーを要約してしまうと，それはつぎの３つのステップからなる。

　第一に，19世紀の初頭から中盤まで，フランス，そしてプロイセンは，ともに血統主義を原則とした類似の国籍法制をとっている。これはプロイセンが，オーストリアの法制を参考とし，また他のドイツ諸邦との法的整合性に意を用いながらも，フランスの法制を立法上のベースとして採用したためである。じっさいには，プロイセンだけでなく，オーストリアも含めた多く

の大陸諸国がこの時期に生地主義から血統主義への転換を図っているが，このことには 1804 年の民法典が影響を及ぼしている。

　第二に，19 世紀末，フランスにおいて，兵役負担の平等を求める声に押され，生地主義が外国籍の子弟に事実上強制される。19 世紀にあっては，国籍に付随する市民権はもっぱら政治的なもので，しかも各種の制限を伴っており，なおかつそのうえに自国民に対しては兵役の義務が課されていた。そのため，外国籍の移民人口にとっては国籍取得よりも国籍取得を伴わない在留許可のほうが魅力的に映った。国籍の取得がそれに伴う義務の付加においてよりも，多く権利の取得として捉えられている今日の欧州とは時代が異なるということであろう。

　第三に，フランスを除く多くの大陸諸国は，長きにわたって移民の送り出し国であったが，第二次世界大戦後の経済成長や植民地独立の文脈のなかで，フランスを含めた大陸諸国において移民の受け入れが増大した。1990 年代に入ると，移民の受け入れ国としての自己認識がこれらの諸国で広がり，今度は生地主義による法制の収斂が起こる[14]。例えば旧西ドイツは，1960 年代には事実上移民受け入れ国となった。そして 1990 年代には東西再統一を果たす。ヴェイユは，移民受け入れの事実と，再統一により多数の民族的ドイツ人が安定した国境の内部にいるという状況が，1990 年代の 2 度にわたるドイツ国籍法改正の背景にあるとする。すなわち，(1) 16〜23 歳の外国人について，6 年以上の学校教育歴を含む 8 年以上の滞在を条件として，届け出によるドイツ国籍取得を認めた 1991 年の改正，そして(2)生地主義を部分的に導入し，在留権を有する外国籍の親をもち，かつドイツで産まれた子供についてはドイツ国籍を認めた，1999 年の改正がそれである[15]。

　ヴェイユの立場の特徴のひとつは，国籍法制の歴史的変容について，「法律家の支配」を強調するなどして，「ネーションの概念」のような政治文化的な側面からの影響を相対化しようとするところにある。ヴェイユの示すところでは，19 世紀にあって国籍の問題は実務的かつ複雑，法学的に特殊な専門領域と考えられていた。したがって第二次世界大戦期のドイツの人種主義政策に由来するイメージを投影しつつ，事後的に，血統主義に対しては閉

鎖的でエスニックなネーションの概念を割り当て，生地主義に対しては開放的で共和主義的なネーションの概念を割り当てるといったことには慎重であらねばならないとする。

　また，この「法律家の支配」の側面に加え，ヴェイユによれば，そもそも旧体制のフランスにあって，「フランス人の資格」(qualité de Français) は，生地主義によって定められていた。これは，溜池良夫も指摘するように，生地主義が帰属にかんする「封建的」な観念を含んでいる――とフランス革命後認識されるようになった――ことを示している（溜池 2005：97）。この角度からすれば，生地主義は，国王に対する忠誠関係によって誰が臣民 (subject/sujet) かを定義する原則だということになる。生地主義が封建制に奉仕するものであるという考え方の出現については，ヴェイユが興味深い傍証を挙げている。それは，民法典の草案を審議したナポレオンの時代の護民院での討論である。

>　「あるイギリス人男性の息子は，フランス人になることができる。しかしこの息子は，みずからの母親が，フランスを周遊しながら，母親自身にとって，母親の夫にとって，また母親の両親にとって，外国の土地であるこのフランスで息子を産み落としたというただそれだけのことで，フランス人になるのだろうか。［……］もしそうなら祖国は，祖国に対する愛着やその土地に定住するという選択よりも，出生時の偶然に依存することになってしまう。［……］ブラックストーンによれば，イギリスにおいては，イギリスで産まれた子供はすべて，国王の臣民になるのだという。それは封建制ではないのか，ならば模倣すべきものではない」(Weil 2004：50)。

　コモン・ローにおける近代国籍法制の歴史を研究した柳井健一によれば，「忠誠概念に基づく臣民という形での国籍の定義」は「20世紀半ばまで」イギリスの国籍法制に影響を及ぼしたという（柳井 2004：56）。そしてヴェイユによれば，この英国的かつ「『封建的』な」生地主義の伝統は，「北米（合衆国，カナダ），欧州（アイルランド），アフリカ（南アフリカ），オセアニア

(オーストラリア)」などに移植され，維持されたとされる (Weil 2004: 296)。

ひるがえってフランスにおいては，1930年代に出版された H. レヴィ＝ユルマン『国際私法講義』が述べるように，「君主と家臣のあいだの人格的な紐帯」としての忠誠関係は，「フランス革命とともに消滅し，国籍 (nationalité) の紐帯に取って代わられた」と考えられた。そしてこの国籍という紐帯は，「国家と個人のあいだの抽象的かつ法的な紐帯」なのであって，「主権者と臣民のあいだの人格的な臣従の紐帯」ではないとされる[16]。この点についてはまた，語源学的な見地からジェラール・ノワリエルが傍証を与えている。すなわち，ナショナリテという言葉は，フランス語においてはスタール夫人を嚆矢として19世紀に入り初めて「国民性」の意味での用例が確認され，1830～40年代にいたってようやく「国籍」の意味で法的に用いられるようになった比較的新しい言葉なのである (Noiriel 2005: 235)。言い方を変えれば，国籍という言葉は，大革命による転換の後に用いられるようになった言葉だとおおよそ整理することができよう。

以上を要約するならば，血統主義を採用するフランス民法典の登場は，生地主義に依拠していた封建的な帰属のあり方からの転換を図るものであり，近代的なシティズンシップ，すなわちほぼ排他的に国籍と結び付いた市民権（〈国籍＝市民権〉）の誕生を画するひとつの重要な出来事であったということができる。しかしながらこの〈国籍＝市民権〉が，内的な諸矛盾なしにその後実現されてきたわけではないこともまた確かである。そこで次節では，現代的なシティズンシップに内在する階級的，ポスト植民地主義的な諸矛盾を扱う。

3　現代におけるシティズンシップ——イギリスとスウェーデン

現代的なシティズンシップは，少なくともつぎの2つの要素によって特徴づけられる。まず，第一の要素は，福祉国家である。近代の市民革命において，シティズンシップは，人身の自由や言論の自由，思想信条の自由など，国家からの自由と総称されるべき諸要素を軸として発達した。そしてこれら

の自由は，その裏づけとして，所有権の擁護や職業選択および契約の自由など，資本主義的な社会関係の法的なルール化を伴っていた。資本主義的な社会関係は，こうした裏づけを得て発達したが，それは同時に新たな型の貧民である労働者階級を作り出すものでもあった。そこで福祉国家は，シティ:g:ズ:g:ン:g:シ:g:ッ:g:プ:g:概念を国家への自由の側に拡張することによって，階級的格差に由来する危機に応えようとするのである。

　つづく第二の要素は，ポスト植民地主義である。前節でみたように，近代的なシティズンシップは国籍によって，シティズンシップを享受しうる構成員の範囲を定義した。いっぽう，19世紀末には，資本主義世界システムが，列強によるアジア・アフリカの植民地分割をつうじて，地表のほぼ全体を覆い尽くすにいたった。ここで私たちが目にするのは，膨大な植民地人口が，宗主国の国籍に帰属している姿である。この状況は，多くの植民地出自の人びとにとって，国籍上の帰属が十全なシティズンシップの享受につながらない従属的な状況を意味していた。これを図式化するならば，〈国籍≠市民権〉となろう。第二次世界大戦後の植民地独立によって，ヨーロッパ各国や日本は領土を減らし，これらの国の政府は，「帝国」ならざる中規模国家として自国社会を再編していくなかで，〈国籍＝市民権〉の（再）確立に向けた対応に動き出す。しかしながら他方で，戦後復興からオイルショックにいたる経済成長著しい時期の西ヨーロッパにおいては，外国人の労働力への需要が高まった。ここに，数百万人規模の外国人（多くはかつて植民地であった地域の出自である）が西欧各国に長期間在留する素地が発生するのである。複数世代にわたって在留する外国籍の人びとをいかに処遇すべきであるのか——この問いは，先進各国（日本を含めた）における現代的なシティズンシップが，今日その変容を通じて提示しているポスト植民地主義的な課題であるといえよう。

　以下ではこれら2つの要素について，イギリスとスウェーデンにおける議論を軸に検討していく。

(1) イギリス

　福祉国家の側面から現代的シティズンシップを論じようとするとき，必ず参照される文献のひとつが，T.H. マーシャルの『シティズンシップと社会階級』である。1950年に出版された，比較的短い講演向けの文章がこれほど知られているのは，マーシャルがこの講演のなかで図式化した，シティズンシップの3分類モデルによるところが大きい。すなわち，

　　市民（civil）的要素……個人の自由のために必要とされる諸権利。人身の自由，言論・思想・信条の自由，財産を所有し正当な契約を結ぶ権利，裁判に訴える権利
　　政治的要素………………政治的権威を帯びた団体の成員として，あるいはそうした団体の成員を選挙する者として，政治権力の行使に参加する権利
　　社会的要素………………経済的福祉と安全の最小限を請求する権利に始まって，社会の伝統遺産（social heritage）を完全に分かち合う権利や，社会の標準的な水準に照らして文明化された存在（civilised being）としての生活を送る権利に至るまでの広範囲の諸権利
　　　　　　　　　　　　　　　　　　　　　　（Marshall, Bottomore 1992：8）

である。ところで，マーシャルのこの論述が優れているのは，単に3分類モデルが明快だという点のみに止まらない。じっさい，この講演のほとんど全体が，3分類モデルを「過去の歴史という底土」のなかから成型するという作業にあてられている（Marshall, Bottomore 1992：7）。つまり，マーシャルの3分類モデルは，普遍妥当的かつ抽象的な分析ツールを志向したものというよりは，むしろ歴史に対する回顧をつうじて，現在および未来に向けたマーシャル自身の道徳的コミットメントのありかを記述する試みなのである。そしてまた，マーシャルの議論において参照されるシティズンシップの発展と分岐の歴史が豊かに描きだすのは，すぐれてイギリスにおけるその展開過

程である点にも留意する必要がある。すなわち，マーシャルが描き出すのは，(1) 18 世紀において，裁判所が確立した法の支配に依拠しているところの市民的権利，(2) 19 世紀において，一部の地位身分の人びとがすでに享受していた参政権を他の人びとにも広げることによって成立した政治的権利，(3) 紆余曲折を経ながらも初等公教育の発展を通じて 20 世紀にようやく他の 2 つの権利と肩を並べるにいたった社会的権利，というシティズンシップの発展と分岐の歴史である。この歴史像は，裁判所，議会，学校および社会サービスといった現存する諸制度が，じつはそれぞれにこれら 3 種類の権利の発展を体現する歴史の産物であると認識させる点で，国家からの自由と国家への自由という対立する視点を縫合し，かつ福祉国家を正統化するという政治的な色彩を帯びている。

ところで，D. ヒーターも指摘するように，マーシャルのこの有名な講演に対しては，それが有名であるだけに批判も多い。ヒーターは批判を 5 種類にまとめているが，私たちの議論との関連で 2 点だけ指摘しておきたい。

まず，第一の論点としては，イギリスにおけるシティズンシップの進化という歴史的な議論と，シティズンシップについての理念的本質的な議論とを重ね合わせる手法がもたらす，認識上の制約が挙げられる。この種の批判の妥当性は，他国との比較という観点から物事を考量するとき明らかである。例えば，ビスマルクによる社会保険制度の導入や，冷戦期の東側ブロックにおける社会的権利の充実といった，市民的・政治的権利に先行して成立した社会的権利の事例を考えるならば，少なくとも時系列的な順序を説明するモデルとしては，マーシャルの講演の意義は相対化されざるをえない（Heater 1999：22）。

つぎに，第二の論点としては，主流文化への労働者階級の統合を，シティズンシップ論の事実上のゴールとするマーシャルの問題関心が帯びている，時代的被拘束性が挙げられる。W. キムリッカが述べるように，マーシャルがとくに念頭に置いていたのは，「教育や財産がないせいで国民文化——例えばシェイクスピア，ジョン・ダン，ディケンズ，欽定英訳聖書，クロムウェル，名誉革命，クリケットなど——を知り楽しむことから締め出されてい

るイギリス労働者階級の統合」である（キムリッカ 2005：477）。つまり，白人男性を中心とする主流文化に同化することが自明の前提とされていたのであり，エスニシティ，宗教，ジェンダー等の面におけるマイノリティ（必ずしも数のうえで少数派であるとは限らない）の視点は，少なくともマーシャルのこの講演の記述において，およそ周縁的な地位しか占めていない。

　これら2点の批判からは，マーシャルの道徳的コミットメントの性質にかんする再考が促されるのである。

(2)　スウェーデン

　そこで，このような再考を行った一例として，スウェーデンの政治学者であるT.ハンマーの議論を検討してみよう。ハンマーは，その著書『民主主義と国民国家』（邦題『永住市民と国民国家』）のなかで，マーシャルの3分類モデルを引用した後につぎのように述べている。

　「ここで問うべきは，誰のための平等なのかという問題である。誰がその国家の構成員と見なされ，その権利と義務を共有する権利を有するのか。これらの権利はどの程度まで外国人，永住市民，帰化した国民に適用されるのか。それらすべてが人権であるわけではなく，国家の構成員資格を考慮せずに全人類に認められているわけではない。［……］ある権利，たとえば政治的権利は，国家の構成員，つまり正式な国民，に留保されてきた。いくつかの移民受け入れ国では，20世紀末に社会的権利が外国人にも与えられた。しかし，それは特別な決定の後や国際的合意に従う場合に限られていた。このような社会的権利が個人の福祉にとって重要になればなるほど，そのシステムから排除されないことが価値あることになっていくのである」（Hammer 1990：53）。

　マーシャルにおいて，シティズンシップは，中世の都市に見られるような平等な地位身分を意味している。しかし，3分類モデルにおいて説明の対象とされたのは，中世都市におけるようなローカルなシティズンシップではな

図 1-1　ハンマーにおける 3 つのゲート

①第一のゲート（Gate 1）　　　　一時的な外国人滞在者・ゲストワーカー
②第二のゲート（Gate 2）　　　　デニズン
③第三のゲート（Gate 3）　　　　国民（citizens）

出典）Hammer 1990：17＝邦訳 1999：31

く，あくまでもナショナルな広がりをもったシティズンシップの成立の過程であった。このようなマーシャルの説明に対し，ハンマーが改めて投げかけるのは，「誰にとっての平等か」という問いである。平等な地位身分としてのシティズンシップが，国籍による排除をしばしば伴っていることは，1970年代に外国人に地方参政権を付与したスウェーデンの経験を念頭に置くハンマーの関心からすれば矛盾と映るのである。

　マーシャルの講演の40年後に出版された『民主主義と国民国家』におけるハンマーの主要な貢献のひとつは，1970年代以降に西ヨーロッパにおいて広汎に意識されるようになった，「合法的な永住資格をもつ外国人市民」のカテゴリーについて，「デニズン」という名称を用い，これを普及させたことである。そして，このデニズンの概念は，一般に 3 つの同心円と 3 つのゲート（関門）からなる図とともに知られている（図1-1）。

　ハンマーによれば，図1-1において，もっとも外側に位置している第一の

ゲートは，入国管理（短期の滞在および労働の許可）の存在を示している。このゲートの円周の内側の部分に含まれるのは，ゲストワーカーを含む一時的な滞在を認められた外国人である。つぎに，第二のゲートは，完全な居住権（滞在資格の更新が不必要な）の取得を意味している。この関門を超えた外国人が，デニズンと呼ばれる。最後に，第三のゲートは，国籍の取得（帰化）を表している。このゲートの内側にあって，もっとも大きな面積を占めている円は，母国に住む国民の全体を示していることになる。

　ハンマーの指摘するところによれば，1970年代から80年代にかけて，ヨーロッパに居住する外国人たちは，非常に長い年月を経なければ，第二のゲートを通過することができなかった（つまりデニズンになれなかった）。しかし1980年代以降，ヨーロッパの複数の国において，外国人労働者の滞在の長期化を背景に，政策の変更がなされた。すなわち，10年以上にわたる長期の滞在となっている外国人の一部に永住許可を付与する（旧西ドイツ，スイス），あるいは不法滞在の状態にあった長期滞在者の地位を一定の要件により「正規化」する（フランス），さらに一歩進んで，自国に合法的な住民として1年以上滞在した外国人に永住者の地位を認める（スウェーデン）といった政策が採られたのである（Hammer 1990：19）。

　ちなみに，ハンマーのこの著作が出版されたのち，1993年に発効したマーストリヒト条約は，ヨーロッパ連合市民権（Citizenship of the European Union）を創設した。これは，ヨーロッパ連合（EU）加盟国の国籍保持者をヨーロッパ連合市民と規定したうえで，ヨーロッパ連合市民に域内における移動と居住の自由，および域内にして自国以外の居住地における地方参政権と欧州議会への参政権を与えたものである。このヨーロッパ連合市民権は，加盟国間の国境をまたいで成立しているという点では超国家的（supra-national）である。しかしながら，アクセス可能な参政権から自国以外の国政にかんする権利が除外されているという点で，従来デニズンが置かれてきた状態に近い面も有している。とはいえ，同じデニズンでも，非ヨーロッパ連合市民のデニズンに対しては，そもそもすべてのEU加盟国で地方参政権が与えられているわけではない。換言するならば，マーストリヒト条約は，

図 1-2　シェンゲン協定加盟 EU メンバー国における「4 つのゲート」

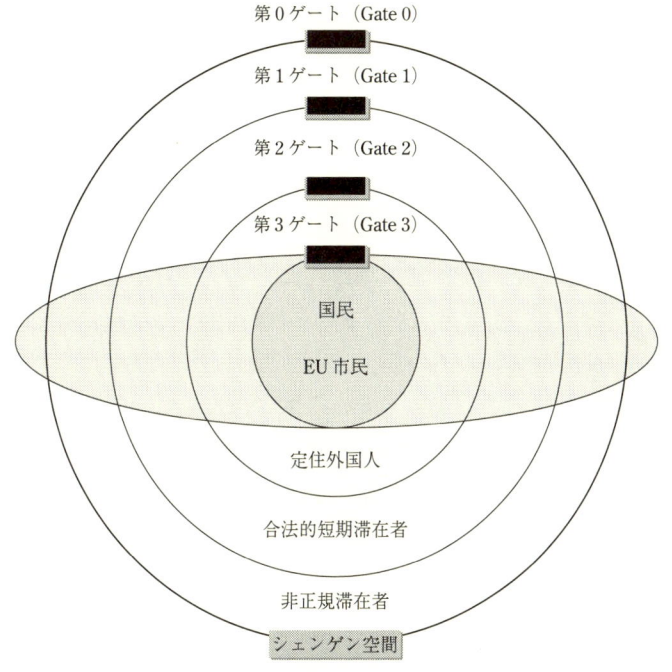

第 0 ゲート（Gate 0）
第 1 ゲート（Gate 1）
第 2 ゲート（Gate 2）
第 3 ゲート（Gate 3）

国民
EU 市民

定住外国人

合法的短期滞在者

非正規滞在者

シェンゲン空間

出典）飯笹（2007）の 33 頁の記述などを基に筆者が独自に作成。

自国以外の加盟国に滞在するヨーロッパ連合市民であるデニズンと，非ヨーロッパ連合市民のデニズンの，2 種類のデニズンを作りだすという効果を帯びているのである。

　この事態を視覚的に示したのが図 1-2 である。図 1-1 と同様に，デニズンの全体はゲート 2 よりも内側の円によって表されている。他方で，図 1-2 における楕円部分は，EU 市民を表している。そして，この楕円部分の内側に帰属しているか否かによって，デニズンの処遇は大いに異なっているのである[17]。すなわち，楕円部分の内側に位置するデニズンは，マーストリヒト条約の保障するヨーロッパ連合市民権（およびこれに付随する居住権や地方参政権）をほぼ一律に保障される。ところが，楕円部分の外側に位置するデニズンの権利は，各国の立法府の裁量に依然として委ねられているのである。

そして，デニズンの処遇におけるこのコントラストは，もうひとつ別のコントラストと重なりあっている。すなわち，シェンゲン協定の描くコントラストがそれである。1985 年に調印されたシェンゲン協定は，国境管理の漸進的な撤廃を謳っていた（図 1-2 でいうならば，ゲート 0 の円周の，構想のうえでの成立に等しい）。同協定の 1995 年の発効によって，シェンゲン空間域内での自由移動は目に見えるものになった。じっさい，国境管理の漸進的な撤廃は，一般の有権者にもヨーロッパ統合の「具体的な利便性」が感じられる政策であるとの理由から，ミッテラン（フランス大統領）らの強いリーダーシップにより推進された政策であるとされる。しかしながら，その実施には多くの技術的困難と，各国の警察や内務官僚による抵抗が伴った[18]。こうした事情もあり，シェンゲン協定実施条約が 1990 年に調印され，この条約のなかでシェンゲン情報システム（SIS）の設置が定められた。シェンゲン情報システムは，各国がもつ犯罪者の履歴や盗品などの流通にかんするデータベースを共有して，治安維持に役立てるヨーロッパ規模の仕組みである。同時に，シェンゲン協定実施条約には，外国人に対するヴィザや滞在資格の交付等にさいして，これらの情報を場合によっては用いうることが明記されている[19]。

外国人の処遇や人の移動をめぐって，これらの政策が映し出す管理の精緻化や共通化への傾向は，時として理想化されがちな統合ヨーロッパが，「ヨーロッパ要塞」としての横顔をも併せもつことに気づかせてくれる。そして，このような「気づき」は，ヨーロッパを発祥の地とするシティズンシップの概念を，もう一度ヨーロッパの外部から到来する人びとの視点で見直すように私たちを誘うのである。

おわりに

本章では，ヨーロッパにおけるシティズンシップの歴史を，古典古代，近代，現代に分けて概観した。

まず，古典古代のシティズンシップについては，アテナイとローマという

二類型に議論を限定したうえで，市民団の閉鎖性／開放性という対比が，西洋の政治思想史上，ギリシアの「ポリス」とローマの「帝国」の対比に重ねあわせられてきたことを確かめた。そして，ディオゲネスによる「世界市民」という観念の創造をも伴った歴史的推移のなかで，市民団の閉鎖性／開放性という対比が，民主政や共和政といったそれぞれの政体の変容に影響を及ぼす要因とみなされてきたことを指摘した。

　つぎに，近代におけるシティズンシップにかんして，フランスとドイツの事例を取り上げた。従来の研究において，この両者は，対照的な2つの類型として捉えられてきた。すなわち，この2つの事例については，しばしば，ドイツ＝国籍法上の血統主義＝政治文化の民族的閉鎖性，フランス＝国籍法上の生地主義＝政治文化の共和主義的開放性，という図式で把握がなされてきたのである。しかしながらこの章では，そのような図式的把握に抗する立場に光を当てた。すなわち，これらの国の政治文化は，国籍法制が決定されるにあたっての支配的な要因ではないとする研究者，ヴェイユの主張を取り上げたのである。このヴェイユの観点から見た両国の国籍法制の歴史をいま一度まとめておくならば，(1)生地主義は，忠誠関係にもとづく君主＝臣下間の関係という形式において人びとの政治的帰属を律する原理として考えられていた。そのため，(2)フランス革命による近代的な国民概念の成立（法の下に平等な）をつうじて血統主義が成立し，大陸欧州に広まる。(3) 19世紀以降，移民受け入れ国としての自己認識が成立した国から，国民統合の必要（兵役義務の適用を含めた）に応じて，血統主義から生地主義への再度の制度変更がなされる，という3段階論になる。

　最後に，現代におけるシティズンシップをめぐって，イギリスとスウェーデンにおける議論を参照した。マーシャルにおけるシティズンシップの3分類モデルは，自由権（市民的要素），参政権（政治的要素）に加え，「文明化された存在としての生活を送る権利」（社会的要素）をシティズンシップの一部として明確に組み込んだ点で，第二次世界大戦後に成立するイギリス式の福祉国家モデルを理論的に裏打ちするものであった。しかしながら，S. ベンハビブも指摘するように，マーシャルは「共和国と帝国の，内部者と外部者

の関係を無視し，その安い労働力でイギリス福祉国家の栄光を部分的に支えていた外国人の存在について，何も語っていなかった」のである（Benhabib 2004：172-173）。

　ひるがえって，ハンマーにおけるデニズン論は，第二次世界大戦後の経済復興に伴い，西ヨーロッパ各国に長期に在留するようになった外国人労働者に焦点を当てるものであった。ハンマーの基本的な関心は，民主主義が，被治者と統治者の同一性に立脚するものであるとの原則から出発している。例えば，西ヨーロッパに長期に在留する外国人の帰化率は低い。この現状は，「政治的決定の影響を受けるすべての人が，政治的決定に参加する機会をもつべきだ」という被治者と統治者の同一性の観点からすれば，問題である（Hammer 1990：2）。

　ところで，以上のような歴史的概観をつうじて，古代から現代にいたるシティズンシップに一貫する概念上の核についても，本章では論じてきた。私たちの考えでは，この核は，ある構造的な緊張によって特徴づけられている。ここで再度，その構造的な緊張がいかなるものであったのかを簡単に図式化しておこう。すなわち，一方において，シティズンシップとは，それを有する人間にとっては法の下の平等を保障する権利と義務の束である。しかしながら他方において，シティズンシップとは，それを有さない人間にとっては，まったくの外国人，もしくは「二級市民」として実質上扱われることを正当化する道具立てである。要するに，シティズンシップをもたざる者から見たシティズンシップとは，市民団から排除される人間がいることを前提としてなりたつ成員資格(メンバーシップ)に他ならないのである。

　そして，マーストリヒト条約によって実現されたヨーロッパ連合市民権は，シティズンシップを古代からしるしづけてきた上述の構造的な緊張を，ナショナルな水準から超国家的な地域(リージョン)の水準へと移す傾向を伴っていた。けれども，こうした傾向は，単に域内における移動の自由や地方参政権のような，ヨーロッパ連合市民が有する権利義務の束だけに係わっていたのではない。むしろ重要なことは，こうした傾向が，ヨーロッパ連合市民権をもたない，EU 域外の国籍を有する外国人たちの地位に係わっているという点であった。

そして，第3節で見たように，第二次世界大戦後のヨーロッパにおいて，これらの外国人との関係は，多くポスト植民地主義的な文脈に位置づけられるものであった。

■注
1) 両者の邂逅の事実については諸説あり，コリントス市という場所についても異説がある。
2) 『クリトン』52Bに描かれるソクラテスの祖国愛を，山川偉也は引用している（山川 2008：185）。
3) この世界市民の思想の系譜は，のちのストア派に受け継がれ，近代においては，カントがこれをより積極的なかたちで論じている。
4) Cf. Sherwin-White 1973：5.
5) 「血統主義とは，子の国籍を専ら血統により決定する主義である。すなわち，子の国籍を父または母の国籍に従わせる主義である。［……］生地主義とは，子の国籍を生地国（生まれた国）の国籍に従わせる主義である。［……］今日世界の多くの国は折衷主義の立場をとるが，血統主義を主とするものと，生地主義を主とするものに分かれる。ドイツ，フランス，イタリア，ベルギー，オランダなどの国籍法は前者であり，［……］中南米諸国，アメリカ，オーストラリアなどの国籍法は後者である。例えば，アメリカなどは，アメリカで出生した子については生地主義をとり，外国においてアメリカ人から出生した子には原則として血統主義をとっている」（溜池 2005：97）。
6) Brubaker 1992：125-126.
7) Brubaker 1992：16-17.
8) 「『国家ネーション的』自己理解とは，国家の制度的・領域的な枠組みの中に埋め込まれた，それと不可分なものとして理解されたネーションのことを意味している。他方，エスノネーション的理解とは，国家の制度的・領域的枠組みから自立したエスノ的あるいはエスノ文化的な共同体として理解されたネーションのことを意味している」（Brubaker 1992：123）。
9) ブルーベイカーは「社会的閉鎖性」の概念をヴェーバーから借用したとする（Brubaker 1992：23）。
10) 邦訳「監訳者解説」を参照されたい。
11) フランス，ドイツにおける国籍の政治の継続性については，Brubaker (1992) の110頁および165頁を参照されたい。
12) 前掲注5)を参照されたい。
13) ブルーベイカーの主張については Brubaker (1992) の17頁，ヴェイユについては Weil (2004) の18頁をそれぞれ参照されたい。なおヴェイユは，ドミニク・シュナペールを「両者［ネーション概念と国籍法制］の関連を擁護する立場」の論者とし

て引用している．
14) 河原・植村（2006）にも同趣旨の主張が見られる（4頁）．
15) ただし，親から外国の国籍を継承しうる場合には，23歳になったらドイツ国籍と親から継承する国籍のどちらかを選択しなければならない．この点については本書第7章を参照されたい．
16) Weil（2004）に引用されている（636頁）．
17) ただし，EU加盟国と，シェンゲン協定（本文中で後述）の実施国は厳密にいえば異なる．本章執筆の時点（2009年末）では，EU加盟国でもイギリス，アイルランド，ルーマニア，ブルガリア，キプロスにおいて，シェンゲン協定が定める国境管理の撤廃は実施されていない．他方，EU加盟国ではないアイスランド，ノルウェー，スイス，モナコはシェンゲン協定の締約国である．実施国，締約国ともに今後の変動が予想される．
18) Cf. [URL: http://www.ena.lu/interview_catherine_lalumiere_schengen_agreement_paris_17_2006-2-23911（2009年12月31日閲覧）].
19) 第92条および第96条．

■参考文献

飯笹佐代子（2007）『シティズンシップと多文化国家』日本経済評論社．
加藤哲郎（1992）『社会と国家』岩波書店．
河原祐馬・植村和秀編（2006）『外国人参政権問題の国際比較』昭和堂．
キケロー（1999）『キケロー選集8 — 哲学1』（岡道男他）岩波書店．
キムリッカ，W.（2005）『現代政治理論』[新版]（千葉眞・岡崎晴輝他訳）日本経済評論社．
桜井万里子（1997）『ソクラテスの隣人たち——アテナイにおける市民と非市民』山川出版社．
庄司克宏（2007）「難民庇護政策における『規制間競争』とEUの基準設定」『慶應法学』第7号，611-655頁．
バリバール，E.（1996）「市民主体」ジャン=リュック・ナンシー編『主体の後に誰が来るのか？』（港道隆他訳）現代企画室，36-74頁．
プルタルコス（2007）『英雄伝2』（柳沼重剛訳）京都大学学術出版会．
溜池良夫（2005）『国際私法講義』[第3版] 有斐閣．
嶺井明子（2007）『世界のシティズンシップ教育——グローバル時代の国民／市民形成』東信堂．
柳井健一（2004）『イギリス近代国籍法史研究——憲法・国民国家・帝国』日本評論社．
山川偉也（2008）『哲学者ディオゲネス——世界市民の原像』講談社学術文庫．
ラエルティオス，D.（1989）『ギリシア哲学者列伝』[中]（加来彰俊訳）岩波文庫．

Benhabib, Seyla (2004) *The Rights of Others: Aliens, Residents, and Citizens.* Cambridge U.P.
Benveniste, Émile (1969) *Le Vocabulaire des institutions indo-européennes,* tome

1 《économie, parenté, société》. Minuit.
Benveniste, Émile (1974) *Problèmes de linguistique générale*, tome 2. Gallimard.
Brubaker, Rogers (1992) *Citizenship and Nationhood in France and Germany*. Harvard U.P. 『フランスとドイツの国籍とネーション——国籍形成の比較歴史社会学』(佐藤成基・佐々木てる監訳) 明石書店, 2005 年。
Hall, Ben (2000) "Immigration in the European Union: problem or solution?," *OECD Observer* no. 221-222 [URL: http://www.oecdobserver.org/news/fullstory.php/aid/337/ (2009 年 12 月 31 日閲覧)].
Hammer, Tomas (1990) *Democracy and the Nation State*. Ashgate. 『永住市民と国民国家——定住外国人の政治参加』(近藤敦訳) 明石書店, 1999 年。
Heater, Derek (1999) *What is Citizenship ?* Polity Press.
Isin, Engin F. (2002) "City, Democracy and Citizenship: Historical Images, Contemporary Practices," in Engin F. Isin, and Bryan S. Turner, *Handbook of Citizenship Studies*. Sage.
Magnette, Paul (2001) *Citizenship: the History of an Idea*. ECPR Press.
Marshall, T.H., and T. Bottomore (1992) *Citizenship and Social Class*. Pluto Press.
Noiriel, Gérard (2005) *État, Nation et Immigration, vers une histoire du pouvoir*, coll. 《folio Histoire》. Éditions Belin/Gallimard.
Sherwin-White, A.N. (1973) *The Roman Citizenship*. Oxford U.P.
Weil, Patrick (2004) *Qu'est-ce qu'un français ? Histoire de la nationalité française depuis la révolution*, éditions revue et augmentée, coll. 《folio Histoire》. Éditions Grasset/Gallimard.

第 2 章

動揺する国民国家を受け止める

丹野　清人

はじめに

　2008年6月4日の午後3時に最高裁判所大法廷が開廷した。15人の裁判官が席につき，裁判長が「主文，原判決を破棄する。被上告人の控訴を棄却する。控訴費用及び上告費用は被上告人の負担とする」と読み上げると，裁判官は席を立ち閉廷となった。少し間をおいてから，傍聴席から小さな歓声が起こった。国籍法に違憲判決がおりた瞬間であった。外国人とされた申立人に日本国籍が認められた。これは外国人とされていた者が国家によって日本人であることが確認されたのであり，日本人の境界が移ったことを示す瞬間であった。

　グローバル化のなかで国民国家が揺れているという。しかし，第二次大戦終結までの時代に比べれば国境紛争の数は激減し，少なくとも主要国の間における国境線の変更／領土の割譲に伴った国籍変更は見られなくなった。19世紀の社会が，国境や領土の変更に伴って国籍もまた変更した事例を多数見たことと比較すれば，20世紀後半以降の世界社会は国境の上から見る限り安定している。にもかかわらず，国民国家が動揺するという議論が出てくる。これは地理的な容れ物である国家の安定に比して，容れ物の中身たる「国民」が揺れていることを示すのではないか。冒頭で紹介した国籍法の違憲判決は，国民概念が揺れていることを示しているのではないだろうか。

　横田喜三郎は「国籍は，人を国家に結びつける法律的ひもである。ある国の国籍をもつことは，法律上でその国に結びつけられ，その国に属すること，

つまり,その国の国民であることを意味する。民族的,言語的,歴史的,社会的なつながりは,直接には関係がない。このようなつながりがあっても,それによってただちに,ある国に結びつけられ,その国の国民となるのではない。その国の国籍をもつことによってはじめて,その国の国民となる」と論じている(横田 1972 : 195)。本章は,横田の言うところの,「人を国家に結びつける法律的ひも」との関係から国民として把握されるものがどのように揺らいでいるのかを,実定法上は国籍と定義されるものの分析を通して明らかにする。そのうえで本章は,国家が国民概念に起こっている変化(＝人を国家に結びつける法律的ひもの変化)を,どのように制御しているのかを明らかにすることを試みる。

1 日本における国籍概念の変遷

まずは,国籍法の変遷から見ておこう。国籍法の立法者が残した文献として,平賀健太による『国籍法』(上巻が1950年,下巻が1951年に出版されている),および黒木忠正・細川清による『外事法・国籍法』(1988)がある。これらは国籍法が大きく変わらざるをえなかったときに,改正の趣旨を伝えるために書かれた本である。これらによると日本の国籍法の出発点は,明治6年の太政官布告第103号「自今外国人民ト婚姻差許左ノ通条規相定候条此旨可相心得事」(以下,「明六布告」と記す)であり,この明六布告で現代で国籍として把握されるものが登場する。

しかし,この明六布告では「国籍」の用語を見いだすことはできない。代わりに見ることができるのは「日本人たるの分限」という言葉である。この「日本人たるの分限」が問題になったのは,日本人が国際結婚をした際に日本人の分限(身分)がどうなるかを決める必要があったからであった。明六布告に次いで,現代の国籍に相当する法的取り決めが出てくるのは,ボアソナード等を中心にしてつくられたが施行されずに終わった旧民法(1890年)である。この旧民法人事編では「国民たるの分限」として示された。このように明治初期の日本では,国籍が日本人としての身分／日本国民としての身

分と考えられ，それはもっぱら国際結婚との関係から生ずる問題とされていたのであった[1]。つまり，日本における国籍概念は近代になって欧米との邂逅がきっかけになって生まれたのである。

旧民法は，あまりに個人主義であって家や家長をないがしろにしているとされ，施行されることはなかった。それにもかかわらず，国籍に関する旧民法人事編の「国民たるの分限」（旧民法人事編第7条から第18条がこれにあたる）の条文は，ほぼそのままの形で独立した「国籍法」にまとめあげられる[2]。それが1899年に成立・施行された大日本帝国憲法下での「国籍法」である（この明治の国籍法を「旧国籍法」と呼ぶ）。旧民法が個人の権利を重視しすぎたことを理由に施行されなかったことを考えれば，なぜ国籍に関する規定ではそのことが問題にされなかったのか不思議とも思える。しかし，これには国籍法の特異な性質が関係している。国籍法は属人法であるから，日本人が外国に渡っても彼・彼女そしてその子供に影響を与えるように，外国人が日本にきて日本人と結婚する際にも彼・彼女そしてその子供に影響を与える。この結果，国内法であると同時に国際私法でもある。幕末期に結ばせられた不平等条約の撤廃は，明治政府の宿願であった。明治政府は日本が西欧先進国と同様な段階に達したことを示す必要があった。このための有力な証拠として国籍法を捉えていた。そのため，旧国籍法は19世紀中に国籍離脱を認めていたように，欧米諸国と比べても当時としては先進的な性格をもっていた[3]。

この旧国籍法は，1945年の敗戦で領土が変更され，占領軍の下でこれまでの軍国主義を否定し個人の尊厳に価値をおいた新憲法が発布されると，これらの変更（①領土の変更と②個人に基礎をおく憲法的価値の変更）に伴い変わらざるをえなくなった。旧国籍法は1950年に改正された（戦後の国籍法を「新国籍法」と呼ぶ）。これは国民の定義における最初の動揺であった。具体的には次の2つの動揺が生じた。第一に，植民地であった外地戸籍の人々にも日本国籍を認めていたものが，内地戸籍の人々のみとなった。第二に，日本人と結婚したり，日本人の家に養子に入ったりすることによる，家の中での身分の取得を理由とした日本国籍の取得を否定した。この結果，日本の国

籍は出生による国籍取得以外は個人の意思に基づく帰化行為だけを国籍取得理由とするものとなったのである。

　第二の動揺は1984年に起きた。これには2つの問題が関連していた。ひとつには1980年の国連女性差別撤廃条約への批准である。女性差別撤廃条約第9条第2項が「締約国は，子の国籍に関し，女子に対して男子と平等の権利を与える」としていたことが，旧国籍法以来，新国籍法になっても父系制血統主義（父の国籍を子の国籍とする考え方）を採っていることと衝突することになった。いまひとつには，この父系制血統主義が現実に引き起こしていた問題がある。この当時，沖縄をはじめとする駐留米軍基地の存在が引き起こしていた米軍兵士と日本人女性の国際結婚だ。特に後者では，国際結婚の結果生まれた子供が無国籍とならざるをえなかったことが極めて大きな問題であった。

　父系制血統主義だと，日本人女性が外国人との間に子をなした場合，法律婚をしていると日本人母の子は日本人になれない。また，日本人になれないばかりか，父の国の国籍法によっては無国籍になるかもしれない。例えば，父がアメリカ人の場合，アメリカは生地主義であるから，アメリカで生まれていれば問題ないが，海外で生まれたアメリカ人の子は当然にアメリカ人になるわけではない。この時点のアメリカ国籍法は，海外で生まれたアメリカ人の子には，青年になるまでにアメリカ国籍法の及ぶ地域での居住実績を要求していた。そのため，子供のときにアメリカ国籍を得ても成年に達すると無国籍にならざるをえない状況の者たちが多数発生していた（萩野1982）。これらに対処するため，日本は国籍法の原則を「父系制による血統主義」から「父母両系制の血統主義」へと変えた。

　さて，このように見てくると，そもそも日本の国籍法は，旧国籍法の時代から，国内法というよりは，国際的な文脈を強く意識してつくられた法であった。ところが，2008年6月4日に最高裁大法廷で国籍法に違憲判決が下された。その結果，2009年に新国籍法は改正された。この2009年改正は，これまでの歴史の延長に置くことはできない。はじめて，日本国内に内在した理由が大きな影響を与えて国籍法の改正に結びついたといえる事件であっ

た。これは第三の動揺と言えるものだ。本章では，この第三の動揺，2009年の国籍法改正から現代の国民国家日本の動揺を考えていきたい。

2 日本国籍における血統主義——立法者意思の確認

まずは，日本の国籍法の原則である血統主義がいかなる意味を持つのかを考えたい。そこで，新国籍法の立法者である平賀健太の残した文献から，これを確認しておこう。

平賀によれば，国籍とは「個人と国家との間の政治的紐帯」であり，「個人の特定の国家の構成員たるの資格，特定の国民共同体の一員たるの資格」である（平賀 1950：1）。中世封建国家では「主権者，すなわち君主の領土としての国家が観念され」ることにより属地主義・生地主義（jus soli）が採られていた。これが近代になり「言語・宗教・風俗・文芸等々総じて文化を共同にする共同体＝民族が『くに』として把握され」ることで血統主義の観念が発生してくる（平賀 1950：2）。いずれにせよ，国土の上に形成されている共同体との結びつきが国籍を考えるうえで決定的である。元来，封建社会では，人は身分的にも地理的にも自由に移動することができず，自治都市を例外とすれば，むしろ人（とりわけ当時の人口構成で大部分を占めた農民）は土地の付属物であった。この時代においては，人の住所概念がダイレクトに国籍概念と結びつき，「その者がその土地の住民であること，すなわち一定の土地に常住する人々によって形成される地縁共同体の一員であること」は具体的・現実的に確認することができた。

しかしながら，人の移動が増加してくると，「各人の単なる一時的な滞在の場所」，「多少とも継続的な滞在の場所としての居所」，「各人の日常生活が恒常的にそこでいとなまれる生活の本拠としての住所」として（圏点引用者），その土地に居住することが直ちに共同体を構成しているとはいえない状況が生じてくる[4]。近代社会のこうした状況に対応して，共同体の正規の構成員を検討し直す考え方が血統主義であった。平賀は，属地主義が国籍概念と住所概念を直に結びつけ「国人[5]」たる資格の得喪は，国土における住所

の得喪に外ならなかった」が，血統主義は「国人たることの概念から国土との地縁関係が捨象されたときに成立」すると評した。そして，「この国籍概念の住所概念からの分離独立は，法制的には出生による国人たる資格の取得に関して生地主義に対する血統主義（jus sanguinis）の採用において表現され」る。なぜなら「血統主義においては，子は出生によって父または母の国籍を取得する。したがって出生の場所のいかんは国人たる資格の得喪に当然に影響を及ぼすものではない」からである（平賀 1950：9-10）。

　国籍に関する基本概念を最初に平賀が取り上げたのは，日本国籍の仕組みを考えるキーとなる考え方，つまりは日本にとっての血統主義のエッセンスがそこに含まれているからである。平賀は，「我が国の戸籍制度においては，戸籍の記載を受ける資格のある者は，日本国民に限られかつ日本国民はすべて戸籍に記載されるという建前である。しかるに他方戸籍制度の基礎をなすものは本籍である。本籍は現実の居住の事実とは必然的な関連を持たないが，それでもなおそれはわが国の国土における一定の場所である。してみれば，日本国民はすべて戸籍に記載されることによって本籍をもち，この本籍をもつことによって観念的にではあるが日本の国土との間に地縁的なつながりをもっている（圏点引用者）」と説明する（平賀 1950：12-13）。つまり，血統主義をとることで国民の子供は国民とするだけでなく，国籍を，家を管理する戸籍制度に結びつけることで，個人を家という共同体の一員として具体的に位置づけると同時に，日本の国土との観念的な結びつきが本籍を媒介に担保されるのである[6]。この結果，日本の国籍概念は属地主義の要素をも高度に抽象化されたレベルで抱え込むことになっている[7]。

　ところで，平賀は血統主義の採用が，国籍法で規定される者＝国民になるとは考えない。国民概念で国籍を考えなくてはならないのは 19 世紀後半以降であり，それには「他民族との対照において自民族を国家として意識させ，自民族の一員を他民族のそれから区別する者として国民の概念を成立させ，またこの国民を政治的組織体の一員として自ら政治に参与する市民としての自覚を可能にするばかりでなく，独立の個人を明確な意識にまでみちびいた」状態が必要となるからだ（平賀 1950：34）。

これは，一方において他民族＝列強に対する運命共同体としての一体性を求める存在であり，他方において市民として個人的な判断を下しつつ政治共同体の公務に能動的に参与する自律した存在となることを求める。その結果，国籍概念に含まれる「忠誠義務」は，本来，属地主義が封建領主・国王の封土との関連でその土地の上に住む者に主権者への忠誠義務を負わせたものであり，この限りで属地主義の特徴とされる。しかし，忠誠義務は運命共同体としての国家・民族という考えとともに血統主義を採る国にも採用され，外国人が帰化する場合や自国民が国籍離脱をする際に，国家がこれを認めたり認めなかったりする根拠として位置づけられるようになった。そしてここから，国際慣習法のみならず，政治的共同体として国家が外国人をどのように受け入れるかを自由に決めることができるようになる。すなわち，民主的な近代市民社会を前提におく国家では，国家は市民の代表者が送り込まれて議論した結果が法となって国家を統治する。この結果，国家が外国人をどのように受け入れるのかを決定するということは，国家を形成している民族共同体が共同体のメンバーを選定しているというアナロジーとなり，それゆえに国家が自由裁量を持つとの考え方である。

3　日本人の境界

　前節で見たように国籍上の血統主義とは決して血縁主義ではない。旧国籍法は婚姻や養子入りによって日本人となるとしていた。旧国籍法は婚姻や養子入りといった身分行為を国籍取得理由としたが，身分行為による国籍取得は，新国籍法では家制度の否定があるからこれは認められない。しかし，国籍取得において日本人の家族の一員となるという考え方は今でも重要であり，旧国籍法で定められていたものとは形を変えて残り続けている。
　この点を1984年改正の折の国会における質疑応答から確認しておこう。当時の民事局長枇杷田泰助は国会の法務委員会で，①かつては父母ともに日本人同士の婚姻が圧倒的に多かったから父系血統主義を採っていても問題はなかったが，渉外婚姻（国際結婚のこと）の増加とともにこれが問題となっ

ていること。②これまでも父だけが日本人という場合があったにもかかわらず，渉外婚姻が増えているときに母だけが日本人である子が日本国籍をとれないというのは，渉外婚姻をした人々の生活実態と現実の妥当性に問題があること。③日本に滞在する渉外婚姻のもとで生まれた子供の福祉や母親の子に対する感情としても日本国籍を与えることが適当であること。④両性の平等という観点からも純粋の血統主義ではなくどちらかの血統をひく者を日本国民とし，国民感情としてもこれは受け入れられると判断できる，として父母両系主義を採ることの理解を求めた。

そして国籍法に言う血統主義が血縁主義でないことを，以下のように説明している。「血統主義と申しましても単に血がつながっていさえすればというふうなことではなくて，やはり血統がつながっていることが，一つは日本の国に対する帰属関係が濃いということを明確ならしめる一つの重要な要素としてとらえられていることだろうと思います。そういう面から考えますと，認知というだけでは，これは母親が日本人である場合でありますから（枇杷田の言い間違いと思われる箇所，説明の趣旨上ここでの母親は外国人でなければならない——引用者注），生活実態といたしますと嫡出子の場合とはかなり違うのではないか，民法におきましても嫡出子と非嫡出子ではいろいろな扱いが違います。その扱いの違う根拠は，認知した者とその子との間には生活の一体化がまずないであろうということが一つの前提になっていると思います」と答弁している[8]。嫡出子と非嫡出子（認知を受けただけの子）の違いは，嫡出子の場合は日本人たる父と生活が一体化していると想定できるのに対して，非嫡出子ではこれが想定できないことに根拠が置かれ，子が父から認知を受けただけでは日本国籍は与えないことが説明されていた[9]。

枇杷田のこの説明は，平賀の国籍法における家族と共同体そして国家の関係を読み解いていくと，的確に理解できる。血統主義とは制度的には国民の子が国民となる仕組みであるが，そもそも血統主義が必要になったのは属地主義・生地主義では，言語・文化，さまざまな社会慣習を共通にする者を国家・共同体の外部においてしまうと同時に，言語・文化や習慣を異にする国内で生まれた者を国民としていくことで共同体の一体性が保てなくなるから

である。この考え方のもとでは，個人は男女の共同体としての夫婦をつくり，夫婦のもとに子が生まれることで親子の共同体が形成される。そして夫婦の共同体であり，かつ親子の共同体である家族を通して国家内部の大小さまざまの共同体の言語・文化・さまざまな社会習慣を子は獲得する。この意味で国民の子が国民となるのだ。だからこそ，家族関係は実態を伴った家族が求められる（平賀 1950：108-110；平賀 1951：201-202）。個人→家族（男女の共同体）→家族（親子の共同体）→国家内部の共同体→国家という意味連関を重視して血統主義は成り立っている。結果，家族の定義とは①男女の共同体である夫婦の関係がいつから真実の夫婦関係であると考えられるのか，②親子の関係がどのような状態にあった場合に真実の親子関係と言えるのかといった，具体的な家族をめぐる関係性が国民の定義にあたって決定的なものにならざるをえない。つまるところ，国民に内在した論理から出てくる日本人の境界は，その時代その時代の家族観こそが決定的に重要なものとなるのである。

4 意思と科学に揺れる日本国籍

2008年6月4日の最高裁判所大法廷による国籍法違憲判決は，これまで何度か迎えた国籍法の危機とは性質が異なる。明六布告以来，国籍法の危機はもっぱら国際関係から引き起こされた。この点はすでに論じた。だが，今回の改正は，純粋に国内事情によるものだった。この事件で問題にされたのは，1984年改正で取り入れられた「伝来」による国籍取得だ。伝来による国籍取得とは，出生によって国籍を生来的に取得するのではなく，事後的に日本国籍を取得することを言う。1984年改正で父母両系制を採ることにより，日本人母の子は，母と父との婚姻関係を問わずに，日本国籍を取得できるようになった。これとバランスを取るために，日本人父の子で，出生の時点では，父が外国人母と婚姻関係のなかった子を日本人とする（伝来的に国籍を取得させる）ための要件が決められた。それが「準正子（出生後に父から認知されたうえで，父母が婚姻し事後的に嫡出子となった子）」要件であった。

2008年最高裁大法廷判決は，この準正子要件が国籍の判定にとって今も合理的であるのかが問われたのであった。判決は，準正子要件が設けられた1984年改正の時点では，伝来国籍を，出生時は非嫡出子であったが父から出生後認知を受けて，その後に父母が婚姻し，事後的に嫡出子の身分を獲得した準正子に限ったことは合憲であった。だが，この事件を申し立てた子供が生まれ，日本国籍の確認を行った時点では，伝来による国籍取得を準正子に限っていることは違憲であったと判示した。

　判決によれば，準正子要件が許されたのは，子の出生の時点では結婚していなかった父母が子の出生後に父が認知したうえで後に結婚したのであれば，子が日本人の父の家族に十分に包摂されたと考えることができたからであった。準正子要件が設置された1984年当時では，父から認知されただけでは，子が父と同居していることを想定できなかった。母が日本人であれば母は必ずや子の看護・養育活動を行っているであろうから，母を通して日本の言語や文化，習慣，そして日本社会の価値観が子に伝わると想定できる。しかし，父だけが日本人の家族の場合，子が父と同居していると想定できないとこれらが家族を通して子に伝わるということが想定できないため，父母が婚姻していることが条件になったことはやむをえない，というのである。

　ところが，かつては妥当であった基準も，近年，社会環境や結婚観が変わることによって準正子要件はもはや違憲状態になるに至ったというのが最高裁判所の判断であった[10]。日本人の家族ですら多様な婚姻形態が発生する時代になっており，もはや法律婚でなければ家族ではないという認識は時代遅れのものとなっている。ましてや日本人と外国人の間で形成される家族は日本人同士の家族以上に多様な家族関係がありうる。これらを考えると，①父からの認知を受けたうえで②父母が婚姻するという二重の要件が課せられる準正子要件でなければ，父と子の関係が真実の父子関係ではない，とすることは現在ではできなくなっている。法の立法趣旨に照らし合わせれば，一定の要件のうえで本人の日本国籍取得への意思を確認することに意味があるのだから，現時点での社会状況と考え合わせれば要件を①の父からの認知とすることで違憲状態を合憲にすることができる，というものであった。なお，

立法措置として父子関係の認定にDNA鑑定等が将来入ったとしても，それは立法府の裁量に委ねられると最高裁判所は判示した。

　ところで，国際結婚の増加および結婚形態の多様化については，議論の余地が一方で残り続けていることも事実だ。本章で問題になっているのは，日本人を父とし外国人を母とする非嫡出子である。結婚の形態の多様化は様々なところで言われるが，子供の誕生という観点から見ると，近年の出生者数に占める非嫡出子の割合は（1992年から2006年の15年間で）年によって違いがあるものの1.2%から2.3%程度である。この間の毎年の出生者数がおよそ107万人から122万人弱であるから，人数にして1万4000人から2万6000人くらいにすぎない（斉藤 2010：3）。日本で出生する9割7分以上の子供は嫡出子として生まれているのだ。日本人父－外国人母の非嫡出子はさらに少ないのであり，人数的には絶対的少数者であることは間違いない[11]。この限りで，結婚形態の多様化を理由とすることについて，果たしてどこまで妥当性を持つのかに疑問符が付けられるのもそれなりの理由がある。しかし，この問題を考えるにあたって，問題の該当者となる人々が量的にどのくらい存在しているのかということは本質的な問題ではないのだ。

　新国籍法は新憲法の求める個人の尊厳を重視したからこそ，夫や戸主が外国に帰化すると妻や家族も国籍変更を強いられることはなくなった。国籍変更の際には，必ず，本人の意思が担保されるよう制度設計されている。しかし，一定の年齢に達した後の人間であれば，本人の意思を担保することは問題ないが，準正子要件の適用者の場合は認知を受けたばかりの子である。言葉もしゃべれず，文字も書けないのが当り前の幼児にも，個人の意思の発露として日本国籍の取得を法務局へ届出させることになっている。しかし，これは個人の意思の形骸化以外のなにものでもない。しかも，国籍法は各国がそれぞれに意味付与しつつ運用しているから，日本の国籍法では準正子要件に基づく国籍取得は帰化にあたらないが，フィリピンや韓国，そしてタイなど日本が日本人との国際結婚で最も意識しなくてはならない国々の国籍法では，これは帰化に相応するものとなる。その結果，2009年の国籍法改正の結果，日本人になれたとしても母の国籍を喪失することが出てくる。

このような混乱が生じてしまうのは「認知」という法律行為が民法と国籍法で異なっているからである。民法では父が認知すれば，子は生まれながらにその父の子とされて相続権等が発生する。しかし，国籍法は，民法と異なり，認知されたからといって，出生時にさかのぼって国籍が発生するという考え方はとらない。この点で，最高裁がDNA鑑定等を父子関係の特定および偽装認知の防止手段として，立法府が国籍法に盛り込むことを否定しない旨を明記していることは，今後も認知をめぐって国籍法と民法で使い方が異なることが前提となっていることを示すものであろう。なぜならば，民法では実父以外の認知行為が解釈上も，そして判例的にも認められてしまっているからである（国籍法でのみ，生物学的父子関係が要求されるということだ）。生物学的父子関係が真実のものであるかどうかは科学で決定できるであろう。しかし，国籍法が求めるのは生物学的父子関係ではない。「真実」の父子関係である。それは，平賀に立ち戻ってしまうが「真実の家族」を求めたのであり，その限りで最も重要なのは家族を形成しようとする意思であり，子の成長と養育に責任を持つ意思のはずなのだ。

おわりに——家を忘れ，家に戻る日本国籍

　国籍法違憲判決が出て，国籍法の改正作業が2008年秋以降に始まると，抗議活動があちこちで起こった。とりわけ，国籍法改正の法務委員会委員の国会議員には，議員活動を妨害するためのファックス送付などが行われた。各地の地方議会でも国籍法改正に反対する意見決議が可決されたりした。不倫の外国人の子に日本国籍をあげるのがけしからんというものから始まり，日本人の血統が汚れるというものに至るまで様々な理由がそこでは挙げられていた。だが，多くは父の認知だけで外国人母の子が日本国籍を取れるようになると，虚偽の認知によってまったくの外国人であるにもかかわらず日本人になりすます者が出てくる，ということを理由としていた。筆者には，これらの主張には，家の存続のために設けられてきた様々な社会制度に対する無理解と，家族をより狭い範囲で捉えようとする狭小な家族観が目についた。

その意味で右派のほうがロマンチックラブの虜になっているかのようであり、日本に家制度はなくなったかのように思えるような議論であった。

　しかし、これらの批判はもともと国籍法の求める日本人と大きくずれている。国籍法が、一定の家族観をもってその家族に包摂されることで国籍を取得するという考えに立っていることは何度も論じてきた。しかし、ここでいう家族とは、夫婦が互いに愛し合い、子は親を尊敬し、親は子を慈しむといった愛情共同体を否定しはしないがこれだけに回収されるものではない。むしろ、家が時代を超えて連続していくために、家のメンバーにはそれ相応の身分が与えられると同時に果たさねばならない役割があり、これに責任を持って行動していくことが強く求められる、ある意味冷徹な一面をも含んだ家族に包摂されることが要求されている。こうした家族に対する考え方は民法にも見ることができ、実父以外の認知を認めるのがいい例だろう。これは、一方で、それが家の存続にとって重要な手段となること。他方で、責任を取ろうとしない実父の下でしか子が暮らせないよりは、すすんで子の親になろうとする者の下で育つほうが子の福祉にとっても有益である、という判断が背景に控えている（中川 1983）。

　国籍法は本論で示してきたように、日本社会の状況にあった家族観に左右されざるをえない。また制度的にも日本国籍者が必ず戸籍をもつことを原則として、国籍管理が家族管理と結びつくように制度設計がなされている。明治から昭和にかけての国籍法の変更は、もっぱら日本の置かれた国際関係上の理由で引き起こされ、その国際関係が国籍の定義にも大きな影響を与えてきた。国籍の決定のうえで内在的な理由より、外在的な国際関係上の理由が上位だったことは、新憲法のもとでの新国籍法になっても、父系制血統主義が採られ続けたことを見ると分かり易い。新国籍法が1950年に制定されて以後、父系制血統主義が現実に困るという議論はほとんど生じていなかった。枇杷田が論じていたように父母が日本人同士であれば、子にとって父系制であろうと父母両系制であろうと違いがないからである。この意味で、現実の国際結婚が増えることが大きな影響を与えた1984年改正は、基地が引き起こした国際結婚であったかもしれないが、最初の日本社会に内在した理由に

基づく国籍法改正であったと言っていいのかもしれない。しかし，筆者は，これを基地が引き起こした問題と捉えているので，日本社会に内在した問題による国籍法の改正とは考えない。また，法務省サイドも，西ドイツが1974年に，スウェーデンが1978年に，ノルウェー，デンマークが1979年に，ポルトガルが1981年に，スペインが1982年に，オーストリア，イタリアが1983年に，ギリシャ，フィンランド，ベルギー，オランダが1984年に父母両系制に転換しており，アジアにおいてもフィリピンが1973年に，中国が1980年に父母両系制を採ったことを理由に挙げて，日本だけが父系制血統主義を採り続けることのほうが，重国籍を否定しつつ無国籍を防止するうえでより多くの困難を生じさせると論じている（法務省民事局第五課職員編1985：12）。これらを考慮すると，純粋に日本社会のグローバル化による国籍法の動揺は2009年国籍法改正が最初のものであったと筆者は考えている。

　2009年改正は，明治から昭和の改正が国境線を含む物理的なボーダーや国際条約との関連が大きな影響を与えたのと比べると，社会の国際化によって引き起こされたものである。社会の国際化が進展したインターナショナルな時代に，国籍法はナショナルな理由に基づいて変更されたのである。しかし，日本に固有の理由で国籍法が変更されるに至ったとしても，この際に国家は日本人の定義（日本国籍の定義）を改めることによって対処したのではなかった。国家は日本人の定義を書き改めるのではなく，正当な家族の幅を変化させる（＝国籍法が当然としている家族像を法律婚のみでなく事実婚にまで広げた）ことで，新しい時代の日本人の境界を限界づけたのである。

〔付記〕本稿は日本学術振興会科研費基盤研究(B)の助成を受けた成果である。

■注
1)　この点については，二宮（1983）および嘉本（2001）が詳しく論じている。
2)　黒木忠正と細川清は「旧民法は，いわゆる法典論争の結果，施行されるに至らず，帰化に関する特別法も制定されなかった。しかし，旧民法の採用した国籍の得喪に関する原則の多くはその後制定された旧国籍法に，ひいては現行国籍法にも引き継がれ

ており，旧民法は，我が国国籍立法の原型であると評されている」と評価している（黒木・細川 1988：260）．
3) 欧米諸国を含めて，この時代はまだ徴兵制がどの国でも存在しており，国民の義務として兵役に就くことは当然とされていた．そのため，国籍を離脱することを認めることは自国の軍隊を弱めることであると考えられたり，従軍経験のある者の国籍離脱は軍事情報が敵国に流出することと考えられたりすることで，国籍の離脱を国民が選択できる制度としてもっている国はほとんどなかった．
4) 住所と居所が概念的に区別され，前者は個人が単にそこに居るということにとどまらず，当地において様々な社会関係のなかに取り込まれて，個人を取り巻く社会の側からも一定の位置を与えられている場所を指す概念になった．
5) 平賀は近代国民国家の成立以前で近代的国籍概念の成立する前のその国の構成員たる資格を持ったものを「国人」という概念で論じている．
6) 「国籍とは原始的には国土に生活の本拠たる住所をもっていることの謂れであり，戸籍制度とは国土に住所をもつ者をその住所地において登録する制度なのであった．しかし，国籍も戸籍もその根底には共通の住所の観念があったので，現在ではまったく観念上の存在となってしまった『本籍』は，右の住所の観念の名残であり変形であると考えられる．現行法制の建前のもとにおいても，国籍の観念は国土との現実のつながりを失ったけれども，観念的にはなお国土とのつながりを断っていないということができる」（平賀 1950：178-179）．
7) そして，この論理を理解できたときに，戦前の植民地における朝鮮籍等の外地戸籍に基づく日本国籍者と旧国籍法に基づく日本国籍者の違いがはじめて理解できるし，サンフランシスコ講和条約締結以後の国籍法上の混乱も理解できる．
8) 「第101回国会　衆議院法務委員会　10号議事録」http://kokkai.ndl.go.jp/SENTAKU/syugiin/101/0080/10104170080010 c.html で枇杷田の発言は確認できる．
9) また，国籍法における血統主義を考えるうえで，国籍法における「認知」の特異な使われ方をも考えておかなくてはならない．内田貴は日本の認知に関して「単純に考えれば，血縁上の親子には当然に法律上の親子関係を発生させるべきだという議論も可能なように見える．［……］事実上の問題として，認知した父親の家庭が破壊されることもある．親にとっても子にとっても負担となりうるのである．したがって，血縁主義を徹底することは，立法政策として必ずしも望ましくない．これと対極にあるのが，当事者にその意思がなければ親子関係を発生させないという立法政策である（意思主義）．親子関係の発生に親の認知を要求した779条や成年の子の認知に子の承諾を要求した782条は，そのような立場からの規定といえる．［……］しかし，非嫡出子であることは子に責任はない．したがって，子が父親を捜しあてたのに父親が父子関係の発生を拒むというのは，無責任すぎるというべきだろう．そこで，子は親の意思に反しても実の両親と法律上の親子関係を発生させることができるという考え方が生ずる．これを制度化したのが787条の認知の訴え（強制認知）と呼ばれる制度である」と論じ，日本の認知に「意思主義」に基づく認知と「血縁主義」に基づく認知が並立しており，2つの立場を調和させることが困難で，民法上の解釈においても対

立する見解を生じさせていることを論じている（内田 2004：186-187）。国籍法の場合は，認知制度を国籍の選択との絡みで用いることもあり，もっぱら意思主義の立場からのみ受け入れているように思われる。国籍上の血統主義を，上記内田の用語でいえば「血縁主義」として解釈し，血縁上の関係さえ明らかにすれば日本国籍を与えても良しとすれば，認知や準正に基づく差別がなくなり血統主義の原理が貫徹するという見解もある。しかし，こうした見解は少数説に止まっている。
10) 国際化が進んだ日本社会では「国際人権規約」や「児童の権利条約」など日本が結んだ国際条約に縛られなくてはならない社会環境になっており，日本人と外国人の間に生まれた子供の国籍をはじめとする諸権利は，これらとの整合性をもたさなくてはならなくなっている，ということも社会環境の変化として挙げられている。
11) 嫡出子の人数およびその割合からみれば，保守派が論じるような性道徳の乱れは日本では異常なくらいに見ることができない。だが，日本には先進国の社会のなかでは突出した人工妊娠中絶の数が存在しているので，嫡出子の人数と割合をもってして性道徳の乱れがないとまでは言えない。そうだとしても，日本人父－外国人母の非嫡出子に日本国籍を認めたからといって，日本人のアイデンティティが揺らぐとは思えないのだ。

■参考文献
内田貴（2004）『民法IV――親族・相続』［補訂版］東京大学出版会．
嘉本伊都子（2001）『国際結婚の誕生――〈文明国日本〉への道』新曜社．
黒木忠正・細川清（1988）『現代行政法学全集 17――外事法・国籍法』ぎょうせい．
斉藤実央（2010）『離婚後 300 日問題の社会的構造』首都大学東京卒業論文．
谷口知平（1958）「虚偽出生届による戸籍の訂正と親子法改正について」全国連合戸籍事務協議会編『身分法の現在及び将来――戸籍誌百号記念論文集』帝国判例法規出版社．
中川淳（1983）「親子法の理念と特別養子制度」米倉明・細川清編『民法等の改正と特別養子制度』日本加除出版株式会社．
二宮正人（1983）『国籍法における男女平等』有斐閣．
萩野芳夫（1982）『国籍・出入国と憲法――アメリカと日本の比較』勁草書房．
平賀健太（1950）『国籍法』［上］帝国判例法規出版社．
平賀健太（1951）『国籍法』［下］帝国判例法規出版社．
平賀健太（1958）「親族法改正の問題点」全国連合戸籍事務協議会編『身分法の現在及び将来――戸籍誌百号記念論文集』帝国判例法規出版社．
法務省民事局第五課職員編（1985）『一問一答――新しい国籍法・戸籍法』日本加除出版株式会社．
横田喜三郎（1972）『法律学全集 56――国際私法 II』［新版］有斐閣．

第3章

国民の歴史意識を問い直す
——国籍と戸籍をめぐって交錯した沖縄・奄美と旧植民地

鳥山　淳

はじめに

　いま日本政府は，定住外国人に地方参政権を認める方向で具体的な検討を進めており，この問題に対する社会の関心も高まりつつある。それが実現した場合には，日本国籍を持たない人々が限定的であれ参政権を獲得することになり，日本政治のメンバーシップの原則が変化することになる。

　このような転機を前にして，ぜひとも想起しておきたい歴史がある。戦後日本の出発点において，旧植民地出身者の日本国籍が剥奪され，政治参加の可能性が閉ざされていったことを，どれだけの日本国民が知っているのだろうか。そして，その歴史をふまえて考えるとき，日本国民と外国人とを区別する境界線はけっして不変なものではないことが見えてくる。日本国民という集団の輪郭をどのように定義するのかという問題は，たとえわたしたちが意識していなくても，常に重要な政治的争点なのである。

　さらにその争点は，政治参加の問題のみならず，どのような人々に対して日本社会に定住する権利を認めるのか，という問いにもつながっている。1980年代後半から，定住資格を持たない外国籍の人々が就労して生活を続けるケースが増加し，その間に結婚して子どもが生まれることも珍しくなくなった。そうして日本社会に根を下ろしてきた家族に対して日本政府が国外退去を命じ，強制送還するという事態もしばしば発生し，人権問題となっている。国外退去を命じられた人々が，長年にわたって築いてきた生活基盤を丸ごと奪われ，あるいは家族が引き裂かれるというケースが後を絶たない。

そして戦後日本の出発点においても，日本国籍を剝奪された膨大な数の人々が，強制送還の恐怖を抱えながら日本社会で生活することを余儀なくされた。その点において，これから描こうとする歴史は，現在進行中の問題と深くつながっている。

　本章の内容をやや具体的に述べておくと，ここで注目するのは旧植民地出身者と沖縄・奄美出身者の法的地位をめぐる問題である。敗戦によって日本が植民地を喪失することが確定的になったとき，日本社会で生活する旧植民地出身者が引き続き日本国籍を持つのかどうかという問題が浮上してきた。さらにその傍らには，米軍の占領統治によって日本本土から分離された沖縄・奄美出身者の法的地位をめぐる問題が存在していた。この両者の法的地位の問題は，共通する側面を有しているものの，基本的には別個の背景と経緯によって説明されるべきものであり，安易に1つの歴史にまとめることはできない。にもかかわらず，これから紹介する局面において，2つの歴史は交錯し，密接に絡まり合っていた。

　1955年の沖縄の新聞には，「戸籍を偽り10年間も日本人に化けていた朝鮮人」が福岡法務局で取調べを受けている，という記事が掲載されている。それは，次のようなものであった。

「Oは9才のとき日本にきて自動車の見習工として各地で働き，戦後朝鮮人として外国人登録を行うか帰化申請をせねばならぬのに昭和21年4月飯塚市吉原町行政書士Iと共謀，IがOはもとから沖縄人であったというニセの戸籍謄本をつくって福岡法務局内沖縄関係戸籍事務所へ仮戸籍の申出を行ってまんまと沖縄県人としての戸籍を取得。
沖縄県人になりさえすれば日本人として内地のどこへでも自由に転籍出来ることから，すぐ飯塚市に転籍してまったくの日本内地人になりすますことが出来た。
そのうえOは知人のKとGをも行政書士Iに頼んで同様手段でニセの日本人にし，いまでは妻や子，孫などを含めて23名がニセの日本人となって小倉，門司，下関方面に居住しているもの」(『琉球新報』1955年6月18日夕刊)。

記事によると，中心人物であるO氏はこのとき43歳であり，日本に渡ってきたのは9歳のときというから，1920年代初頭である。1910年に大日本帝国は朝鮮半島を併合し，植民地統治を開始した。それ以降，朝鮮半島は日本の領土となり，その地の人々は日本国籍を持つことになった。そしてO氏が朝鮮半島から日本に渡った後も，もちろん彼の国籍は日本であり，その限りでは「日本人」として扱われたのである。
　しかし日本の敗戦後，旧植民地出身者は一転して「外国人」として扱われていくようになり，日本社会での生活はさまざまな制約を受けることになった。後に詳述するように，その法的地位の変更は，当事者たちの意思を確認することなく，日本政府による一方的な措置として行われた。その結果，日本社会で生活することを望んだ旧植民地出身者たちの前には国籍の壁が立ちはだかり，強制送還というかたちで日本社会から追放されるケースも数多く生じることになる。O氏らの企みは，そのような状況の中で行われた。
　ところで，なぜO氏は，日本の他の地域ではなく，沖縄出身者になりすますという方法を採ったのだろうか。この疑問に答えるためには，沖縄をめぐる状況に目を向ける必要がある。1945年8月に日本が降伏したとき，沖縄はすでに米軍の占領下にあり，日本の行政機能は完全に停止していた。そして翌年2月には奄美群島でも日本の行政機能が停止され，日本本土から分断された沖縄・奄美は長期間にわたって特殊な扱いを受けていくことになる。さらに沖縄現地では戸籍簿の大半が地上戦によって失われ，それが福岡で再作成されるという変則的な事態が生じており，それは戸籍制度にとって大きな綻びとなっていたのである。
　この出来事が象徴しているように，戸籍制度は，日本国民の輪郭を決定する重要な要素をなしている。私たちの多くが日頃の生活において政治的な問題を感じることもなく接している戸籍という制度は，じつは日本国民と外国人とを分かつ壁となって機能してきたのである。以上のような見取り図を確認したうえで，戦後日本の出発点に目を向けていくことにしたい。

第3章　国民の歴史意識を問い直す——　77

1　植民地統治と戸籍の壁

　敗戦によって日本の植民地統治は終焉を迎えることになり，将来の帰属についても台湾や朝鮮が日本領ではなくなることは確実であった。そして，敗戦までにさまざまな理由によって日本に移動していた（あるいは移動させられていた）植民地出身者は，新たな生活の場を求めて移動を始めていく。O氏が福岡で沖縄出身者になりすまして戸籍を取得した1946年春，日本の敗戦によって分離された日本と朝鮮との間では，朝鮮出身者による双方向の人流が生み出されていた。ひとつの流れは，前年9月からGHQ（連合国最高司令部）によって開始された日本からの集団引揚である。それによって，45年末までに約69万人が日本から朝鮮へと移動し，46年の1〜6月にさらに約28万人が朝鮮へと渡った[1]。日本降伏時に日本に滞在していた朝鮮出身者は約200万人だったと推計されているが，そのうち100万人近い人々が46年6月までに集団引揚で日本を離れ，さらに別の方法で朝鮮に渡った人々も数多くいた。

　もうひとつの流れは，朝鮮から日本へと向かう非公式の移動である。日本と旧植民地との間の往来はGHQによって厳しく制限され，集団引揚によって朝鮮に送還された人々が再び日本に戻ることは許されていなかった。しかし米ソによって占領統治されていた朝鮮の政治社会情勢は不安定で，日本から帰還した人々が新たな生活の基礎を築いて定住することには多くの困難が伴っていた。そのため日本在住の親類縁者を頼って，あるいは生計の途を得るため日本に戻ろうとする人々が後を絶たず，密航というかたちで非公式に日本へ渡る人流が形成されたのである。

　朝鮮への集団引揚者数は46年半ばから停滞して毎月1万人以下に減少し，その一方で数万人と推計される人々が密航によって日本に戻ってきていた。その結果，50万人を超える朝鮮出身者が，日本での生活を継続することを選択していくことになる。

　このとき日本政府は，引き続き日本社会で生活を送ろうとしている旧植民

地出身者にどのような法的地位を与えるのかという問題を背負うことになった。あらかじめ結論を示しておくと，戦争終結まで旧植民地出身者を自国民として扱ってきた日本政府は，敗戦後はその人々を「外国人」とみなし，日本国籍を一方的に剥奪することになる。その際に重要な鍵となったのが，戸籍の違いである。

　植民地統治の開始から日本の敗戦に至るまで，「内地」出身者と植民地出身者はともに日本国民として扱われていたが[2]，そこには最後まで解消されることのない戸籍の違いが存在していた。1871年に創設された近代日本の戸籍制度は，1898年施行の戸籍法によって日本国籍保有者のみを対象とする法理が確立され，日本国籍の確認と戸籍への記載は不可分な関係となった。その一方で，植民地である台湾と朝鮮では戸籍法は施行されなかったが，朝鮮では1923年公布の朝鮮戸籍令によって翌年から朝鮮戸籍の運用が始まり，台湾では1933年から台湾総督府令に基づいて台湾戸籍の運用が開始された（遠藤 2001：294-295）。こうして植民地においても「内地」に準じた戸籍制度が創設され，そこに記載されたすべての人々が日本国民として扱われていったのである。

　ただし，「内地」の戸籍（いわゆる内地戸籍）と朝鮮戸籍および台湾戸籍はそれぞれ別個の戸籍制度であり，転籍によってその垣根を踏み超えることは原則として許されなかった。たとえ「内地」に移住した者であっても，朝鮮出身者が朝鮮戸籍から内地戸籍への転籍を届け出ることは許されなかったのであり，そのような転籍が認められるのは婚姻や養子縁組の場合に限られていたのである。同じように，内地戸籍から他の戸籍への転籍も，原則として許されなかった。内地戸籍に記載された「内地人」と，異なる戸籍に記載された「朝鮮人」および「台湾人」との間には，けっして取り払われることのない法的地位の違いが横たわっていたのである[3]。そしてその法的な差異は，敗戦後に日本国民を再定義していく過程において，決定的な壁として立ちはだかることになる。

2 剝奪された権利

　敗戦後も日本社会に在住した旧植民地出身者の法的地位について，まず占領者の見方を確認しておく必要がある。1945 年 11 月 1 日に GHQ が示した日本占領初期の基本指令は，「軍事上の安全が許す限り中国人たる台湾人及び朝鮮人を解放人民として処遇すべき」としつつ，「かれらは，いまもなおひきつづき日本国民である」という認識を示していた（田中 1975：88）。その後も GHQ の基本的な認識は変わらず，翌 46 年 11 月の民間情報教育局の発表によって，「日本にいる朝鮮人で連合国総司令部の引揚計画に基いてその本国に帰還することを拒絶するものは，正当に設立された朝鮮政府がかれらに対して朝鮮国民として承認を与える時まで，その日本国籍を保持しているものとみなされる」という方針が明確にされたのである（外務省特別資料課 1950：15）。

　日本政府はこの方針に対して異議を唱えることはなかったが，実際には旧植民地出身者たちの「日本国籍」を空洞化させる方向で施策を展開していった。その重大な端緒となったのが，旧植民地出身者の参政権を「停止」した措置である。1945 年 12 月に行われた衆議院選挙法の改正は，女性参政権を実現した法改正として知られているが，その改正事項の中には「戸籍法の適用を受けざる者の選挙権及被選挙権は当分の内之を停止」することが含まれていた。戦前の衆議院選挙において認められていた植民地出身者の参政権は，戸籍法の適用を受けない（つまり内地戸籍に記載されていない）ことを理由にして，「停止」されることになったのである。日本政府は戦後の出発点において，植民地支配の中で維持してきた戸籍の差異を利用して，日本社会で生活する旧植民地出身者に付与されるべき権利を空洞化させたことになる。

　その改定作業を詳しく見ると，10 月に閣議決定された方針では旧植民地出身者の参政権を認めることが確認され，その理由として「これらの人々は国籍もこちらに有してをり，帰国するにしてもさう早急には完了せず，また内地に永住の希望をもってゐる者も多数ある」という事情が指摘されていた

(水野 1996：45)。ところがこの方針に対して衆議院の審議では強い反対論が表明され，すでに植民地の喪失が確定しているのに参政権を与えるのは法理論的に問題があるという指摘や，「次の選挙に於て天皇制の廃絶を叫ぶ者は恐らくは国籍を朝鮮に有し内地に住所を有する候補者ならん」という政治的な理由による批判などを受けた結果，11月に先の閣議決定は変更され，いわゆる「戸籍条項」によって旧植民地出身者の参政権を「停止」する方針に転換されたのである（水野 1996：48-53）。国籍の原則論とは別に，天皇制に対する反対という政治的な理由が強調されていたことに注意する必要がある。

この参政権の「停止」は，そのまま講和条約発効後の参政権剥奪へとつながっていくだけでなく，「戦後日本の政治・社会が在日朝鮮人などの基本的人権を制限し，さらには戦争被害に対する援護法適用などの諸権利から在日朝鮮人・台湾人を排除していく過程の始まり」を示す，極めて重大な決定であった（水野 1996：44）。その後，1947年5月に公布・施行された外国人登録令において，旧植民地出身者は「この勅令の適用については，当分の間，これを外国人とみなす」とされて登録手続きと登録証明書の携帯が義務づけられた。そして1952年4月，対日講和条約が発効して日本国が独立を回復する9日前に出された法務府民事局長通達によって，「朝鮮人および台湾人は，内地に在住する者も含めてすべて日本国籍を喪失する」ことが宣告され，これらの人々が日本国籍の取得を希望する場合には「一般の外国人と同様に帰化の手続きによる」ことが定められた（田中 1995：64-66）。これ以後，日本社会に定住していた旧植民地出身者は完全に「外国人」として扱われ，その権利を大きく制限されていくことになる。

3　福岡で交錯した沖縄と旧植民地

O氏が福岡で沖縄出身者になりすまして内地戸籍を取得した1946年4月には，すでに旧植民地出身者の参政権が「停止」され，基本的人権が制限されていく過程が始まっていた。それとともに，より差し迫った問題として浮上していたのが，強制送還という事態である。

この年の2月，日本政府は不法行為をおかした朝鮮出身者を強制退去させる権限を獲得しようとGHQに働きかけ，さらに3月には「不法入国朝鮮人」を強制送還する権限の付与をGHQに求めていた（金 1997：265）。日本政府の相次ぐ働きかけは完全には成功しなかったが，社会経済秩序を混乱させる「朝鮮人」を厳しく取り締まる必要があるという認識をGHQに植え付ける効果をもたらした。そして同年4月，占領軍が各府県警察に対して「不法入国」取り締まりを強く指示したことを受けて密航者の摘発が開始され，さらに6月には「日本への不法入国抑止に関する覚書」が発せられて取り締まりの徹底が図られた（山口 1951：6）。その結果，この年のうちに1万7000人を超える「朝鮮人」が不法入国者として検挙され，約2万5000人の「朝鮮人」が強制送還されたのである（金 1997：267）。

　O氏が出自を偽装して内地戸籍を取得したのは，密航に対する取り締まりが厳しさを増し，多くの朝鮮出身者が「不法入国」を理由とする強制送還に怯えながら生活していたときであった。警察が把握した「密入国」の動機は，「出稼」が最多で約40％，次いで「面会」が約30％，さらに「同居，勉学，家族引取，永住」が続いていた（山口 1951：6-7）。そのような事情を抱えた移動を「密入国」として取り締まることは，朝鮮出身者の生活圏や家族関係を分断する措置にほかならなかったのである。

　そのようなとき，O氏らのすぐ傍らで行われていたのが，沖縄からはるか離れた福岡市で沖縄出身者の戸籍を再調製するという作業であった。福岡市で沖縄関係の戸籍事務が行われるようになったのは，1945年8月28日に沖縄県事務所および同県市町村事務所が福岡県庁内に設置されたことに端を発している。地上戦と米軍占領によって消滅した沖縄県および県内市町村の業務を行うという名目で開設されたこの組織が，戦後しばらく沖縄出身者の戸籍事務を担うことになり，1948年からは福岡司法事務局の管轄下に新設された沖縄関係戸籍事務所がそれを引き継ぐことになった。その後1950年から53年にかけて，同事務所は沖縄とともに米軍占領下にあった奄美諸島関係の戸籍事務も担うことになり，沖縄奄美大島戸籍事務所と改称されたが，53年12月25日に奄美諸島が日本に返還されたことに伴って再び沖縄関係

戸籍事務所となり，72年5月15日の沖縄返還まで業務を続けた。

ただし，福岡に設置された事務所に沖縄現地から戸籍簿が移送されていたわけではない。戦前に沖縄県内で作成されていた戸籍簿はその大半が地上戦の渦中で失われ，法的には8月15日をもってすべて滅失したものと解釈されたため，新たに申告に基づいて仮戸籍が調製されることになったのである。開設当初は福岡の事務所で沖縄現地から申告を受け付けることは不可能であり，実際の申告者は日本（本土）にいた沖縄出身者に限定されていたが，それでも1945年9月から翌年7月までの11ヶ月間に4620件の仮戸籍調製の申告を受け付けた（宮城1972：72）。

そしてその調製作業は，多くの困難を伴っていた。後の述懐によると，「大多数の申告人は戦災により戸籍謄抄本その他の資料を失っているため，申告人の記憶による口頭申告によって」仮戸籍を作成することも多く，そのため「第三国人が混乱時につけ込み，沖縄県人として仮戸籍調製の申出をする者もあった模様で，その防止策としてその申告に疑問のある場合は職員が現地語で応対し，虚偽の申告を未然に防止する」ことになったという（疋田1963：7）。

こうして公文書による確認が不可能な状況下で当事者の記憶に頼って仮戸籍が作成されることになったため，冒頭に紹介したO氏のように，旧植民地出身者が「沖縄県人」と称して内地戸籍を取得するという可能性が生じており，実際にそれを試みた人々がいたのである。福岡で発刊されていた『沖縄新民報』も，1947年7月の記事において，「朝鮮出身者が沖縄人として戸籍を申告」することがあるため，担当の係員たちは「沖縄方言で，テストして事前に不正申告を喰ひとめ」ていると伝えている（『沖縄新民報』1947年7月25日）。O氏のように「テスト」をかい潜った者は多くなかったかもしれないが，内地戸籍を獲得して日本国民となることを可能にする手段として，朝鮮出身者によって少なからず試みられていたと推測することができるだろう。

そしてこの企ては，制度の網をかい潜る「違法行為」として片づけられてはならない。沖縄の戸籍に潜り込もうとしたO氏らの企ては，戸籍制度に

よって朝鮮人・台湾人を「内地人」から峻別し続けた植民地支配の論理に対する抗いであり，その戸籍制度の差異を利用して旧植民地出身者を一方的に「外国人」扱いするようになった戦後日本政治に対する挑戦なのである。

4　沖縄出身者と「非日本人」

　O氏らにとって，福岡で行われていた沖縄の戸籍業務は，内地戸籍を取得して日本社会で生き延びていく可能性を開く扉であった。ただし，その扉が持っていた政治的な意味を考える際に，沖縄出身者を無前提に日本国民の側に立たせ，旧植民地出身者の対極に位置していたかのように捉えるとしたら，あまりにも問題を単純化し，重要な側面を見落としてしまうことになる。

　1947年7月，「マ元帥の沖縄人の身分に関する重大なる見解発表」を受けて沖縄出身者に「すくなからぬ動揺」が広がり，「従来無関心だった人達が急に，沖縄県市町村事務所の取扱にかゝる戸籍手続をなすものが激増」したことが報じられている（『沖縄新民報』1947年7月25日）。ここで指摘されている「重大なる見解発表」とは，その1ヶ月ほど前にマッカーサー連合国軍最高司令官が行った発言のことであり，その概要は「沖縄人が日本人ではない以上米国の沖縄占領に対して反対しているようなことはないようだ」というものであった（『沖縄新民報』1947年7月15日）。それは沖縄出身者の法的地位について言及したものではなかったのだが，もし沖縄が日本領でなくなるとしたら沖縄出身者の日本国籍もどうなるか分からない，という不安をかき立てたとしても不思議ではないだろう。さらにこのマッカーサー発言以前には，特定の問題に関して日本（本土）に居住する沖縄出身者が旧植民地出身者と同様に扱われていたケースもあり，日本国籍を喪失するかもしれないという不安はまったく根拠のないものではなかったのである。

　1946年1月29日，GHQは戦後初の選挙に備えて覚書を発し，日本から分離された地域において日本の政治的・行政的権力を行使できないことを明確にしたが，そのとき分離された地域の中には北緯30度以南の南西諸島も含まれていた。この覚書は日本領土の最終決定を意味するものではなかった

が、この時点で沖縄は日本から除外された地域になったのである。

続いて2月17日、GHQは「朝鮮人・中国人・琉球人及び台湾人の登録に関する覚書」を発し、日本（本土）に居住する「非日本人」（朝鮮人・台湾人・琉球人）を登録することを日本政府に指示し、3月に登録手続きが行われた。この登録の目的は集団引揚の円滑な実施にあり、将来の国籍問題に影響を及ぼす性格のものではなかったが、登録すべき「非日本人」として「琉球人」が名指しされていたことは、沖縄出身者の意識に影響を与えずにはおかなかったであろう。

そのとき沖縄出身者の救援活動を主な目的として結成された沖縄人連盟で渉外部を担当していた永丘智太郎は、この年の5月の文章において、「われわれの故郷沖縄は現在の段階としては既に『大和世（ヤマトユー）』から『アメリカ世（アメリカユー）』になってゐること」を認識し、「われわれ沖縄人は『非日本人（ナンジャパニーズ）』となってゐると云ふ事実」を踏まえるように呼びかけていた（『自由沖縄』1946年5月5日）。集団引揚計画の立案と遂行に伴って「非日本人」としての名指しを受けたことは、日本社会に暮らす沖縄出身者の法的地位をめぐる展望に一定の影響を与えていたのである。

一方、GHQは同年2月に刑事裁判判決の再審査に関する覚書を発し、引揚を希望する「朝鮮人」と「琉球人」は自身が受けた判決の再審査（刑罰の軽減措置の検討）をGHQに申し立てることができると規定した。この覚書の趣旨について、1950年に作成された外務省の資料は、「日本の支配下にあった朝鮮人等に対し、人種的偏見に基く不当な判決の与えられることを慮って設けられたもの」という推測を下し、「これが朝鮮人・琉球人等の取扱において、一般日本人と相違している最も顕著な点」だと指摘している（外務省特別資料課 1950：8）。集団引揚の実施にあたって、GHQは「一般日本人」とは明らかに異なる権利を「琉球人」に付与していたのであり、この点において沖縄出身者は「非日本人」に属していたことになる。

第3章　国民の歴史意識を問い直す──85

5　強制送還される「日本国民」

　この時期に相次いで打ち出されたGHQの方針を受けて，沖縄出身者の自己認識は，「一般日本人」とは異なるものとなっていた。1946年6月に発刊された沖縄人連盟機関誌の社説は，次のように訴えている。

　「沖縄県といふ日本の行政機構にも終止符が打たれてゐるので，われわれ沖縄人は『非日本人』といふことになってゐる。だが沖縄の帰属問題は，結局講和会議を俟って最終的に決定されるのであるから，在日沖縄人は現在の段階にありては，依然日本人として処遇されねばならない。故に，われわれとしても，現在はかかる過渡期にあることを充分認識し，日本政府に対しては，日本人としての均等なる生存権を要求し，[……] 連合軍総司令部に対しては，『非日本人』としての庇護を要請せねばならぬ立場におかれている」（『自由沖縄』1946年6月15日）。

　ここで示されていたのは，将来の講和会議で沖縄の帰属が確定するまでの「過渡期」においては，沖縄出身者の法的地位は「非日本人」と「日本人」の双方の要素を帯びているという自己認識であり，そのような立場から権利を獲得していくことが求められていたのである。
　その後，1947年5月に公布・施行された外国人登録令において，朝鮮・台湾出身者については「当分の間，これを外国人とみなす」ことが宣言されたが，沖縄出身者は「外国人」とはされず，登録令の対象にはならなかった。その他の法制面においても日本（本土）在住の沖縄出身者は日本国民と同様に扱われていったのであり，波紋を呼んだマッカーサー発言以降，日本国民であるかどうかを疑わなければならないような取り扱いは受けていない。
　しかしその一方で，出入国管理の重要な手段である強制送還の問題に目を向けると，1948年12月のGHQ覚書には「日本への不法入国琉球人」を送還することが明記され，また49年9月には国家地方警察本部が「不法入国

琉球人」の取り扱いに関する通牒を出して，強制送還によって対応することを確認している。さらに同本部は同年10月の質疑応答において，「奄美大島その他琉球諸島の出身者は登録令による外国人ではないことは明かであるが日本人と同一視できないことは［……］琉球人を非日本人として引揚に関する事項に規定していることからも明か」だとして，「琉球人」の密出入国行為に対して強制送還の措置を取る方針をあらためて示した。このとき沖縄出身者は，日本国民として扱われる一方で日本から強制送還されることもありうるという，不思議な地位に立たされていたことになる。しかしその直後，国家地方警察本部の方針が変更され，11月7日に「強制送還については目下関係方面と折衝中」となり，11月15日には「法的根拠がない」ため強制送還を行わないと発表された（外務省特別資料課 1950：71, 113-121）。その背景には，「琉球人が同じ日本人である関係等より考えて，之等を強制送還する必要はない」という日本政府の判断があったとされている（石井 1950：24）。

　ところが朝鮮戦争が勃発した直後の1950年7月11日に公布された「北緯三十度以南の南西諸島に本籍を有する者の渡航制限に関する臨時措置令」では，一転して琉球からの渡航制限違反者に対する強制退去の発動が明記された。再び強制送還を行うことになった理由は，強制送還せずに「日本内地」への居住を認めれば「違法行為の結果を黙認」してしまうという懸念に加えて，「密航琉球人」が増えて「日本内地で色々な犯罪を犯す者迄が増加」したため，さらにGHQから「強制送還について強い示唆」が加えられたためであったという（石井 1950：24）。

　そして強制送還は，被退去者を「琉球行便船」に乗船させる方法で実施されることになったが，船便の運行日程に迅速に対応することは困難であるため，「実際の取扱では朝鮮人で退去を強制せられた者を収容している長崎県針尾収容所等に集め，此処から便船のある毎に，神戸なり，鹿児島なりに送って乗船せしめる」ことが想定されていた（石井 1950：26）。実際に強制送還された人数は定かではないが，1950年から51年にかけて検挙された密入国者約6000人の中には，772人の「大島人」（奄美出身者）と250人の「沖

縄人」が含まれていた（小島 1952：96）。自らの出身地と日本社会との間の往来が閉ざされ，日本への密航を摘発されれば強制送還されてしまうという点で，沖縄・奄美出身者は旧植民地出身者に類似した状況に置かれていたのである[4]。

　さらに当時の日本社会においては，「琉球」からの移住者を「外国人扱ひ」すべきものと「曲解」する動きがあり，「選挙の投票を遠慮してくれ，小学児童は外国人登録をせよ，小中学校教職員の本籍は所在県に転籍せよ，一般人は所在町村に転籍せよ，などという無理解な勧告」が行われたこともあったという（『沖縄新民報』1950年6月25日）。たとえそれが「曲解」の結果にすぎなかったとしても，日本社会に暮らす沖縄・奄美出身者は，やがて「外国人」として扱われることになるかもしれないという危惧を抱かずにはいられなかったであろう。そして対日講和会議を目前に控えた翌51年夏にはその危惧がさらに膨らみ，「信託後に日本国籍を失うようなことがあっては」という懸念を抱いた人々が沖縄奄美関係戸籍事務所に出向き，本籍地を日本（本土）に移す手続きが激増した（『沖縄新民報』1951年8月25日）。

　講和条約発効の直前に旧植民地出身者の日本国籍が正式に剥奪され，基本的人権が大きく制限されていくという事態は，講和条約によって日本からの分離が長期化することが確実視されていた沖縄・奄美出身者にとって，けっして他人事ではなかったのである。

おわりに

　日本の敗戦の結果として植民地が切り離されると，日本社会に暮らす旧植民地出身者は「第三国人」あるいは「非日本人」として扱われるようになり，国民としての権利は「停止」された。そして一度「停止」された権利は回復されることなく，やがてかれらは完全に「外国人」として扱われることになる。さらにその傍らには，米軍によって分割占領されていた沖縄・奄美出身者がいた。かれらは基本的には日本国民として扱われていたにもかかわらず，占領軍によって引かれた境界線を非公式なかたちで踏み超えた場合には，日

本から強制送還されるべき存在だったのである。

　ただし，旧植民地出身者と沖縄・奄美出身者の間には，戸籍制度における歴然とした差異が存在していた。そしてその差異は，戦後日本政治が国民の輪郭を再定義していく過程で，日本国民と外国人との間の高い壁となり，強力な排除の力学を作動させることになった。日本国民として処遇されていった沖縄・奄美出身者の歴史と，外国人として排除されていった旧植民地出身者の歴史は，その意味で対照的な様相を帯びおり，まずは2つの異なる歴史として読み解かれる必要がある。

　にもかかわらず，その2つの歴史は，O氏らの企てた越境によって，たしかに交錯することになった。国籍と戸籍の垣根をかい潜ろうとしたその企ては，2つの歴史が交錯し，同時代性を帯びて出会う場を生み出していたのである。

　そして，O氏らの企てを手がかりにして2つの歴史を同時に想起するとき，国家や国民の壁に閉ざされた歴史意識に亀裂が入り，越境の可能性が生まれるのかもしれない。その越境は，歴史を回顧する作法にとどまらず，現在の日本社会で交錯している数多くの「非日本人」の物語を想像し，感知することにつながっているに違いない。

■注
1) 金太基（1997）243 頁の表から算出。
2) 1895 年に台湾を領有した日本政府は，日本国への帰属を望まない住民は台湾から退去するというかたちの「国籍選択」を認めたうえで，1899 年の勅令によって国籍法を施行し，台湾在住者を日本国民として扱うことになった。1910 年に領有した朝鮮では国籍法が施行されず，明文規定を欠いたまま，併合した韓国の住民をそのまま日本国民として扱っていった。ただし，植民地となった台湾と朝鮮は，「内地」の法令がそのまま適用されない異法域を形成し，その地の住民に付与された権利は大幅に制限されていたのであり，日本国民として「内地人」と平等の扱いを受けたわけではない。それでも，国籍という点に限って見るならば，植民地の人々も間違いなく日本国民であった。
　　そして「内地」に移住した植民地出身者は，多くの面で「内地人」と同様の法的扱いを受けることになった。たとえば参政権について見ると，植民地には国政参加が認

められず選挙区が設置されていなかったが,「内地」に定住する植民地出身者（男性のみ）は選挙権・被選挙権を有し，衆議院では朝鮮出身者が当選したこともあった。そこでは，日本国民として「内地人」と同様の権利を行使することができたのである。
3) その違いが制度の中で明確に現れていたのが，兵役の問題である。兵役法における徴兵検査の規定には,「戸籍法の適用を受くる者」を対象とすることが明記されており，内地戸籍に記載された者のみが徴兵の対象となっていた。しかし総力戦の末期において徴兵対象者が極度に不足してくると，日本政府は植民地での徴兵制実施へと方針を転換した。1943 年に兵役法の条文を「戸籍法又は朝鮮民事令中戸籍に関する規定の適用を受くる者」へと改めることによって，朝鮮戸籍の記載者へと徴兵の対象を広げ，さらに同年中にこの条文を丸ごと削除して，台湾戸籍の記載者も徴兵の対象に組み入れたのである（田中 1975：87）。
4) 奄美大島のある女性は，出征した夫が戦死したため戦後の生活に行き詰まり，弟が経営する鹿児島の紬工場で働くために「密航」を試みた。しかし鹿児島湾で警備船に摘発され，1 ヶ月ほど収容所に入れられた後，奄美大島に強制送還されてしまった。収容所の隣室には「朝鮮の着物を着た若い女の人たち」が数名いて，毎日泣いていたという（佐竹 2003：168-171）。

■参考文献
石井春水（1950）「琉球人とその渡航制限について」『警察時報』1950 年 10 月号。
遠藤正敏（2001）「植民地支配のなかの国籍と戸籍」『早稲田政治公法研究』第 68 号。
外務省特別資料課編（1950）『日本占領及び管理重要文書集──朝鮮人，台湾人，琉球人関係』。
金太基（1997）『戦後日本政治と在日朝鮮人問題』勁草書房。
小島義雄（1952）「最近の密航状況とその取締について」『警察時報』1952 年 11 月号。
佐竹京子編（2003）『軍政下奄美の密航・密貿易』南方新社。
高木伸夫（1997）「一九四六年『非日本人』調査と奄美連盟・南西諸島連盟」『キョラ』第 2 号。
田中宏（1975）「日本の台湾・朝鮮支配と国籍問題」『法律時報』第 564 号。
田中宏（1995）『在日外国人』[新版] 岩波書店。
戸邉秀明（2004）「『在日沖縄人』，その名乗りが照らし出すもの」『占領とデモクラシーの同時代史』日本経済評論社。
冨山一郎（1990）『近代日本社会と「沖縄人」』日本経済評論社。
疋田種千代（1963）「沖縄在籍者に関する戸籍行政」『戸籍』第 190 号。
水野直樹（1996）「在日朝鮮人・台湾人参政権『停止』条項の成立──在日朝鮮人参政権問題の歴史的検討（一）」世界人権問題研究センター『研究紀要』第 1 号。
宮城俊治（1972）「沖縄関係戸籍事務所のこと」『戸籍時報』第 171 号。
山口廣司（1951）「密入国の取締について」『警察時報』1951 年 8 月号。

第II部

公共政策空間を問い直す

第4章

公共圏の創出，拡大，変容
―― 東ドイツ環境運動を事例に

井関　正久

はじめに

　1989年11月9日の「ベルリンの壁」崩壊から20年を経て，今はなきドイツ民主共和国（以下，東ドイツと記述）に再び人々の注目が集まっている。マスメディアでは東ドイツ時代の市民生活や現在のドイツ国内における東西格差について盛んに報道され，こうしたなかで「壁」崩壊はドイツ統一へ向けての一過程として捉えられる傾向にある。だが，89年秋から90年初頭にかけて市民運動によって展開された「平和革命」の遺産については，未だ活発な議論が展開されていない[1]。果たしてこうした運動からは，何も残らなかったのだろうか。

　東ドイツでは，ドイツ社会主義統一党（SED）による事実上の独裁体制が敷かれ，あらゆる情報が統制されていたうえ，体制批判運動や国外脱出を防ぐために，秘密警察として機能した国家保安省，通称「シュタージ」によって市民生活が監視されていた[2]。ドイツ連邦共和国（以下，1990年10月3日のドイツ統一以前の場合は西ドイツと記述）で1970年代後半に環境運動が大きな展開を見せ，80年代には環境政党「緑の党」の存在が世界中に知れ渡っていったのとは対照的に，東ドイツでは市民による環境問題への取り組みは体制批判とみなされ，徹底的に弾圧された。実際に東ドイツの環境運動は，体制批判勢力による平和・人権運動の母体となった福音教会の庇護のもとで形成された。こうした運動は，国外旅行や出版の自由がないなかで，東欧諸国からは人権運動の影響を，西ドイツからは環境団体や「緑の党」の影響を

受けながら80年代をとおしてネットワークを形成していった。

「壁」崩壊前後のいわゆる変革期，さまざまな市民運動グループや政党が結成され，民主化運動が展開されるなか，環境運動勢力は2つの組織を結成した。政党としての議会活動を目標とする東ドイツ「緑の党 (Grüne Partei)」と，議会外運動を堅持する「緑の連盟 (Grüne Liga)」である。ドイツ統一後，環境運動もグローバル化の波にのまれると，東の「緑の党」は西の「緑の党」に吸収され，また「90年連合」として連携した東ドイツ市民運動グループの多くも「緑の党」に統合されて，その政治的影響力を失っていった。これに対して，「緑の連盟」は旧西ドイツの環境組織に取り込まれることなく，それどころか90年代をとおして「旧東ドイツ地域の環境NGO」として定着し，現在，全国レベルでも旧西ドイツのNGOと肩を並べる存在となっている。

このように情報統制下に体制批判運動として生まれた東ドイツ環境運動は，変革期に一斉に組織化され，ドイツ統一後にはグローバル社会・高度情報化社会へのめまぐるしい転換のなかで，厳しい競争に晒されながら変遷を遂げていった。では，運動は東ドイツ時代にどのような活動戦略のもとでネットワークを形成し，「平和革命」を引き起こすまでに至ったのであろうか。そして，こうした運動は統一ドイツに何を残したのだろうか。本章では，市民が公共的なものについて議論する空間としての「公共圏 (Öffentlichkeit)」概念[3]をもとに，国家による監視・管理体制下において，環境運動をはじめとする体制批判運動がどのように国家に対抗する公共圏を拡大していったのかを考察する（第1節）。そして「緑の連盟」を事例に，公共圏創出の運動が変革期にいかなる展開を見せ（第2節），さらにドイツ統一後にどのような質的転換を遂げたのかを検証する（第3節）。

1　独裁体制下での環境運動

(1) 福音教会の庇護下における「自律的公共圏」の創出

東ドイツ社会では，市民生活の隅々までシュタージによる監視網が張り巡

らされ，とりわけ一般市民からリクルートされたシュタージ非公式協力員が監視体制の基盤を形成していた。SED はまた，西側からの影響をシャットアウトするために徹底した情報統制を行うとともに，旅行・集会・出版の自由を極度に制限し，さらに新聞やテレビなどのマスメディアを支配下においてあらゆる情報を操作した。このように国家が公共圏を占有し管理・操作していた東ドイツでは，体制批判活動のみならず，市民の自由な政治的議論までもが事実上禁じられていた。東ドイツ市民はプライベートな領域へ閉じ込められ，その結果，いわゆる「壁龕(へきがん)（物を飾るために壁を窪ませたところ）社会」が形成された。しかしこうした状況下においても，体制批判活動家は東ドイツで唯一，一定の活動の自由を認められた教会の領域に結集する。

　西ドイツでドイツ環境自然保護同盟（BUND）や環境保護市民イニシアティヴ連邦同盟（BBU）などの市民団体が中心となって環境運動が大きな展開を見せていた 1970 年代半ば，西ドイツのこのような動きに影響を受けて，東ドイツにおいても環境問題への取り組みの兆しが見え始めた。環境問題は，福音教会内で結成された人権・平和グループによってとり上げられていた。公共圏が国家に支配された東ドイツにおいて，体制批判勢力などのアウトサイダーに活動の場を提供したのが，「開かれた活動」をとおして社会的弱者の保護に取り組む福音教会であった。70 年代後半，体制批判への取り締まりが強化されると，体制批判勢力は，教会領域のほかにも個人の住居などの私的空間を活用することによって，「第二の公共圏」（Poppe 1990：73）というキーワードのもと，国家に支配されない「自律的公共圏」を形成していく。78 年 3 月に E. ホーネッカーと福音教会指導部との会談で，「社会主義のなかの教会」として教会に制限つきの自律性が認められると，教会内にはさらに多くの人権・平和・第三世界などをテーマとするグループが結成され，環境グループも誕生する。国家は教会指導部にこれらの運動が急進化しないように管理する役割を期待するものの，実際には教区レベルで運動が自主性を帯びながら展開し，その結果，福音教会は「半公共圏」（Klein 2009：230-231）として機能するようになった。

　「被造物の保護」を活動方針の中心に据えた教会指導部は，環境グループ

の活動を支援していった。当初は「ヴィッテンベルク教会研究施設」が環境運動において中心的役割を果たし、グループ間の仲介役・調整役としてその後も持続的に運動の展開に影響を及ぼしていった。具体的な運動としては、1979 年 9 月にシュヴェリーンで行われた緑化活動があげられる。この活動は、50 人の福音教会系グループに属する若者たちが路面電車のレール沿いにおよそ 5000 本もの木を植えるというもので、その後他の都市でも公園緑地局などの支援を受けながら同様の活動が展開される（Kowalczuk 2006：272）。

東ドイツの環境運動は当初、褐炭のもたらす公害問題への取り組みや、国家に対する環境関連の情報公開の要求、国家社会主義体制における人権侵害への抗議という東側独特の側面をもっていた。大気汚染や水質汚濁などの身近な公害問題が運動の直接的動機となっており、西側環境運動のようなグローバルな視点と結びついていた運動ではなかった。運動は地元の活動家によってごく狭い範囲でアド・ホックに行われ、相互連携もまたグループ間の場当たり的な接触にとどまっていたが、70 年代末になるとこうした運動は徐々に規模を拡大していった（Kühnel, Sallmon-Metzner 1992：167）。

SED 政治局は、高まる環境意識を国家レベルに取り込むために、1980 年、公的大衆団体の一つ「文化同盟」内に、あらゆる環境グループの上部機構として自然環境協会（GNU）を設立した。GNU 内にはさらに数多くの「都市エコロジー利益共同体」がたち上げられて、地元密着型の市民環境団体として機能するようになり、87 年には 380 グループ、約 7000 人のメンバーを数えている（Hampele 1996：154）。教会勢力に対抗して結成された GNU であったものの、環境運動の「上からの」統合という目的は達せられなかった。80 年代半ば以降、GNU 内の環境問題専門家や当局職員と、教会系の環境運動家との間で頻繁な接触が見られるようになり、非公式レベルでの協働も始まった。一方、教会系環境グループは、国際的な学識者団体ローマクラブによる成長批判をとり入れたパンフレットを作成するなど、地域レベルの公害問題だけではなく、西側の環境運動と同様に、科学技術のもたらすエコロジー的危機について警鐘を鳴らすようになった（Hampele 1997：243）。

(2) 運動のネットワーク化による「対抗公共圏」の形成

　1980年代初頭，議会進出を遂げて躍進する西ドイツ「緑の党」に触発されて，東ドイツの環境グループの活動も活発になった。また，中距離核ミサイル配備問題との関連でピークに達した平和運動が80年代半ばに下火になると，多くの活動家たちは環境運動へとシフトしていった。シュタージは環境グループ内にスパイを潜入させ，運動を内側から崩すことを試みたものの，環境運動の広がりを阻止することはできなかった。

　体制批判分子の環境運動への動員をさらに促進する要因となったのが，1986年4月に起きたチェルノブイリ原発事故である。東ドイツでは反原発運動の兆しが表れるとともに，同年秋には東ベルリンのシオン教会内に「環境文庫」がたち上げられ，東ドイツ環境運動の拠点となっていった（Becker-Schaum 2009：55）。同じ頃，教会外では「平和と人権のイニシアティヴ」が結成され，人権・平和運動においても大きな進展がみられた。これらのグループは個別の活動をとおして「自律的公共圏」を創出するとともに，運動相互間のネットワーク形成によって，国家の情報統制・情報操作に立ち向かうために，より広範囲に及ぶ「対抗公共圏」を形成していった。「対抗公共圏」形成のための活動としては，従来型の抗議形態である署名活動や抗議デモの敢行，ビラの配布のほか，討論会・セミナー・ワークショップの開催，非合法的図書室・資料館の設置，さらには西ドイツのマスメディアの効果的利用などがあげられる（Klein 2009：233）。

　「対抗公共圏」の拡大において，サミズダートと呼ばれる非合法的地下出版物の発行がもっとも重要な役割を果たした。東ドイツにおいて，他の社会主義陣営同様，体制批判を目的とするサミズダートの発行は法的に厳しく罰せられたが，1980年代に定期的に出されたサミズダートは150を超えていた。これ以前にも文学・芸術の領域においては，一種のサミズダートが発行され，非政治的ではあるものの，活動分野別に小規模な「自律的公共圏」がすでに形成されていたといえる（Michael 2008：345）。

　東ドイツ初の政治的サミズダートは，1986年6月29日付けで「平和と人権のイニシアティヴ」が発行した『グレンツファル（ボーダーライン［国境

第4章　公共圏の創出，拡大，変容―― 97

線］の問題）』であり，この雑誌は他のサミズダートの手本となる。環境運動における「対抗公共圏」形成においてもっとも重要な役割を果たしたのが，東ベルリン「環境文庫」が発行した『環境新聞』である。発行部数 1000 を数えた『環境新聞』は，東ドイツのサミズダートとしては最大規模のもので，80 年代末に至るまで環境運動の枠を超えて，体制批判ネットワークの要としての役割を担った（Klein 2009：234-235）。

　当時の東ドイツでは，当局の許可がなければ，印刷機や複写機を入手することが不可能であり，サミズダート刊行にあたっては，P. ケリーら西ドイツ「緑の党」内の対東ドイツ反対派連携推進派などからの支援が必要であった。ケリーらは 80 年代半ば，東ドイツ体制批判勢力と「緑の党」の東ドイツ支部形成について議論を重ねたが，実現には至らなかった（Knabe 2007：112-113）。

　1980 年代末，環境文庫および環境図書室が東ドイツ各地に結成されるなど，環境運動の全国的な広がりが見られるようになった。それと同時にこれまで調整役を果たしてきた「ヴィッテンベルク教会研究施設」は，その求心力を失っていった。87 年 11 月，東ベルリン「環境文庫」がシュタージによって深夜に家宅捜索を受けてメンバーが逮捕されると，東ドイツ全土で体制批判勢力による大規模な抗議活動が展開され，89 年秋の変革期をもたらす一因となった。こうしたなか，東ベルリン「環境文庫」内では組織的戦略をめぐる論争の末，運動の拡散と不十分な相互連携を批判する勢力が分離し，各地のさまざまな環境グループの代表者とともに国際的ネットワークの形成を目指して，88 年 1 月「緑のエコロジーネットワーク・アルヒェ（方舟）」を結成する。アルヒェはその後東ドイツ全土に作業部会を設け，GNU 系環境グループからも経済やエネルギーの専門家を取り込みながら規模を拡大していった。雑誌『アルヒェ・ノア（ノアの方舟）』は環境情報だけでなく専門的論文も掲載し，東ドイツの主要なサミズダートとなる[4]。

　アルヒェは大胆なアクションと西ドイツのマスメディアとの密接な連携により，国際的にも注目されていった。1988 年 6 月，アルヒェは，東ドイツでもっとも深刻な環境汚染が起きていた化学工業地帯ビターフェルトの公害

の実態を,地元環境活動家および西ベルリンのジャーナリストと協力して密かに撮影することに成功する。その映像は同年9月27日にドキュメント番組『ビターフェルトの悲劇』として西ドイツ公共テレビ放送 ARD で流され,東ドイツの環境汚染の惨状が国内外に知れ渡ることとなった。東ドイツ政府は国際的な批判に晒されるとともに,環境運動のさらなる進展に拍車がかかった。このように,東ドイツ体制批判勢力による「対抗公共圏」のさらなる拡大において決定的な役割を果たしたのは,西ドイツのマスメディアであった (Kowalczuk 2006:273)。

2 変革期における環境運動の再編成

(1) 環境運動勢力の分化と「緑の連盟」の結成

1989年秋以降,公共圏創出を目指してきた体制批判勢力はオピニオンリーダーとして「平和革命」を牽引し,東ドイツ各地で対話集会をはじめとするフォーラムを開催して「対抗公共圏」を全国規模に拡大する。このようなフォーラムは,地域レベルで統治機能を失いつつあった SED 勢力をも吸収し,その結果,市町村,郡,県さらには国家レベルで,新旧政治勢力による民主的討議の場としての円卓会議が結成されることとなる。円卓会議は東ドイツ初の批判的討議にもとづく政治的公共圏であり,国家に占有された「偽の公共圏」に代わり,変革期の権力の空白を埋め,「平和革命」のシンボルとなった (Izeki 1999:86-90)。

こうしたなかで環境運動勢力は組織編成と活動方針をめぐり論争を繰り広げ,分裂していった。なかでもアルヒェの活動家は環境運動の政治能力を重視し,政治的責任を引き受けるべく,将来的な組織編成を支持する主張をリードした。1989年9月結成後,東ドイツ民主化運動の代名詞となった新フォーラムにおいても,環境運動勢力が「緑のリスト」を形成したが,この時期エコロジーは副次的テーマでしかなかったこともあり,新フォーラムを介する緑の政策の推進には限界があった。また,89年秋にたち上げられた政治的組織はどれも,底辺民主主義的エコロジー的側面を綱領にとり入れ,グ

ループ間の競合関係も明確となっていった。既存グループを結集させた全国レベルの上部組織の形成を求める意見が多数派であり，これに対抗してエコロジー的テーマに特化した議会活動と迅速な党結成を主張する勢力も存在した。

　1989年11月5日に東ベルリンで開催された環境グループ代表者会合において，アルヒェやGNUの代表者数名が「緑の党」(以下，「緑の党」(東)と記述)の結成を呼びかけた。「緑の党」(東)結成に反発する環境勢力は，政党組織ではない全国レベルの環境組織結成の準備にとりかかり，11月18日には「緑の連盟」設立声明が作成された。声明では「グローバルかつローカルなエコロジー的問題への知識」とその「解決への責任」が謳われ，さらに「緑の連盟」は「これまでの経験や世界観にかかわりなく，環境を意識するすべての勢力の統一行動」を目指し，あらゆる環境運動の「共通の上部組織」として活動するとした (Grüne Liga 1989)。

　1989年11月24日から26日にかけて東ベルリンで第6回ベルリン・エコロジーセミナーが開催された際，「緑の党」(東)の設立が正式に表明され，暫定代表評議会が結成された。その一方で，教会系およびGNU系の環境活動家およそ150人が「緑の連盟」設立の準備のために会合を開いた。同年12月7日から国家レベルの円卓会議として中央円卓会議が東ベルリンで開催され，自由選挙の実施が議論されるようになると，「緑の連盟」支持者は，あらゆる新旧政党組織が「緑」を掲げて人民議会進出を目指すなかで，議会外から「緑の政策」の実施を監視する組織が必要であるという見解を示した。「緑の連盟」結成の準備段階において，西ドイツで長年，議会外で環境運動を牽引してきたBUNDが強く意識され，運動のノウハウと経験を学ぶためBUND代表が会合に招待された (Henze 1989)。

　「緑の連盟」公式結成大会は1990年2月3日から4日にかけて環境汚染地帯ビターフェルトにあるシュコパウ市で開催され，400人以上環境運動家がこれに参加した。大会では，ポツダムの環境運動家で「緑の連盟」設立メンバーのM. プラツェク[5]のほか，東ドイツ反対派の重鎮R. バーロ[6]，そして西ドイツからはBUND代表，「緑の党」欧州議会議員らが演壇に上がった。

「緑の連盟」は,「緑の党」(東) との違いとして,自律したグループ間の水平的ネットワーク構造と議会外運動をあげ,そして非ヒエラルヒー的構造を強調して組織名称のサブタイトルに「エコロジー運動ネットワーク」を掲げた。実際に,連盟には GNU 系,教会系を問わず,政党組織に批判的で,底辺民主主義に方向づけられた運動勢力が加入していった。連盟は,「対抗公共圏」を形成・拡大してきたこれまでの環境運動の延長上に自らを位置づけ,教会系環境グループのネットワーク構想を理念とする一方で,実際の活動においては,テーマ別専門部会を結成するなど,「都市エコロジー利益共同体」のものを継承した。このように,連盟は GNU と教会の双方の環境運動の遺産を受け継いだといえる (Hampele 1996:155)。

結成大会の前から,「緑の連盟」の名は東ドイツ市民運動グループのひとつとして広く知れ渡っていた。中央円卓会議にはすでに 1989 年 12 月 18 日の第 2 回会議から市民運動側の代表として参加が認められ,議席と票決権が与えられた。初回から同じく市民運動勢力として中央円卓会議に参加していた「緑の党」(東) とは,円卓会議での活動をとおして密接な連携も見られるようになる。議会外活動を目指す「緑の連盟」であったが,90 年 2 月 5 日に中央円卓会議の市民運動勢力を取り込んで誕生した第 2 次モドロウ内閣(「国民責任政府」)には,連盟代表の K. シュリュターが無任所相として入閣した。連盟はこの議会活動を「歴史的偶然」と捉え,90 年 3 月 18 日の人民議会選挙への参戦は当初から明確に拒否し,むしろすべての政党の選挙公約においてエコロジー構想がどのように描かれ,そこに不備がないかどうか吟味するよう,有権者に呼びかけた (Grüne Liga Berlin Pankow 1990)。

(2) 「緑の連盟」による議会外運動の展開

ドイツ統一後,東ドイツ時代に「対抗公共圏」の形成・拡大に寄与してきた環境運動の雑誌は,組織的再編成もあり,その大部分が姿を消していった。旧東ドイツ最大規模のサミズダート『環境新聞』もまた名称を『テレグラフ』と変え,自然環境保護以外の記事も多く掲載して,左翼オートノミーの支持を得ていった。こうして 1980 年代後半の「対抗公共圏」は,ドイツ統

一とともに徐々にフェードアウトし，西ドイツの巨大な「メディア公共圏」にとって代わられるようになる（Kühnel, Sallmon-Metzner 1992：193）。

　1989年末から90年初頭にかけて，「緑の連盟」は連邦代表評議会と連邦本部（ベルリン）を設置して活動を本格化するとともに，94年まで旧東ドイツ地域に州レベルの「緑の連盟」をたち上げていった。連盟内の最高意思決定機関は連邦代表者会議であり，そこから連邦代表評議会が選出され，連邦代表評議会からさらに連邦幹部が選出される。実際の活動は，州レベルの「緑の連盟」内に設けられた作業部会やテーマ別専門部会によって行われ，地域を超えた活動においては，旧東ドイツ各地に設置された調整部，そしてベルリンの連邦本部が，各グループ間や活動家同士の連携の調整に当たっている（Hampele 1997：245）。

　ドイツ統一直後の1990年10月には，「綱領のための基本方針」を発表し，「エコロジー運動のネットワーク」，「東ドイツ出身の組織」，「社会のエコ化」，「底辺レベルでの活動」をはじめ，全10項目の活動指針が掲げられた（Grüne Liga e.V. 1990：4-5）。政党政治からは距離を置く「緑の連盟」であったが，当初から，地域密着型の環境政策実現のために市町村議会選挙へのメンバーの参戦は排除しなかった。また連盟内には当初，「緑の党」（東）結成メンバーも存在し，また他の諸政党へ移っていった者も多く存在した。緑の運動としての活動の重点は，政策理論よりも現実主義的な個別アクションのほうに置かれ，たとえば結成時の活動として，東ドイツ各地における国立公園や環境保護区の設置要求，有毒物質の廃棄に対する抗議活動，核廃棄物貯蔵施設のあるゴアレーベン（西ドイツ）で展開されている原子力反対運動との連帯活動などがあげられる。また，同じテーマに取り組むさまざまな環境グループを，連盟のネットワーク構造のもとで連携させることも重視され，実際に，ゴミ問題，エネルギー問題，都市設計，エコ農業，交通問題などをテーマとする地域を超えたプロジェクトがたち上げられて，諸団体の参加のもとで活動が展開された（Kühnel, Sallmon-Metzner 1992：195-196）。

　連盟はBUNDをはじめ，西ドイツ環境組織との交流を深め，運動経験やノウハウを吸収しながらも，西の組織への対抗心や批判が徐々に見られるよ

うになった。たとえば 1990 年 5 月には，ザクセン州とテューリンゲン州に州支部を設立して現地の環境勢力の取り込みを始めた BUND に対して，警戒する声が連盟内部で上がり，9 月にはベルリンでの BUND との共同プロジェクトの際，BUND が宣伝活動や勧誘活動を行ったという批判的報告もされている (Löber 1990 : 5-6)。

しかし，連盟のネットワークとしての運動を軌道に乗せるためには，西ドイツおよび西側近隣諸国で最先端をいく環境 NGO からの支援や，こうした西側 NGO とのより緊密な共同作業は必要不可欠であった。たとえば，東ドイツ時代は物資が不足していたため，オランダの NGO からのコンピュータをはじめとする物質的援助は，活動を本格的に始めるに当たり，非常に重要な役割を果たした。初期の主要な連携の例として，エルベ川再開発エコプロジェクト (ドレスデン) やゴミのエコ的リサイクル構想 (シュヴェリーン) におけるグリーンピースからの支援，オーストリア環境団体との交流，化学産業と公害問題に関する BUND との合同シンポジウムがあげられる (Bernt-Bärtel 1990 : 11-12 ; Baerens 1990 : 15-16 ; Koth 1990 : 17-19)。

3　ドイツ統一後における環境運動の再出発

(1)　環境運動のグローバル化と旧西ドイツ NGO との競合

旧アルヒェ活動家が最大勢力を形成する「緑の党」(東) は，旧 GNU 系活動家や新フォーラムなどの市民運動グループのメンバーも取り込み，当初は西ドイツ「緑の党」とは一定の距離を置いて，東ドイツ環境勢力としてのアイデンティティを強調していた。1990 年 3 月の人民議会選挙では，市民運動系でテーマ的に競合しない独立女性同盟 (UFV) と連合して 8 議席獲得し，人民議会では新フォーラムを中心とする市民運動グループの選挙連合「90 年連合」と統一会派を形成する。得票率からみると，「緑の党 (東) ／ UFV」は 2％，「90 年連合」は 2.9％ にとどまり，ドイツ統一が民衆の関心事になるにつれて「平和革命」を牽引した市民運動勢力が急速に支持を失い，再び少数勢力となったことがうかがえる。その後，「緑の党」(東) は政党政

治の波に揉まれ，ドイツ統一後には西の「緑の党」に吸収されてしまい，影響力を失っていった[7]。

　これとは対照的に，「緑の連盟」は議会外において旧東ドイツ地域に特化した環境運動を推進していくことによって，存在感を維持している。ドイツ統一に伴い，連盟はドイツ連邦共和国の法体系に合致した登録団体となり，西の組織と同様の環境NGOとして再出発した。その後も多くの地域レベルの環境グループが連盟に加入し，1991年1月には80年代の環境グループを母体とするライプツィヒの有力環境団体「エコレーヴェ（エコライオン）」も傘下に置いた。「エコレーヴェ」はその後も名称を変更することなく自律性を保ちながら，連盟のネットワークの一員として活動を展開している。州レベルの「緑の連盟」もまた，基本的に地域に根差した独自の活動を展開する一方，テーマ別の運動においては，調整部や連邦本部が仲介役となり，連邦レベルでの統一行動も行っている。このように，連盟では，旧東ドイツ時代の独裁体制への抗議運動の経験が生かされ，徹底的にヒエラルヒーを排除した，水平的なネットワークが形成されていった。

　1994年3月には，連邦代表者会議で「緑の連盟」の一般的基本方針および専門テーマ別基本方針が採択され，翌年には追加方針も定められた。94年の基本方針では，連盟は「ネットワークとして，自然環境保護と社会のエコロジー化に取り組むグループ，運動，個々人を統合する」と規定され，「東ドイツ環境運動の経験」を生かして，旧東ドイツ地域「特有の問題」に取り組むと定められている（Grüne Liga e.V. Bundesverband 1995：12）。

　BUNDやグリーンピースなどの西の大型環境組織が旧東ドイツ地域に支部を設け，東の環境運動の再編成が進んだ後も，「緑の連盟」はこうした西の環境勢力に吸収されることなく，独自の運動を展開している。むしろ西のNGOとの連携は専門的な活動においていっそう密になり，とりわけ旧東西ドイツの自治体およびNGOが議論を交わした「東西会議」（1992年）をきっかけに，情報交換や共同作業も加速していった。なかでも「パートナー都市における環境保護プロジェクト」は，自治体のみならず地元環境グループも吸収し，旧東西ドイツ間の環境運動の連携において重要な役割を果たして

いる。

　一方，NGO間の国境を越えた連携は，ソ連型国家社会主義から資本主義への転換において同様の社会問題を抱えている旧東欧圏を中心に，さらに拡大していった。1991年に国際活動プロジェクトグループがたち上げられて以来，89年以前にも環境運動間でコンタクトのあった旧東欧諸国との共同プロジェクトが展開された。一例としては，ポーランドの「連帯」系環境組織とのオーデル=ナイセ線国境地域の環境プロジェクトにおける協働があげられる（Helbing 1991：19）。またチェコをはじめとする国外パートナー都市との間での連携も始まり，さらにブルガリアやポーランド，リトアニアでは，環境セミナーやサマーキャンプなどの催しを実施している。このほかにも旧西ドイツの環境団体，ドイツ自然保護同盟（NABU）との共同プロジェクトで，ロシアの北コーカサス地方における自然保護を重視した開発支援にも取り組んでいる（Baumann 2000：18-19）。

(2)　旧東ドイツ地域に特化したローカルな公共圏の形成

　「緑の連盟」の活動10周年を記念して，連盟の雑誌『アリゲーター』が他の環境新聞と共同で2000年に刊行したパンフレット『新連邦州の環境運動10周年』では，旧東ドイツ地域において変革期直後よりも環境問題に対する意識や取り組みが弱まっている現状について論じられている。「失業問題，不十分な民主主義，コンプレックス，将来への不安」という「東ドイツ特有の条件」のもとで，取り組むべき環境問題はさらに増え続けている。その一方でBUNDをはじめとする西の大型環境NGOが東に進出しつつも地元に定着していないのとは対照的に，変革期の底辺民主主義的経験を受け継ぐ「緑の連盟」は旧東ドイツ最大の環境団体として草の根レベルで活動している，とも記されている（Pfannenstiel, Bauer 2000：2）。

　「東の環境NGO」として定着した近年の「緑の連盟」の活動は，基本的に結成当初のものと変わっていない。すなわち，活動の重点を地域レベルに置き，地元密着型の活動を通して，下からのローカルな公共圏の形成に力を注いでいる。その例として，ベルリンのティアガルテン・トンネル建設反対

運動，学校における古紙使用推進キャンペーン，エコ生活推進のためのエコマーケット開催，若者・学童向けのエコツアーおよびエコキャンプの実施などがあげられる。しかし，かつてのローカルな活動とは異なり，現在の活動ではグローバルな環境運動との明確な結節点も見られる。そのもっとも顕著な例が，「ローカルアジェンダ 21」[8] プロジェクトの実践である。とりわけ，「ローカルアジェンダ 21」関連では，連盟はベルリンで早くからプロジェクトセンターを設置し，ベルリンにおけるアジェンダ活動の窓口を提供している。また「アジェンダ 21」レベルでの企業・環境団体間の連携促進のために多くの催しを開くとともに，ベルリン全体のアジェンダプロジェクト「ベルリン 21」にも加わり，その主要な一部を形成している[9]。

同様の分野では，さらに，1996 年に世界自然保護基金（WWF）ドイツ支部などと共同でたち上げ，連邦環境省・連邦環境庁の財政支援によって実施された共同プロジェクト「EU 構造基金と持続可能な地域発展」がある。このプロジェクトは助成が必要な旧東ドイツ地域が対象となり，連盟は，「持続可能な地域発展」コンセプトを作成し実践する用意のある地域を「モデル地域」として活動支援する役割を担っている。このほかにも，1995 年にベルリンで気候変動枠組条約第 1 回締約国会議（COP1）が開催されて以来，「緑の連盟」が毎年主催する「環境フェスティバル」があげられる。同フェスティバルは年を重ねるごとに規模を増し，連邦環境省・連邦環境庁の助成と NABU などの旧西ドイツ自然保護団体の協力，『ベルリナーツァイトゥング』紙との連携のもと，ベルリンでの恒例行事として定着しつつある[10]。

一方，国際連携においては，依然として旧東欧諸国の環境団体との協働が主流で，チェコの NGO とのエネルギー問題共同プロジェクトや，ルーマニアでの医療廃棄物問題への取り組みなどが行われた。「旧東ドイツ地域の環境運動」のほか，「旧東欧の環境運動との連帯」もまた，現在，「緑の連盟」のプロフィールとなっている。

このような変革期からの活動の継続・発展は，雑誌刊行においても見られる。「緑の連盟」ベルリンが年 6 回ベルリン限定で刊行する無料雑誌『デァ・ラーベ・ラルフ（カラスのラルフ）』も，発行部数はいまや 1000 部を超

え，全国版の雑誌『アリゲーター』と並んで，地元環境運動に根差した公共圏の形成において重要な役割を果たしている (Grüne Liga Berlin e.V. 2007：7-37)。こうして，「国家に独占された公共圏の市民による奪還」と「政治への市民参加の拡充」という「89年」の経験は，「緑の連盟」において，ネットワーク形成によるグローバルな運動との連携と，ローカルなレベルでの市民参加にもとづく公共圏の創出・拡大という点において，今もなお生きている。地域密着のネットワーク型運動という形態は変革期のものと本質的に変わりないが，統一ドイツでの活動をとおしてグローバルな環境運動の一部としてのヴィジョンが明確となっていった。

おわりに

　国家によって厳しい情報統制が敷かれた東ドイツにおいて，環境運動は体制批判運動のなかから生まれ，教会領域を基盤に国家に支配されない「自律的公共圏」を創出していった。そしてサミズダートの発行や西ドイツのマスメディアの活用により全国レベルのネットワークを下から構築しながら，体制批判の拠点としてのより広範囲に及ぶ「対抗公共圏」を形成・拡大していった。変革期には，市民運動勢力がオピニオンリーダーとなって民主化運動を牽引し，環境勢力からは「緑の党」（東）および「緑の連盟」が結成され，環境運動はピークに達するとともに転機を迎える。ドイツ統一後，環境運動においても西のロジックが支配的となり，かつてサミズダートによって形成された「対抗公共圏」は瞬く間に西の巨大な「メディア公共圏」に取って代わられた。「緑の党」（東）をはじめ，政党として議会進出を目指す運動勢力もまた急速に影響力を失い，西の組織との競争に敗れ，あるいは西の組織内に吸収されて姿を消していった。これに対して，政党志向をもたず，あくまで議会外活動を堅持する「緑の連盟」は，今なお西の運動にのみ込まれることなく，旧東ドイツ地域独自の環境運動を展開し，グローバルな連携を深めると同時にローカルな公共圏の創出に寄与している。こうした背景には，独裁体制下において一から公共圏を創出し拡大していった東ドイツ時代の環境

図 4-1 東ドイツ環境運動の変遷

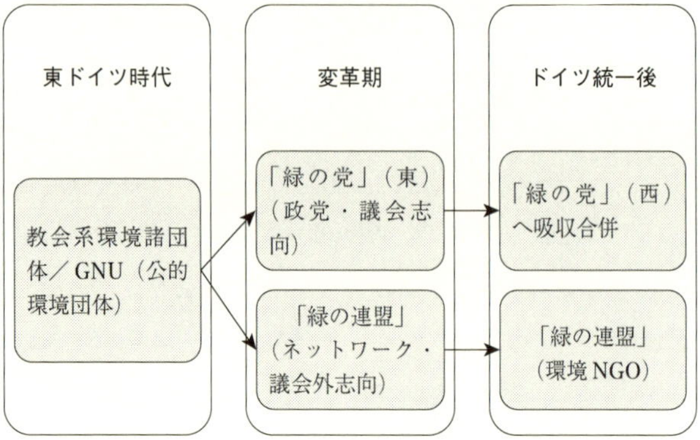

東ドイツ時代	変革期	ドイツ統一後
教会系環境諸団体／GNU（公的環境団体）	「緑の党」（東）（政党・議会志向）	「緑の党」（西）へ吸収合併
	「緑の連盟」（ネットワーク・議会外志向）	「緑の連盟」（環境NGO）

出典）筆者作成。

運動，および変革期の市民運動の遺産を，「緑の連盟」が継承・発展しているという事実がある。西の「メディア公共圏」に吸収されずに残ったものとは，すなわち，かつての手作りの公共圏を継承・発展させた，直接当事者の参加にもとづくローカルな公共圏なのである。

「緑の連盟」の基本方針には，「東ドイツ環境運動の経験」が強調され，西の環境運動とは異なる方向性が明確に打ち出されている。東ドイツ時代の下からのネットワーク形成の経験，そして市民が街頭に繰り出し民主化を求めた変革期の市民運動の経験，すなわち政治参加と自己決定の経験が，地域レベルに根差した，連盟独自の「非ヒエラルヒー型」組織形成の原点にあり，各地域支部や参加グループの独自性を保持した「ネットワークとしての活動」を支えている[11]。「緑の連盟」の事例が示すように，東ドイツ体制批判運動の経験と「平和革命」の遺産は，政党政治のレベルではなく，まさに地域に根差した運動のなかに見出されうるのである。

■注
1) 今日のドイツにおける「1989年」論については，井関（2009）を参照。
2) 東ドイツの国家体制とその崩壊過程については，山田（1994），雪山（1993）が詳

しい。
3) 自由な批判的討議の社会空間としての「公共圏」概念については，フランクフルト学派の思想家 J. ハーバーマスが著書『公共性の構造転換』（初版は 1962 年）で史的考察を行っている。ハーバーマスの「公共圏」概念をめぐる解釈については，花田（1993）を参照。ハーバーマス自身，東欧革命とその中心理念である「市民社会」論に刺激を受けて，90 年の同書新版の序文では，公共圏概念をさらに展開させ，従来の「市民／ブルジョア社会（bürgerliche Gesellschaft）」とは異なった，政治的公共圏を軸とする「市民社会（Zivilgesellschaft）」概念を提示している（Habermas 1990：45-50）。なお，市民的公開討論の場としての「フォーラム」概念をもとに，東欧革命を捉える研究としては，加藤（1990）があげられる。
4) アルヒェは環境運動の国際連携にも精力を注ぎ，『アルヒェ・ノア』第 2 号は特別号としてイギリスとイタリアでも発行された（Kühnel, Sallmon-Metzner 1992：180)。
5) プラツェクは中央円卓会議に「緑の連盟」代表として参加し，モドロウ「国民責任政府」には「緑の党」から無任所相として入閣した。1990 年 3 月の人民議会選挙には無所属であったが「緑の党」のリストから当選し，90 年 10 月の州議会選挙では「90 年連合」のリストからブランデンブルク州議会議員に当選する。95 年には社会民主党（SPD）へ鞍替えし，98 年からはポツダム市長，2002 年からはブランデングルク州首相を歴任し，2005 年 11 月から翌年 4 月までは SPD 党首も務めた。
6) 元 SED 幹部のバーロは 1979 年に著書『ディ・アルタナティーベ』でマルクス主義の立場から「現存する社会主義」への批判を展開し逮捕される。同書は東ドイツでの出版を禁止されたものの，西ドイツをはじめ多くの西欧諸国で刊行され，国際的にも大きな波紋を呼んだ。
7) ドイツ統一後の 1990 年 10 月に行われた州議会選挙においては，旧東ドイツ 5 州のうち 3 州で「緑の党」（東）（この間に西の「緑の党」と同じ "Die Grünen" に改名）は市民運動グループと選挙連合を形成し，議会進出を果たす。同年 12 月の連邦議会選挙では，東西別々に 5% 条項が採用された結果，選挙連合「緑の党（東）／90 年連合―市民運動」が議会進出を果たす一方で，西の「緑の党」は議席を失う。選挙翌日，東が西に吸収される形で東西「緑の党」の合併が実現し，さらに 93 年には市民運動グループの政党組織「90 年連合」もまた「緑の党」に統合され，「90 年連合／緑の党」が誕生することとなる。
8) 1992 年のリオデジャネイロ国連環境開発会議（地球サミット）で採択された「アジェンダ 21」は，「持続可能な発展」の実現のために，市民参加と政治・経済・社会勢力間の協議プロセスにもとづいた新たな政治スタイルを提唱するものであり，「ローカルアジェンダ 21」はその地域版である。ベルリンの「ローカルアジェンダ 21」については，井関（2001）を参照。
9) 一方「緑の連盟」テューリンゲンは，2008 年に活動を始めたテューリンゲン州の 4 つの「持続可能地域センター」のうちの 1 つ「南西テューリンゲン持続可能地域センター」の運営を担当し，同州の市町村・郡レベルでのアジェンダ活動において中心的役割を担っている。

10) 2009年6月にブランデンブルク門前の広場で開催された第14回環境フェスティバルでは，エコマーケットや自転車デモなどが行われ，10万人を超える市民が足を運んだ。同フェスティバルについては次のウェブサイトを参照。http://www.grueneliga-berlin.de/ (2009年9月23日アクセス)
11) 2008年8月12日に筆者が「緑の連盟」ベルリン連邦本部で連邦幹部 K. クシェに対して行ったインタヴューによる。

■参考文献
井関正久 (2001)「ベルリンにおける『アジェンダ21』の実践——参加と協議に基づく地域政治の試み」『レヴァイアサン』第28号。
井関正久 (2009)「東ドイツ体制批判運動再考——『68年』と『89年』の関係を中心に」『国際政治』第157号。
加藤哲郎 (1990)『東欧革命と社会主義』花伝社。
花田達朗 (1993)「公共圏と市民社会の構図」山之内靖他編『システムと生活世界』(岩波講座社会科学の方法VIII) 岩波書店。
山田徹 (1994)『東ドイツ・体制崩壊の政治過程』日本評論社。
雪山伸一 (1993)『ドイツ統一』朝日新聞社。

Baerens, Matthias (1990) "Ökologisches Abfallkonzept für den Raum Schwerin," in *Grüne Liga: Rundbrief* vom 15. Oktober 1990.
Baumann, Annette (2000) "Zwischen Komposthaufen und Städtepartnerschaften: Grenzüberschreitende Umweltarbeit bei der Grünen Liga," in Grüne Liga e.V. (Hg.), *Zehn Jahre Umweltbewegung in den neuen Bundesländern*. Berlin.
Becker-Schaum, Christoph (2009) "Kommentar," in Heinrich-Böll-Stiftung (Hg.), *Grünes Gedächtnis 2009*. Heinrich-Böll-Stiftung.
Bernt-Bärtel, Jürgen (1990) "Grüne Liga - vielerlei Umweltkontakte zu Österreich," in *Grüne Liga: Rundbrief* vom 15. September 1990.
Grüne Liga (1989) *Gründungsaufruf für eine Grüne Liga*. Berlin, 18. November 1989, GL 01, Archiv der DDR-Opposition, Robert-Havemann-Gesellschaft.
Grüne Liga Berlin e.V. (2007) *Jahresbericht 2006/2007*. Berlin.
Grüne Liga Berlin Pankow (1990) *Ökologische Kriterien, an denen die Wahlprogramme von Parteien usw. gemessen werden können*. 9. März 1990, Bü146, Archiv der DDR-Opposition, Robert-Havemann-Gesellschaft.
Grüne Liga e.V. (1990) "Grundsätze zum Programm," in *Grüne Liga: Rundbrief* vom 15. Oktober 1990.
Grüne Liga e.V. Bundesverband (Hg.) (1995) *Grundsätze*. Berlin.
Habermas, Jürgen (1990) *Strukturwandel der Öffentlichkeit: Untersuchungen zu einer Kategorie der bürgerlichen Gesellschaft: Mit einem Vorwort zur Neuauflage 1990*. Suhrkamp.『公共性の構造転換——市民社会の一カテゴリーについての探究』[第2版] (細谷貞雄・山田正行訳) 未來社, 1994年。

Hampele, Anne (1996) "Die Organisationen der Bürgerbewegungen," in O. Niedermayer (Hg.), *Intermediäre Strukturen in Ostdeutschland*. Leske+Budrich.

Hampele, Anne (1997) "»Dem Aufschwung Ost ökologisch auf die Beine helfen«: Die Grüne Liga e.V. -Ein Beispiel erfolgreicher ostdeutscher Selbstbehauptung," *Deutschland Archiv* 30 (2).

Henze, Gisela (1989) *Gründungsinitiative für eine "Grüne Liga"*, Berlin, 19. Dezember 1989, Archiv der Grünen Liga (Bundesgeschäftsstelle).

Helbing, Rene (1991) "Grenzkooperation im Oder-Neiße-Raum vereinbart," in *Grüne Liga: 12. Rundbrief* vom September 1991.

Izeki, Tadahisa (1999) *Das Erbe der Runden Tische in Ostdeutschland: Bürgerorientierte Foren in und nach der Wendezeit*. Peter Lang.

Klein, Thomas (2009) "Gegenöffentlichkeit: Oppositionelle Wirkungsformen und staatliche Abwehrstrategien in der DDR," in L. Ansorg, B. Gehrke, T. Klein und D. Kneipp (Hg.), *»Das Land ist still - noch!«: Herrschaftswandel und politische Gegnerschaft in der DDR (1971-1989)*. Böhlau.

Knabe, Hubertus (2007) "Die DDR-Opposition und ihre westdeutschen Unterstützer," in H.-J. Veen, U. Mählert und P. März (Hg.), *Wechselwirkungen Ost-West: Dissidenz, Opposition und Zivilgesellschaft 1975-1989*. Böhlau.

Koth, Christian (1990) "Hat die DDR-Chemie eine Zukunft?," in *Grüne Liga: Rundbrief* vom 15. Oktober 1990.

Kowalczuk, Ilko-Sascha (2006) "Unabhängige Umweltbewegung: Einführung," in I.-S. Kowalczuk und T. Sello (Hg.), *Für ein freies Land mit freien Menschen: Opposition und Widerstand in Biographien und Fotos*. Robert-Havemann-Gesellschaft.

Kühnel, W. und C. Sallmon-Metzner (1992) "Grüne Partei und Grüne Liga: Der geordnete Aufbruch der ostdeutschen Ökologiebewegung," in H. Müller-Enbergs, M. Schulz und J. Wielgohs (Hg.), *Von der Illegalität ins Parlament: Werdegang und Konzepte der neuen Bürgerbewegungen*, 2. Aufl. Ch. Links.

Löber, Mareile (1990) "Konkurrenz belebt das Geschäft?," in *Grüne Liga: Rundbrief* vom 15. September 1990.

Michael, Klaus (2008) "Samisdat-Literatur-Modernität: Osteuropäischer Samisdat und die selbstverlegte Literatur Ostdeutschlands," in S. Lokatis und I. Sonntag (Hg.), *Heimliche Leser in der DDR: Kontrolle und Verbreitung unerlaubter Literatur*. Ch. Links.

Pfannenstiel, O. und M. Bauer (2000) "10 Jahre - (k)ein Grund zum Feiern?," in Grüne Liga e.V. (Hg.), *Zehn Jahre Umweltbewegung in den neuen Bundesländern*. Berlin.

Poppe, Ulrike (1990) "Das kritische Potential der Gruppen in Kirche und Gesellschaft," in D. Pollack (Hg.), *Die Legitimität der Freiheit: Politisch alternative Gruppen in der DDR unter dem Dach der Kirche*. Peter Lang.

第 5 章

越境する政策と国際的な規範
―― 女性政策をめぐる国境を越える政治

堀江　孝司

はじめに

　本章は女性政策を主な題材として，一国の政策形成がその国の一国内政治過程に閉じられておらず，政策が国際的に形成されるという見方について考察する。そして，視点を移動させると，一国政治に見えたものがトランスナショナルな政策波及の一部としても理解できること，すなわち一国的な視点から見た場合と国民国家を越えた視点から見た場合では，様相が一変するという見方を提示する。さらに，そうした国際的な政策波及における規範の役割に着目し，グローバル化を規範が共有される過程として考える。ただ，規範の共有は自動的かつ一方向に進むとは限らず，国際的な規範をめぐる政治が常に戦われているということが想定されている。

1　国際政治と国内政治の関係をめぐって

(1)　国境を越える政治の諸パターン

　2008 年のある世論調査で「日本の政治に一番大きな影響を与えているのは誰だと思いますか」と問うと，「政治家」(28%)，「官僚」(27%)，「財界」(12%)，「マスメディア」(17%)，「国民」(13%) という結果であった (『朝日新聞』2008 年 3 月 21 日)。授業で学生に同様のアンケートをしてみると，似たような回答に交じり，数人から「アメリカ」という回答があった。「アメリカ政府は，日本の主要な圧力団体である」(カッツェンスタイン 2007：54)

という面であるが，日本の政治がアメリカから影響を受けている，という印象をもつ読者も多いのではないだろうか。

一国の政治が国外諸要因から受ける影響については，これまでにもさまざまな形で論じられてきた。国際関係論において国内政治と国際政治の相互作用は年来のテーマであり（河野 2001；古城 2002；五月女 2003），近年，政策伝播・政策移転への着目も進んでいる（松岡 2007；宮本 2008）。後発国が，どの国を近代化のモデルにしたかも，古くから重要な研究テーマであった（山室 1984）。より近年は，グローバル化が進むことで，諸国の政策は収斂するのかしないのかが議論されてきた。本節ではまず，国内政治と国外諸要因との関わり方（ないしその捉え方）のバリエーションを概観しよう。

一国の政治が国外から影響を受けるといっても，そこにはさまざまなパターンがある。最も露骨な影響の受け方は，軍事力を背景に強い国が弱い国へ制度や政策を押しつけることであろう。植民地支配はその例であるし，旧ソ連と衛星国との関係にもそういう面がある。軍事力を伴わない経済制裁という手段についても，北朝鮮との関係を通じて，今や多くの読者の知るところであろう。敵対的な関係ではない国同士の間でも，例えば 1989 年からの日米構造協議の際，アメリカからの要求が「横からの入力」として注目されたこともある（佐々木 1991）。だがそのように特定の国からの「外圧」だけでなく，グローバル市場での競争が政府に課す制約や，国際基準への適応が求められることも，一国政治への国外からの影響である。欧州通貨統合に際して加盟国に課された財政上の基準は後者の例であるが，本章では後に国連女性差別撤廃条約の例を概観する。

(2) 国内アクターによる国外要因の利用

かつて「横から」，すなわちアメリカからの「入力」に，「健全野党」の役割が期待されもした。実際，農業や小売流通業には不利な「外圧」が，消費者に歓迎される面がある。より近年のグローバル化をめぐっても，黒船来航や 1945 年の敗戦を引き合いに，「外圧」に改革への期待をかける言説がしばしば見られるが，国内アクターたちは，国外からの圧力を受けるだけの受動

的な存在ではなく，「外圧」を巧みに利用して国内政治を動かそうとすることがある。日本政府は，それを国内の利害対立を解決する重要なツールにしてきた（谷口 1997）。ある労働官僚は，外圧を「錦の御旗」とさえ呼ぶ。曰く，「錦の御旗というのは，日本は黒字が増えて諸外国から非難されるのだから労働時間を短くしましょう，というようなもの。これがないとなかなかできない」（佐藤 1991：40），と。日本の労働省婦人少年局が，国際条約を利用して労使を説得したことは後述するが，多くの国でフェミニスト官僚は外圧を利用している（Kardam and Acuner 2003：101）。

　官僚による「外圧」の利用が古くから日常的であったと思わせる，次のようなエピソードもある。ニクソン・ショック（1971年）の直前，経済学者の研究会が，円平価の漸進的小刻み調整の速やかな実施を，との提言を発表した際，研究会の代表幹事であった小宮隆太郎は元大蔵官僚の下村治から，「学者は物事を知らない」と批判されたという。政府が円切り上げの先手を打つと，損害を受ける業界への補償責任が重くなるから，米国に先手を打たせ「米国にやられた」ということにすれば政府の責任が軽くなる，というのが官僚の考え方だというのである（『日本経済新聞』2008年12月22日）。

(3)　国連女性差別撤廃条約と男女雇用機会均等法

　次に，国際基準の利用が奏功した例として，日本の労働省婦人少年局が，国連女性差別撤廃条約を利用して男女雇用機会均等法制定にこぎつけたケースを概観する。

　日本では，1985年に均等法が制定されるまで（施行は86年），雇用における男女差別については，労働基準法（1947年制定）第4条で賃金差別を禁止しているだけで，募集，採用，昇進，教育訓練，退職，定年など，その他の雇用上の差別を禁じる法律はなかった。野党や労働組合，女性団体，さらに政府内では労働省婦人少年局が，雇用における男女平等を規定し，差別を禁じる法律の制定を目指していたが，経済界は強く反対しており，それを受け自民党も法制化に消極的であった。日本政府は，1980年に国連女性差別撤廃条約に署名したが，同条約は「雇用の分野における女性に対する差別を撤

廃するためのすべての適当な措置を取る」ことを締約国に課していたため（第11条），日本は同条約を批准するためには，賃金以外の面でも男女差別を禁止する法律をつくる必要があった。

　婦人少年局は，同条約を85年に批准するというタイムリミットを利用して経済界を説得し，その過程で日本に対する国際世論を財界に意識させる戦術を取った。経済界には条約を批准しなくてもよいという意見もあったが，当時は日本企業の洪水輸出による儲けすぎに国際的な批判が高まっており，女性を差別することで日本企業は不当な利益を挙げているのではとの論調もあった。婦人少年局は，その点を材料に経済界を説得した。他方で同局は，規制の緩い均等法と引き換えに労基法の女子保護規定を緩和されることに反発していた労働組合に対しても，国際条約批准というこの機会を逃せば，いつまたこの種の法律を作るチャンスがくるかわからないと説得を試みた。最終的に，労使双方は説得を受け入れ，労基法改正とともに均等法が成立し，条約は批准された（堀江 2005：第6章）。

2　政策の国際的波及

(1)　政策波及という視角

　以上の経緯を，官僚の巧みな戦術の物語として見るのは一つの見方であるが，視点を日本国内から世界大に拡大してみると，異なった像が見えてくる。

　先進諸国における均等法と同種の法律は，概ね70年代後半から80年初頭には施行されている。時期が比較的近接しているのは，国連の「国際女性年」（75年）や「国連女性の10年」（76～85年），および女性差別撤廃条約が法制化の重要なきっかけとなったからで，つまり国際機関が重要な役割を果たしたと考えられる。日本で均等法が成立する前年の84年に世界18ヶ国で同様の法律ができたのも，条約批准の影響と考えられる（堀江 2005：第6章）。この見方は，日本の均等法成立を一国的に理解するのではなく，世界的な政策波及の一部として捉える視角である。

　同種の政策の国際的な広がりの例は他にも見られ，福祉国家の主要プログ

ラムが規則性をもって国際的に伝播するというのも，その例である（Heclo 1974：10-11；Abbott, DeViney 1992）。従来，福祉国家の発展は，近代化と経済発展（およびそれに随伴する人口の高齢化）といった社会経済的な要因で説明するにせよ，労働者階級の権力資源動員や労働者と農民の階級連合といった政治的要因で説明するにせよ，一国的なものと考えられてきた。しかし，視点を移動させることにより，福祉国家の発展を「トランスナショナルな出来事」として見ることもできる（Abbott, DeViney 1992）。民主化についても同様の議論がある。1832～1926年，第二次世界大戦後に続いて，1970年代以降，民主化の「第三の波」が始まったとするS.ハンティントンは，「第三の波」発生の原因のひとつに，ある国の民主化が他国の民主化に影響を及ぼす効果を挙げている（ハンティントン 1995）。民主化はかつて，国内要因で説明されてきたが，90年代以降，民主化の国際的要因に注目が集まっている（木暮 2001：146）。

女性参政権の国際的普及に関する研究によれば，女性参政権導入には，段階により異なるメカニズムが働き，遅い段階になれば国内の運動の力はほとんど必要なくなるという（Ramirez, Soysal, Shanahan 1997）。つまり，多くの国が受け入れた規範を，国際システムに組み込まれている国は受け入れざるをえないということであり，これは政策が一国的にではなく，国際的に形成されるという見方に立つ説明である。

(2) 世界政体論

同じような制度や政策が多くの国に波及していく過程に着目するのが，世界政体論や世界文化論などと呼ばれる議論であり，それは方法論に着目して，社会学的新制度論と呼ばれることもある[1]。この見方では，同種の制度が多くの国に存在するのはなぜかを，近代化や経済発展にとって必要だったからという機能主義的な説明ではなく，世界的な文化の普及が同型化（isomorphism）をもたらすと考えるのである。序章で紹介した，「初期グローバル化」が国民国家という「モジュール」の普及を可能にしたという，B.アンダーソンの議論との共通性がうかがえよう。そして国内要因よりも，世界政

体というシステムの観点から，福祉国家（Thomas, Lauderdale 1988），義務教育（Meyer, Ramirez, Soysal 1992），女性参政権（Ramirez, Soysal, Shanahan 1997）などの国際的普及を説明する一連の研究がある。アメリカの福祉が低水準であることは，伝統的に労働組合の弱さや有力な労働者政党の不在から説明されてきた。その後，アメリカの政治制度の断片性に着目した説明がなされるようになる。それらに対し，世界システム内におけるヘゲモニックな位置により，アメリカは他国の模倣をする必要がないからという説明がある（Strang, Chang 1993：250-251）。実際アメリカは，他国や国際労働機関（ILO）を参照することがほとんどないとされる（キャンベル 1995：258，注52）。つまり一国家の政策決定は，その国だけに着目するのではなく，世界システムにおけるその国の位置という国民国家を越えた文脈から理解しなければならないというのである。

　この視角によれば，相互依存がさらに進み，アメリカがもっと国際社会の意向を気にするようになれば，アメリカも世界標準に合わせるようになることが予想される。国際社会に深く組み込まれるほど，国際的な規範に敏感にならざるをえないからである。本書は「情報の越境」に着目しているが，規範も国境を越えて伝播する情報の一種である。そこで次に，国際的な規範の役割に着目しよう。

3　国際的な規範

(1)　規範の波及のメカニズム

　規範とは，あるアイデンティティをもつアクターにとっての適切な行動の基準と定義される（Finnemore, Sikkink 1998：891）。M. フィネモアと K. シキンクは，国際的な規範の波及を，登場，広範な受容，内部化という三段階に区別する。第一，第二段階の間に，そこを越えると一気に波及が進む点（ティッピング・ポイント）が存在する。社会過程や行為の論理は，この段階ごとに異なる。第一段階に特徴的なメカニズムは，規範企業家（規範を広めようとする人びと）による説得である。規範企業家は，一部の国々に新しい

規範を受け入れるよう説得を試みる。第二段階は，早い段階で導入した国々の後を他の国々が続く模倣の過程である。彼らはこの過程を，「規範のカスケード」[2]と呼ぶ。最後の内面化が起こるとその規範は自明性を獲得し，もはや公的な議論の対象とはならなくなる。例えば今では，女性は参政権を認められるべきか，奴隷は役に立つか，戦時中，医療スタッフは攻撃を免れるべきか，といったことをわざわざ論じる人はほとんどいない。だが，すべての規範がこの過程をたどるわけではなく，ティッピング・ポイントに至らず国際的に普及しない規範も多い（Finnemore, Sikkink 1998：895）。

内面化が進むと，各国内のアクターが国際的な規範に合わせるような方向へ，自らの選好を変えることもある。日本の労働省婦人少年局は，女性労働の「保護」と「平等」のうち「平等」に比重を移す際し，国際的な規範を強く意識していた（堀江 2005：291）。

(2) グローバル化と国際的な規範の普及

グローバル化とは，多くの国々が規範という情報を共有していく過程と考えることもできよう。国際社会における規範の共有を高く評価する議論として，例えば次のようなものがある。「18世紀以降，規制する手立てが現実にないという理由で容認されていた『侵略戦争』を，20世紀にいたってついに人類は原則的に違法化することに成功した。[……]自由主義者のJ.S.ミルですら『正当』とみなした植民地の維持を，今日，正当と考えるものはいないし，ジェノサイド罪，人道に対する罪を犯したものが訴追や処罰を受けずにすむ可能性もほぼなくなった。／他方で，とくに冷戦の終焉後，貿易，金融，対テロ，そして人道などの問題について，各国は不完全なものながらも『規範』を共有するにいたったのである。この点からみても，規範の拘束力が高まり，人間の道義心が向上しつつあるといえまいか」（押村 2008：11-12）。

もっとも，筆者が規範を取り上げるのは，道義の点からではない。国益と国益，力（パワー）と力がぶつかり合うリアル・ポリティクスの中で規範が意味をもちうるのは，利己的なアクターですら，国際的な規範に従ったほうが自己利益

を実現するうえで有利だという判断をすることがある，あるいはそういう判断をもたらすような構造が成り立つことがあるからである。損得ずくで国際的なルールに従う国が増え，それがアナーキーを防ぎ国際協調をもたらすなら，道義心に発する行動と機能的には同じである。

そもそも，現在多くの国に守られているルールの中には，当初は利己的な目的から発したものも少なくない。国際社会への定着の過程を経て，ルールは意味を変えるのである。ILO の設立当初の問題関心の一つは，国際競争の最中，一国のみが労働条件を改善すれば，その国の国際競争力が削がれてしまうということであった。しかし，現在ではその意味は薄れ，ILO の意義は人権の観点から語られている（Strang, Chang 1993：258, fn.73）。57 年に欧州経済共同体（EEC）のローマ条約に同一労働同一賃金原則が書き込まれた背景には，女性を低賃金に置くソーシャル・ダンピングで国際競争力を得ようとする国の出現を防ぐという狙いがあり，それはすでに男女平等法制を確立していたフランス主導で実現した（Hantrais 2000：14, 20-21；Stratigaki 2000：28）。

(3) 規範の制度化と国際機関

国際的な規範は，その定着とともにやがて制度化される。国際機関が定めたり，多国間で結ばれたりする条約や協定，その他諸々の国際基準は，国際的な規範が制度化されたものだと考えることができる。

ジェンダー平等という規範の制度化において，国際機関の役割は重要である。まず ILO が，女性運動が動員をかける国際的な場を初めて提供した（Berkovitch 1999：109）。また，「第 2 次世界大戦後は，国連を中心にして，女性政策が展開した時代」（山下 2006：15）とされ，B.B. ガリ国連事務総長は，「国連が推進した目標の中で，女性の平等な権利を促進し確保するキャンペーンほど，力強くかつ広範な支持を得た例はこれまでにない」と述べている（山下 2006：136）。1975 年に「国際女性年」を宣言し，女性の地位向上を国際的な目標とした国連は，実効性を高めるため 1976～85 年を「国連女性の 10 年」とし，女性差別撤廃条約を各国が期間中に批准することを目

指した。こうした国連の動きを，各国の女性運動やフェミニスト官僚が利用したのである。

男女平等政策の進展には，欧州連合（EU）も大きな役割を果たした。EECの設立条約であるローマ条約（1957年）は男女同一賃金を定めているが（旧119条，現141条），この条約には各加盟国の国内法よりも効力のある法的根拠が与えられている。EU域内の市民は，自国政府が適切な政策を実施していないと考えられる場合には，欧州裁判所へ訴えることもできるのである。S. ウォルビィによれば，ヨーロッパ規模の社会政策に懐疑的な論者たちも，雇用における男女平等については例外的に成功したと評価しているという（Walby 1999：126-27）。

ちなみにフィネモアらは，グローバル化の進展により，規範のカスケードが早くなっている可能性を示唆する。女性参政権と女性に対する暴力への反対の広まる早さにそのことは表れており，国際機関（特に国連）が，それを後押ししているというのである（Finnemore, Sikkink 1998：909）。

(4) 国際機関の両義性と国際的規範の可逆性

ただ，国際機関の役割は両義的である。国際通貨基金（IMF）や世界銀行などが，融資の条件として「構造調整」を図ったり，チリの年金改革を「成功」のモデルとして推奨するなど，国際機関が途上国にグローバリズムを押しつける面もある（武川 2007：86-88）。国際機関が要求する条件をクリアして初めて融資が受けられるということは，国際機関からの融資なしには立ちゆかない国家の実質的な決定権力が，国際機関に移ることを意味する（遠藤 2003：78）。国際機関は弱者の味方かグローバル資本の手先かは，ア・プリオリに決められることではなく，むしろ国際機関は，そこにおいて闘争が行われるアリーナとして捉えられるべきであろう。

また，いったん制度化された規範が不可逆的だというわけでもない。アメリカが2001年9月11日の同時多発テロの後，捕虜の扱いにおいて国際的な規範から逸脱したことは，逆行の典型的な例であろう（新井 2002）。アメリカがしばしばこのような「逆行」をなしうるのは，そのヘゲモニックな位置

と国力によるところが大きいであろう[3]。また,それほど明白な「離脱」を試みない場合でも,例えば国際人権レジームにとどまりつつ,レジームの規範をあたかも内面化したふりをして,その遵守を実質的にサボタージュするケースがある(宮脇 2007)。

2009年,女性差別撤廃条約の実施状況を審査する国連女性差別撤廃委員会(CEDAW)で,各国委員から「日本政府は条約を法的拘束力のない宣言とみなしているのでは」と厳しい質問が続出した。条約の実施状況は定期的に審査され,日本の審査は6年ぶりだが,前回求められた選択的夫婦別姓の採用や,女性だけの再婚禁止期間・婚外子差別の是正のための民法改正も進まず,再三是正を求められてきた男女の賃金格差も先進国で最大だったからである(『朝日新聞』2009年9月12日)。制度化されたかに見える規範も,強制力がなければ,遵守される度合いは国によりまちまちである。

4 国境を越える政治過程とネットワーク

(1) 国境を越える政治過程

以上のような国際的規範や国際機関によるその制度化を視野に収めるなら,政治過程が展開される範囲は国境を越えて拡大し,また政策も国境を越えて形成されるといえる。利益集団や社会運動の働きかけの対象は自国の政府や政党のみならず,国際機関や国際世論にまで拡大する。社会運動やNGOのネットワークが,一国レベルで解決できない問題を国際機関に働きかけ,それが国際機関から国内へ戻ってくるという「ブーメラン効果」は,その面に着目したものである(Keck, Sikkink 1998)。国際的に共有の進んだ規範やそれを制度化する国際機関は,社会運動にとっては利用可能な武器になりうるのである(ILO条約の批准を進める会編 1998)。ある女性労働運動家の以下の発言は,この点をよく意識している。曰く,「会社や政府にさまざまな要求をしていくときに,国際婦人年の決議や行動計画にこうなっているではないか,ILOの決議や活動計画にはこれこれのことが確認されているではないかといって,迫ることができる」,「労働基準法が今のところ最低のレベルの

武器ですが，これより上回る武器が世界的な立場でつくられたわけです。そしてこの武器を使って私たちがたたかえば，国内法である労働基準法自身を，［……］改正していくこともできる」(塩沢 1980：209-210)，と．

　交渉，圧力活動，連合形成，世論形成といった政治過程の諸段階が，国民国家という枠をはみ出しており[4]，さらにいえば，国際規範や国際基準，国際世論などを所与と考えそれらを利用するだけでなく，国民国家を超えたレベルでの規範形成や国際基準という形でのその制度化に，国際的な社会運動やNGOが関わるということも考えられよう．つまり，国際基準が生まれ，それが高くなることに，国境を越えた社会運動は関与できるのである．

(2) 国境を越える交流とネットワーク

　NGOや女性運動の国境を越えた交流やネットワークづくりの場として大きな役割を果たしてきたのは，国連世界女性会議である．同会議は，1975年の第1回（メキシコシティ）に133ヶ国の政府代表など約300名が，80年の第2回（コペンハーゲン）には145ヶ国，1300名が，85年の第3回（ナイロビ）には159ヶ国，約2000人が，95年の第4回（北京）には189ヶ国，1万7000人が参加した．また会議と並行して開催されるNGOフォーラムには第1回に約6000人，第2回に約8000人，第3回に1万3000人以上，第4回に約3万人が参加し，日本からは第1回に200人，第2回に400（300）人，第3回に870（700）人，そして第4回に約5000（5536）人が参加した（藤原 1996：113-115；山下 2006：140）[5]．日本は地理的に北京に近いということもあるが[6]，航空運賃の値下げなどによる国境を越えた移動の容易化が，国際NGOの国境を越えたネットワークづくりを後押ししていると考えられる．

　北京女性会議について，松井やよりはこう証言する．曰く，「いままでの国際会議だったら，英語がとてもよくしゃべれる，あちこちの国際会議で顔を合わせる人たちが多かったのですが，今回は，一度も海外に出たこともない，英語も話せない，そういう女性たちがたくさんきていました」(松井 1996：7)，と．

(3) 女性に対する暴力と規範の波及

　国境を越える政治過程と，そこに国際的な規範が果たした役割について，ドメスティック・バイオレンス（DV）に関する政策を例に考えてみよう。

　かつて女性に対する暴力は，個人レベルのこと，あるいは地域社会の伝統，文化，宗教，慣習に関わるとされ，伝統の尊重や多文化主義の名の下に，国連も長く手をつけようとしなかった。1960年代には世界保健機関（WHO）さえ，幼い少女に悪影響を及ぼす伝統的慣行の調査を，権限を越えると拒否していた。WHOはようやく79年に「女性と子どもの健康に悪影響をおよぼす伝統的な慣行」に関するセミナーを開催したが，同年採択の女性差別撤廃条約に，女性に対する暴力に関する直接的規定はない。第2回世界女性会議のNGOフォーラムあたりから女性に対する暴力が問題になり，第3回世界女性会議の成果文書「ナイロビ将来戦略」は，「ドメスティック・バイオレンスと女性に対する暴力の撤廃が，緊急かつ特別の優先事項でなければならない」とした。そして93年の国連総会で，「女性に対する暴力の撤廃に関する宣言」が全会一致で採択された。宣言は，(1)家庭内における暴力，(2)一般社会の中での暴力，(3)国家による暴力（拘禁中の女性に対する暴力，武力紛争下での女性への暴力など）を，国は非難し，撤廃する義務をもつとし，「いかなる慣習，伝統又は宗教的考慮」も，国の義務を回避する理由として援用されてはならないと規定した（第4条）。そして，95年の「北京行動綱領」では，「女性に対する暴力」は12の重大問題領域の一つとされた（山下 2006：4, 24-26, 40, n.26）。規範のカスケードが起こり，規範が自明性を獲得したため，女性に対する暴力の撤廃は，文化的特殊性への配慮よりも優先され，国連総会での全会一致採択となったと考えられる。

　日本も，2001年にDV防止法を制定した。その経緯を，一国内政治過程の観点から描くこともできるが，そうした描写においても，国際的潮流の影響は指摘されている。例えば岩本美砂子は，国連の世界人権会議（93年）や北京女性会議は，日本の反DV運動の「追い風」となり，「北京女性会議後，女性問題担当室やメディア報道および世論が変わった」という（岩本 2005：6, 13）。また，国連の「女性2000年会議」に議員団の一人として参加して

いた堂本暁子によれば，同会議の成果文書が「あらゆる形態の女性および女児に対する暴力を，刑法上の犯罪とし，処罰すること，そして身体的・精神的暴力から女性たちを守るために必要な法制度を整備すること」を求めたことに，「日本から超党派で参加していた五人の女性議員は飛び上がって喜んだ」。というのも，「これで国内法がつくりやすくなった，間違いなく弾みがつく」からで，実際「国連『女性2000年会議』の決定は，DV 防止法制定の追い風になった」という（堂本 2009：261-262）。

南北アメリカ大陸諸国における DV 関連政策の波及の分析によれば，波及には2つのメカニズムが存在するという。まず，アメリカなどそうした政策の導入が早かった国では，国際的な規範の波が押し寄せる前に，国内女性運動の活動により導入したのに対し[7]，導入が遅かった国では，国際社会を通じた社会化の影響が大きいという。また彼らによれば，女性の地位に関する指標における国際的な順位と，DV 関連施策の導入時期には相関はなく，女性の地位が高い国ほど早く DV 法が成立しているとはいえないので，国内の運動以外の国際的な影響が看取されるという（Hawkins, Humes 2002）。

世界政体論という視角には，多くの国を対象として計量的な処理を行うためにケース選択の恣意性から逃れられるメリットがある半面，政治のダイナミクスを捉えられないという難点も存在する（cf. 伊藤 2002：156；濱田 2003：57）。マクロなデータの一部として処理されることで，各国内の政治過程は見えなくなってしまうが，個々の国においては，そうした国際的潮流を利用しようとするアクターの戦略が存在するのである。

そうした各国のアクターの行動を容易にする要因として，背後に国際的な潮流が効いているのである。日本の経済界が，婦人少年局の説得を受け入れたのは，すでに多くの国で，雇用における男女差別を禁じた法律が存在したからだといえよう。

その意味では，国内の動きに焦点を合わせた分析と，世界に視野を広げた分析とは，矛盾しているわけではなく，相補的だといえるのである。

5　国際的規範をめぐる政治と社会運動

(1)　「国際社会」の視線

　序章が述べるように，国民国家という枠組みに囚われた我々の物の見方を，視点を移動させて相対化するという狙いが本書にはある。一国的と見られていた政治現象も，視点を移動させることで，世界的な現象の一部として見ることができる。アメリカの公民権政策の展開を，国際的に読み直す作業を行った A.S. レイトンは，そうすることで，アメリカ国内政治だけを見ていては解けない問いが，明らかになるという。例えば政権基盤が盤石でリベラルな F.D. ローズヴェルト時代には進捗しなかった公民権政策が，人気もない（つまりリスクを取りにくい）うえに人種主義的傾向もあったトルーマン時代に大きく前進するのは，トルーマン政権の冷戦下における国外の眼を意識した行動によると考えられる。アメリカの公民権活動家たちは，国外世論に訴えるという戦術を用い，そこにはソ連との間で戦後世界のヘゲモニーを争うアメリカ政府にとって，国内に抱え込んだ道義的問題を突かれる弱みもあったというのである (Layton 2000)。グローバル化がさらに進展すれば，各国の政策担当者が国外の目を意識せざるをえない局面はさらに増えるであろう。

　国外の目を意識せざるをえないのは，国家の政策担当者ばかりではない。国外に市場を求める企業にも，同様の制約がかかる。2005年の調査によれば，女性を活用する理由として日本企業の 14% が，「国際的に通用しないから」を挙げている（『朝日新聞 Be on Saturday』2005年2月19日）。企業がこのように，国外マーケットの視線を気にするということも，経済のグローバル化の一帰結である。今後，このように回答する企業が増えることも予想される。1980年代に労働省婦人少年局が経済界を説得したロジックは，グローバル化の進展とともに，有効性を増すであろう。グローバル市場に依存する度合いの高い企業は，それだけ世界の目を気にする，すなわちグローバルな規範に敏感であることが求められるのであり，そこに社会運動はチャンスを見出しうるはずである。

(2) 国際的な規範をめぐる政治

　ただ，国際的な規範とは，グローバル資本の暴走に規制をかける方向のものばかりではない。「自由な経済活動を妨げる保護主義」や各国の規制を攻撃する国際的な規範もある。我々が「進歩的」とみなす規範が，南北格差や文化の相違を照らし出すこともあり，「不当な」搾取や「劣悪な」労働条件といった批判が，規範を共有しない国々から先進国のエゴと見なされるケースもある（堀江 2005：129-130）。女性に対する暴力のように，カスケードをたどって各国に波及する規範もあれば，そこまでには至らない規範もある。国際的な規範は所与ではなく，それをめぐって政治が行われる対象だといえる。諸規範は政治的に競合しており，歴史的な偶然性を帯びてもいるのである（カッツェンスタイン 2007：31）。

　新自由主義を推し進めるグローバリズムはとどまるところを知らず，加速する一方かと思われた時期が長く続いたが，リーマン・ショック（2008年）以降の世界同時不況の中で，グローバル資本主義の破綻や限界の指摘が相次ぐようになった。圧倒的優位を保っていると思われた「自由」や「競争」といった規範への疑念も表出している。グローバルな規範におけるヘゲモニーの可変性をうかがわせる事態である。

　そうした中，グローバル金融資本の幹部たちの「強欲」ぶりに対する批判も高まっている。だが，投資家に多大な損失を与え，世界経済を混乱に陥れたうえ，巨額の報酬を持ち逃げしたと非難されている「強欲」な経営者たちの姿は，グローバル資本主義の本質ではない。グローバル企業は今や，グローバル企業市民になろうとしているのである。ダボス会議の提唱者 K. シュワブは 2008 年，『フォーリン・アフェアーズ』誌に「グローバル・コーポレート・シティズンシップ」という論文を発表した。企業の社会的責任は今や，グローバルに果たされる必要があると主張する彼は，グローバル化により国家の役割が低下する中，企業にはますます多くの「公的」な役割が期待されていると語る（Schwab 2008）。

　このことはかつて，日本企業のあり方や日本人の働き方が国際的な非難の的になった際，日本企業経営者の中から，そうした批判を受け止め，時短や

労働分配率の引き上げなどを主張する声が台頭したことを思い起こさせる。当時，日本の左派陣営には，こうした日本資本主義の「洗練」や「市民社会化」を警戒する向きもあったが，それに対し，そうした傾向を「市民的社会運動の大きな成果であり，むしろそれを奨励して監視すべき」という「ほめ殺し社会主義」の構想も提示された（加藤 1993）。

規範をめぐる政治が戦われる場が世界大に拡大したとすれば，「ほめ殺し」もグローバルな規模で行われなければなるまい。グローバルに活動する多国籍企業に対し，人権や環境といった地球規模の課題に対するグローバル企業市民としての責任を自覚させるというのは，社会運動の有力な戦略になりうるのではないか。

おわりに

本章はまず，一国の政策形成が国内政治過程だけでは完結せず，国内政治過程が国外の諸要因との相互作用から成り立っていることを指摘した。そして，一見すると一国内政治に見える現象が，視点を移動させることにより，世界的な政治現象の一部として理解できることも示した。続いて，そうした世界的現象を媒介するものとしての国際的な規範の役割に着目した。社会運動は，こうした国際的な規範を利用することが可能であるが，国際的な規範とは常に社会運動から見て「進歩的」なものばかりではなく，また不可逆的とも限らない。グローバルなレベルで，規範をめぐる政治が常に戦われているのである。

■注
1) 社会学的新制度論の考えを，世界規模に適用したものが，世界政体論であるといえる。研究動向の整理として，伊藤（2002），濱田（2003）を参照。
2) カスケード（cascade）とはもともと，階段状になった滝のことであるが，ここでは規範が時間差を伴って国際的に波及する様をカスケードになぞらえているわけである。

3) アメリカとは対照的な立場にありながら，国際規範に反する「瀬戸際外交」によって体制の存続を可能にしている北朝鮮のケースも，北朝鮮市民への「人道的」配慮が圧政を長引かせている面があり，国際的な規範が機能していることを，逆説的に示している。
4) 日本の団体調査でも 1980 年代以降，「国内志向団体」が減少し，「世界志向」団体が増している。前者は日本国内を，後者は世界を活動射程と答えた団体である（足立 2002）。
5) 日本からの参加者数は，藤原と山下で数値が異なるので両方を記した。括弧内が山下。
6) 北京女性会議の NGO 参加者の 6 分の 1 は日本人であったが，日本主催のワークショップは 3% 程度と少なく，「なかば観光旅行」との新聞報道もあった（藤原 1996：118-120）。国境を越えた移動が容易になり，国際会議参加の敷居が低くなったことの一側面であろう。
7) アメリカの取り組みが早かったのは，社会運動の動員や有利な政治的機会構造などの国内要因によるとされる。アメリカの主要な運動は，国外の機関や運動と，ほとんど接点をもっていなかった（Hawkins, Humes 2002：239-240, 247）。

■参考文献

ILO 条約の批准を進める会編（1998）『国際労働基準で日本を変える』大月書店。
足立研幾（2002）「地球化と世界志向利益団体」辻中豊編『現代日本の市民社会・利益団体』木鐸社。
新井京（2002）「『テロとの戦争』と武力紛争法——捕虜資格をめぐって」『法律時報』第 74 巻第 6 号。
伊藤修一郎（2002）「社会学的新制度論」河野勝・岩崎正洋編『アクセス比較政治学』日本経済評論社。
岩本美砂子（2005）「日本のドメスティック・バイオレンス防止法（2001 年）制定をめぐる政治過程」『法経論叢』第 23 巻第 1 号。
遠藤誠治（2003）『グローバリゼーションとは何か』かわさき市民アカデミー出版部。
押村高（2008）『国際正義の論理』講談社現代新書。
カッツェンスタイン，ピーター・J.（2007）『文化と国防——戦後日本の警察と軍隊』（有賀誠訳）日本経済評論社。
加藤哲郎（1993）「ほめ殺しと脱労働の社会主義」大藪龍介・加藤哲郎・松富弘志・村岡到編『社会主義像の展想』世界書院。
キャンベル，ジョン・クレイトン（1995）『日本政府と高齢化社会——政策転換の理論と検証』（三浦文夫・坂田周一監訳）中央法規出版。
河野勝（2001）「『逆第二イメージ論』から『第二イメージ論』への再逆転？——国際関係と国内政治との間をめぐる研究の新展開」『国際政治』第 128 号。
木暮健太郎（2001）「民主化における国際的要因の諸相」『国際政治』第 128 号。
古城佳子（2002）「逆第二イメージ論」河野勝・岩崎正洋編『アクセス比較政治学』日本経済評論社。

五月女律子（2003）「国内政治の再検討」河野勝・竹中治堅編『アクセス国際政治経済論』日本経済評論社．
佐々木毅（1991）「構造的再編成の政治過程――80年代の政治」東京大学社会科学研究所編『現代日本社会5――構造』東京大学出版会．
佐藤ギン子（1991）「労働の男女平等は制度より考え方の変革を」『エコノミスト』1991年11月12日号．
塩沢美代子（1980）『塩沢美代子評論集　ひたむきに生きて――ある戦後史』創元社．
武川正吾（2007）『連帯と承認――グローバル化と個人化のなかの福祉国家』東京大学出版会．
谷口将紀（1997）『日本の対米貿易交渉』東京大学出版会．
堂本暁子（2009）「DV施策最前線」天野・伊藤他編『新編日本のフェミニズム4――権力と労働』岩波書店．
濱田顕介（2003）「構成主義・世界政体論の台頭――観念的要素の（再）導入」河野勝・竹中治堅編『アクセス国際政治経済論』日本経済評論社．
ハンティントン，サミュエル・P.（1995）『第三の波――20世紀後半の民主化』（坪郷實・中道寿一・藪野裕三訳）三嶺書房．
藤原千賀（1996）「世界女性会議――女性NGOと日本の課題」『武蔵野女子大学紀要』第31巻第2号．
堀江孝司（2005）『現代政治と女性政策』勁草書房．
松井やより（1996）『北京で燃えた女たち――世界女性会議'95』岩波ブックレット．
松岡清志（2007）「政策移転論・政策波及論」縣公一郎・藤井浩司編『コレーク政策研究』成文堂．
宮本太郎（2008）「ワークフェアの伝播と対抗戦略」加藤哲郎・國廣敏文編『グローバル化時代の政治学』法律文化社．
宮脇昇（2007）「トランスナショナル唱導ネットワーク（TAN）の限界――『ブーメラン効果』に対抗するas if的行動と時間的要因試論」『公共政策研究』第7号．
山下泰子（2006）『女性差別撤廃条約の展開』勁草書房．
山室信一（1984）『法制官僚の時代――国家の設計と知の歴程』木鐸社．

Abbott, Andrew, and Stanley DeViney (1992) "The Welfare State as Transnational Event: Evidence from Sequence of Policy Adoption," *Social Science History* 16 (2).

Berkovitch, Nitza (1999) "The Emergence and Transformation of the International Women's Movement," in John Boli and George M. Thomas (eds.), *Constructing World Culture: International Nongovernmental Organizations since 1875*. Stanford University Press.

Finnemore, Martha, and Kathryn Sikkink (1998) "International Norm Dynamics and Political Change," *International Organization* 52 (4).

Hantrais, Linda (2000) "From Equal Pay to Reconciliation of Employment and Family Life," in Linda Hantrais and Jo Campling (eds.), *Gendered Policies in*

Europe: Reconciling Employment and Family Life. Palgrave Macmillan.

Hawkins, Darren, and Melissa Humes (2002) "Human Rights and Domestic Violence," *Political Science Quarterly* 117 (2).

Heclo, Hugh (1974) *Modern Social Politics in Britain and Sweden.* Yale University Press.

Kardam, Nüket, and Selma Acuner (2003) "National Women's Machineries: Structures and Spaces," in Shirin M. Rai (ed.), *Mainstreaming Gender, Democratizing the State?: Institutional Mechanisms for the Advancement of Women.* Manchester University Press.

Keck, Margaret E., and Kathryn Sikkink (1998) *Activists beyond Borders: Advocacy Networks in International Politics.* Cornell University Press.

Layton, Azza Salama (2000) *International Politics and Civil Rights Policies in the United States, 1941-1960.* Cambridge University Press.

Meyer, John W., Francisco O. Ramirez, and Yasemin Soysal (1992) "World Expansion of Mass Education, 1870-1980", *Sociology of Education* 65.

Ramirez, Francisco O., Yasemin Soysal, and Suzanne Shanahan (1997) "The Changing Logic of Political Citizenship: Cross-National Acquisition of Women's Suffrage Rights, 1890 to 1990," *American Sociological Review* 62 (5).

Schwab, Klaus (2008) "Global Corporate Citizenship: Working with Governments and Civil Society," *Foreign Affairs* 87 (1).

Strang, David, and Patricia Mei Yin Chang (1993) "The International Labor Organization and the Welfare State: Institutional Effects on National Welfare Spending, 1960-80," *International Organization* 47 (2).

Stratigaki, Maria (2000) "The European Union and the Equal Opportunity Process," in Linda Hantaris and Jo Campling (eds.), *Gendered Policies in Europe: Reconciling Employment and Family Life.* Palgrave Macmillan.

Thomas, George T., and Pat Lauderdale (1988) "State Authority and National Welfare Programs in the World System Context," *Sociological Forum* 3 (3).

Walby, Sylvia (1999) "The New Regulatory State: The Social Powers of the European Union," *British Journal of Sociology* 50 (1).

第6章

越境するハウスホールド
──大陸ヨーロッパにおける移民家庭内ケアワーカーから考える

稗田　健志

はじめに

　近年，ヨーロッパの社会政策研究者の間で「移民家庭内ケアワーカー (domestic migrant care worker)」の存在が注目を集めている。後述するように，移民家庭内ケアワーカーとは，保育所や老人ホームといった公的施設ではなく，各家庭内でベビーシッターや要介護高齢者のケアに従事する移民労働者を指している。研究者の関心の高さは社会的ケア供給におけるその役割の増大にあるのは間違いないが，理論的にもそれは興味深い事例を提供しているように思われる。すなわち，国民国家・国民経済を前提として発展してきた既存の福祉国家論の「脱国民国家化」である。

　これまでの比較福祉国家研究は，エスピン-アンデルセンの議論を嚆矢としつつ，保育や介護といったケア労働がもっぱら国民国家内で配分されることを前提としてきた。エスピン-アンデルセンの福祉レジーム論に沿って言うならば，自由主義レジームでは市場の提供するサービスがケア供給に大きな役割を果たし，社会民主主義レジームでは国家が公的サービスとしてケア供給に乗り出し，保守主義レジームでは家庭内の女性の不賃労働にそのほとんどが委ねられる，という具合にである。これに対して，本章はヨーロッパにおける移民家庭内ケアワーカーの増大という現象がこうした既存の福祉レジーム論の前提を掘り崩しており，国民経済内でのケア労働の分配を前提としたエスピン-アンデルセンの枠組みがもはや有効ではないと主張する。

　本章が主張するのは，現在生じている移民ケアワーカーの役割の拡大が，

これまでもっぱら家族に再生産領域でのケア労働を依存してきた保守主義型福祉レジームのグローバルな経済格差を包摂した形での刷新である可能性である。イタリアやオーストリアの事例の紹介を通して明らかにするように，保守主義レジームとして分類された大陸ヨーロッパ諸国も，人の移動の垣根が低くなるグローバル化・ヨーロッパ化という文脈の中で，ケア労働を移民介護労働者に委ねつつある。保守主義レジームは，これまでその労働市場規制の厳しさから低賃金労働の供給が難しく，家庭内の不払い労働と競合関係にあるケア労働は市場で供給されづらいとされてきたが，移民介護労働者の流入と内国人と外国人の格差を伴う「二重労働市場」の成立は，市場によるケアサービス供給の難点を克服し，これまでもっぱらジェンダーのみに基づいて国民経済内で配分されてきたケア労働を，「ジェンダー＋階層」という二重の不平等を基準に国際経済格差を包含する形でグローバルに配分することを可能にしつつあるのである。

　本章は，以上の議論をイタリアとオーストリアを事例としたケーススタディと，OECDの統計データを用いて展開する。本研究は主にヨーロッパでの高齢者向けケア供給に焦点を絞って議論を展開するが，保守主義レジームおよび南欧レジームと多くの特徴を共有する日本の福祉体制の将来へも何らかの示唆を与えることができるであろう。

　第1節ではこれまでの福祉国家論を再検討し，移民家庭内ケアワーカーの存在がどのような齟齬を既存の理論にもたらしているのか明らかにする。第2節では，主にオーストリアとイタリアにおける移民家庭内ケアワーカーの現状を紹介し，どのような公共政策が移民ケア労働者の増大をもたらしているのか事例から含意を引き出す。第3節では，OECDの移民データベースを用いてどのような政策的要因が移民ケア労働を促進・抑制するのか分析する。最終節では全体の議論をまとめ，日本の社会的ケア供給体制への政策的含意を提示する。

1 「社会的ケア」をめぐる福祉国家論の展開

「社会的ケア」という概念が福祉国家論において正面から議論されるようになったのは、福祉レジーム論を打ち出した記念碑的著作であるエスピン-アンデルセン『福祉資本主義の三つの世界』をめぐるフェミニスト福祉国家論者と彼との間の対話を通してであった[1]。エスピン-アンデルセンはこの著作の中で、福祉施策の「脱商品化度」と「階層化度」という2つの指標を軸に先進資本主義諸国が質的に異なる3つのレジームに類型化できると主張した。ここで言う「脱商品化度」とは失業給付、疾病給付、老齢年金などを通じて労働者が労働市場で労働力商品として振舞わずとも生活できる程度を指し、「階層化度」とは福祉給付が労働者の労働市場での位置に結び付けられている程度を指している。そして、「脱商品化度」は低く「階層化度」は高いアングロサクソン諸国の自由主義レジーム、「脱商品化度」は高いものの「階層化度」も高い大陸ヨーロッパ諸国の保守主義レジーム、そして「脱商品化度」は高く「階層化度」は低い北欧諸国の社会民主主義レジーム、の3つのレジーム類型に先進福祉国家は整理できると主張したのであった。

さて、ここでフェミニスト福祉国家論者が批判したのはエスピン-アンデルセンの「脱商品化」概念であった。というのも、「脱商品化」は市民権に基づく労働市場からの解放を意味したが、この概念は解放されるべき市民が賃労働に従事していることを前提としていたからである。この意味でいえば、賃労働ではない家庭内再生産労働に従事する女性はすでに「脱商品化」しているということにもなりかねない。フェミニスト福祉国家論者のエスピン-アンデルセンに対する批判の要諦は、社会政策の単位が「世帯」であることを自明視し、分析が再生産領域の一歩手前で立ち止まっていることであった（Lewis 1992；O'Connor 1993；Orloff 1993；Sainsbury 1994；Sainsbury 1996；Lewis 1997）。

ここでフェミニストにとってジェンダーを織り込んだ福祉国家の理論化の鍵となるのが、先の「社会的ケア」という概念であった。というのも、福祉

レジームを単に国家と市場の二項関係ではなく，国家，市場，家族の三項関係として考え，家族領域からの女性の解放を福祉国家を評価する重要な要素とした場合，国家あるいは市場がそれまで女性が家庭内という私的領域で提供してきた「社会的ケア」の負担をどれだけ肩代わりしているかという点が重要となるからである（O'Connor 1993）。国家あるいは市場が「社会的ケア」を提供しない限り，女性は家族領域から解放されえないし，「脱商品化」の前提となる賃労働へアクセスすることもできないのである。

エスピン-アンデルセン『ポスト工業経済の社会的基礎』はこうしたフェミニストによる前作への批判を受け入れ，女性の家族領域における「社会的ケア」負担からの解放を「脱家族化」として概念化し，彼の福祉レジーム類型論に取り込もうという試みであった。そして，「脱家族化」という指標を用いても，「脱商品化」と「階層化」という二つの指標を用いて形成した彼の福祉レジーム三類型そのものは揺るがないと主張したのである。すなわち，社会民主主義レジームでは福祉国家が家族のケア負担を軽減し，自由主義レジームでは市場がその負担を肩代わりし，保守主義レジームでは国家も市場もケアサービスの供給を控えるため家族が前面に出ざるをえないということである。こうした議論を敷衍して，彼は保守主義レジームにおけるケア労働の家族偏重が女性の就労を妨げるのみならず，出産・子育ての機会費用を高めることを通じて出生率を押し下げ，将来的には社会保障の支え手を縮小すると警告するに至る（cf. Esping-Andersen 2002）。

エスピン-アンデルセンの上記の主張の前提となるのが，「ボーモールのコスト病（Baumol's cost disease）」の議論であった。これは，労働生産性上昇の低い部門の労働者の賃金も高生産性部門の賃金上昇に合わせて上がっていくため，低生産性部門の財・サービスの相対価格は結果として上昇し続けるという議論で，生産性向上余地の少ない家事代替サービス（社会的ケアを含む）によく当てはまる。エスピン-アンデルセンが論じるところでは，この「ボーモールのコスト病」の発現の仕方はレジーム間で異なるという。こうした家事代替サービスは家庭内不賃労働と競合関係にあるため，労働市場規制が強く社会保障の固定負担が重い社会民主主義レジームと保守主義レジー

ムでは，福祉国家が補助しない限り，富裕層以外サービスを購入できない。実際に福祉国家がサービス供給に乗り出しているのが社会民主主義レジームである。一方，自由主義レジームでは労働市場が柔軟で，賃金格差も大きいため，中産階級もこうしたサービスを市場から購入することができる。結果として，保守主義レジームだけが市場からも国家からもケアサービスを調達できず，取り残されることとなる。

果たして保守主義レジーム諸国は，エスピン-アンデルセンの言うとおり，「ヨーロッパ硬化症」の中で縮小均衡に陥る以外に道はないのであろうか。彼の議論の問題点は，社会的ケアの負担の分配が国民経済の枠内でのみ行われるという前提である。確かにこれまで，社会的ケアは「格差」あるいは「不平等」に基づいて国民経済内で割り振られてきた。自由主義レジームではジェンダー・人種・階層間格差が合わさる形で中産階層のサービスの市場からの調達を容易にしてきたであろう。社会民主主義レジームでは福祉国家が家族のケア供給負担の軽減に役割を果たしているが，公共部門サービス労働者の多くは女性であり，マクロの視点でみれば社会的ケア供給がジェンダー間格差に基づいて賃労働の領域で分配されていると考えることが可能である (Charles 2005；Estévez-Abe 2005；Estévez-Abe 2006)。保守主義レジームでもジェンダー間格差がケア労働の分配に重要な役割を今後とも果たし続けることは間違いないが，「格差」がそれに尽きなければならない必然性はない。国際的な経済格差もまた，利用可能な「格差」なのである。

情報や資本のみならず，人の移動の垣根も低くなるグローバル化・ヨーロッパ化の文脈では，国際的階層間格差も利用可能となる。エスピン-アンデルセンは社会変動への不適応から保守主義レジームをかつて「凍り固まった風景」と呼んだが（エスピン-アンデルセン 2003：657)，政策担当者の作為・不作為はともかくとして，一部の保守主義レジーム，とりわけ南欧諸国は，国際的経済格差を国内労働市場に移民労働者の形で取り込むことで市場における社会的ケア供給を確保し，労働力の女性化と少子高齢化という社会変動への適応を図ろうとしているのである。しかも，それを「ケアを必要とする者は家庭内で家族が面倒を見る」という家族イデオロギーに反しない形で，

である。次節以下では，具体的事例に即して，保守主義レジームにおける「進化」を見ていきたい。

2　イタリアとオーストリアにおける移民家庭内ケアワーカー

本節ではイタリアとオーストリアにおける高齢者介護に従事する移民家庭内ケア労働者の状況を叙述し，それを促す政策的特徴を記述する。

(1)　イタリア

移民による介護労働について語る前に，まずイタリアにおいて移民ケアワーカーが受け入れられる公共政策的文脈を記しておきたい。イタリアの高齢者介護政策において第一に指摘すべき特徴は，公共政策のプレゼンスの弱さであろう。とりわけ，政府が介護供給に果たす役割はほとんどないと言ってよい。妻，娘，義理の娘，といった家族構成員がこれまで介護者の役割のほとんどを引き受けてきたといっても過言ではないであろう（Da Roit, Le Bihan, Österle 2007：657）。

全体として公的部門が財政面でもサービスの供給面でも果たす役割が小さいのがイタリアの特徴ともいえるが，そうした中で介護を必要とする高齢者にとって最も重要な国レベルの政策ともなっているのが障害給付（indennità di accompagnamento）という制度である。これはもともとは成人障害者向けに始められた現金給付制度であるが，1980年代中葉以降，高齢者に対象を拡大してきた。2008年現在，全国一律にひと月あたり 465.09 ユーロが支給され，障害レベルに応じた等級などはない。これは事実上の介護給付として機能しており，2007 年で 159 万人の受給者のうち 115 万人を 65 歳以上の高齢者が占めている。これは 65 歳以上人口の 9.8% がこの障害給付を受給していることを意味し，さらに 80 歳以上に絞れば 24.5% が給付を受けているという（Da Roit, Le Bihan, Österle 2007：658；van Hooren 2008b：90）。

こうした政策的背景の下で，要介護高齢者を抱える家族が移民家庭内ケアワーカーを雇い入れるのが一般的になってきている。イタリア語ではこうし

表 6-1 家庭内労働者数の推移

年	総家庭内労働者	移民家庭内労働者	移民比率
1991	216,836	35,740	16.5%
1992	263,956	53,861	20.4%
1993	243,248	58,954	24.2%
1994	186,214	52,251	28.1%
1995	191,663	66,620	34.8%
1996	250,496	126,203	50.4%
1997	236,639	114,901	48.6%
1998	238,077	117,099	49.2%
1999	247,450	126,297	51.0%
2000	256,539	136,619	53.3%
2001	244,947	130,334	53.2%
2002	541,098	409,307	75.6%
2003	542,651	411,425	75.8%
2004	502,547	371,830	74.0%
2005	471,085	342,065	72.6%

出典）社会保障保険公社（INPS）（Sarti 2004：3；van Hooren 2008b：92）．

た仕事に従事する移民を指す「バダンテ（badante）」が一般名詞化してきており，その普及の程度を窺い知ることができよう．彼らの多くは就労ヴィザの発給を受けた合法移民として働いていないため，その規模を推し量るのは難しいが，65万から100万人の移民労働者が高齢者介護の分野で働いていると推定されている（Da Roit, Le Bihan, Österle 2007：665；van Hooren 2008a：7）．表6-1の二列目はイタリア政府に登録された移民家庭内労働者の数の推移を示している．イタリア政府は時折，「恩赦」のような形で労働ヴィザを発給するため滑らかな増加曲線とはなっていないが，少なくとも近年増加傾向にあるとは言えそうである．

　移民家庭内ケアワーカーの出身国もバラエティーに富んでいる．イタリア社会保障保険公社の資料（表6-2）が示すとおり，アジア，アフリカ，中南米，東欧諸国など数多くの国々からやってきていることが分かる．歴史的には1970年代から80年代にかけてはアフリカの旧植民地かフィリピンのようなカトリックの国々から教会を通じてやってくる女性が多かったが，1990

表 6-2　登録移民家庭内労働者国別内訳 (1999 年)

出身国	人	%
フィリピン	36,606	32.1
ペルー	11,847	10.4
スリランカ	9,791	8.6
ルーマニア	5,591	4.9
ポーランド	4,533	4.0
アルバニア	4,530	4.0
モロッコ	4,292	3.8
エチオピア	3,204	2.8
ドミニカ共和国	2,985	2.6
エクアドル	2,887	2.5
ソマリア	2,771	2.4
ケープ・ヴェルデ	2,216	1.9
ブラジル	1,424	1.2
ナイジェリア	1,309	1.1
モーリシャス	1,235	1.1
エルサルバドル	1,196	1.0
総計	114,182	100.0

出典）社会保障保険公社（INPS）(Bettio, et al. 2006：280).

年代初頭にはペルー人女性が参入し始め，東欧の共産主義体制の崩壊以降，1990 年代中頃からはポーランドやルーマニアといった東欧諸国から家庭内ケアワーカーとしてイタリアに流れ込む移民労働者が増えたという（Bettio, Simonazzi, Villa 2006：276-278)。

　最後に，家庭内移民ケアワーカーの「使用者」側から近年の変化を探ってみたい。表 6-3 は家事サービスの利用状況を示すデータである。注目されるのは，高齢者世帯においてその利用が急激に増加していることである。介護の必要となる確率が高くなる 75 歳以上に限ってみれば，1996 年から 2002 年の間に，単身世帯において約 10％ から 25％ に，夫婦の場合でも約 7％ から 18％ に利用率が増加している。調査対象の世帯が「バダンテ」を雇っているかどうかは不明だが，表 6-1 の示すとおり家庭内労働者に占める移民の割合は近年かなり高くなっていることを考えると，その可能性はかなり高いといえよう。

表 6-3 家事サービスの世帯種別利用状況（%）

世帯種	1996 年	2002 年
単身世帯（75 歳以上）	10.1	24.6
単身世帯（非高齢者）	10.5	8.9
夫婦（75 歳以上）	7.4	17.8
夫婦（高齢者も子供もなし）	5.2	5.9
夫婦＋子供一人	5.3	6.0
夫婦＋子供二人	6.3	6.7
夫婦＋子供三人以上	6.7	5.3
ひとり親世帯	1.2	8.6
その他	7.3	7.7
計	7.3	8.4

出典）van Hooren 2008b：93.

さらに興味深いのは，家事サービスを利用する高齢者世帯の割合と障害給付を受給する 80 歳以上高齢者の割合（24.5%，2007 年）が似通っていることである。あるインタビュー調査によれば，ひと月あたり 700〜900 ユーロで 24 時間対応の住み込みの「バダンテ」を 1 人雇うことができるという（Da Roit 2007：258-259）。イタリアにおける移民家庭内ケアワーカーのボリュームを考えると，障害給付を受ける高齢者の多くがその給付金を用いて住み込みの外国人介護者を雇っていると推論するのが自然であろう。

(2) オーストリア

オーストリアの介護政策を一変させたのは 1993 年の制度改革であった。それまでは「介護」は主に家族の責任とされ，要介護高齢者とその家族をサポートする制度はミーンズテストを伴う現金給付や社会扶助，一部の自治体での老人ホームなど存在するにはしていたが，非常に制度間・自治体間で分立した形であった。1993 年の介護制度改革は全国レベルでの介護給付（Pflegegeld）を導入したものである。これは所得レベルに関係なく，要介護度に応じて現金を給付するシステムであり，高齢者に限らず，すべての介護を必要とする者を対象とする制度である。オーストリアは社会保険原理の強い国ではあるが，この制度は全額租税を財源としており，七段階に分かれた

要介護度に応じて月 148.30～1,562.10 ユーロ（2007 年）が支給され，その使途に対する制約は一切ない。2005 年 12 月の段階で全人口の 4.6%（38 万 1000 人）がこの介護給付の支給を受けており，そのうちの約 80% が高齢者である（Da Roit, Le Bihan, Österle 2007）。

　高齢化に伴う介護需要の増大，労働力の女性化や家族構成の変化に伴う家庭のケア供給能力の低下，そして上記の使途制限の一切ない現金給付の存在などから，オーストリアでも近年，移民家庭内ケアワーカーの役割が増大している。移民ケア労働者の大部分が労働法規制や社会保障制度の外部に位置する「地下マーケット」を通じて雇用されているため，その全体規模を把握するのは難しいが，ある研究によれば 1 万から 4 万人の移民家庭内ケアワーカーが地下市場に存在するという（Da Roit, Le Bihan, Österle 2007：665）。

　オーストリアに流れ込む移民ケアワーカーの多くは中東欧諸国出身であり，その背景に共産圏の崩壊と巨大な経済格差が存することは言うまでもない。例えば，ハンガリーとチェコにおける中位稼得収入はオーストリアのそれの約 30% であり，スロバキアに至ってはそれ以下である（Österle, Hammer 2007：22）。また，その地理的近接性も重要な要素のひとつである。EU 東方拡大（2004 年）以前は，ケアワーカーが「不法滞在」に問われないよう，2 人で 1 組となり 1 人の介護に当たるという慣行があったという。彼らは観光ヴィザで入国し，2 週間交代で介護にあたるというわけである（Österle, Hammer 2007：22-23）。地続きであるという事実がこうした低賃金移民労働者の受け入れを容易にし，それまで家族の領域に押さえ込まれてきた社会的ケアを（地下）市場領域に解放しつつある。実際問題，オーストリアの労働規制を受けた正規のケアワーカーで 24 時間介護を行おうとすれば介護給付で賄えるものではない。移民家庭内ケアワーカーは，その低賃金によって「住み込み・24 時間介護」という新たな「職」を作り出しているのである。

　イタリアの場合ほどその普及を示す量的データは手許にないが，移民家庭内ケアワーカーのオーストリア社会におけるプレゼンスを示すのに，次のような逸話がある。オーストリア国民党のヴォルフガング・シュッセル首相は高齢者介護問題の重要性をそれまで軽視してきたが，2006 年夏，彼の義理

の母親が一時期，不法移民ケアワーカーによる介護を受けていたことを認めざるをえなくなり，オーストリア内で移民によるケアをめぐって議論が沸騰したのである。社会民主党や労働組合は移民による家庭内ケア労働を法的に位置づけ，賃金や雇用条件を団体交渉で定めるべきと主張し，オーストリア国民党はそうした改革がコストを上げるものであってはならないと主張した。その後，野党・社会民主党とオーストリア国民党の間で合意がなされ，家庭内で介護に従事する移民労働者に一時的な労働許可が与えられることになった（Adam 2007）。この事件が端無くも示すのは，もはや移民家庭内ケアワーカーなしでは高齢者介護が立ち行かないオーストリアの現実である。

3 先進諸国における移民ケアワーカーの分析

　本節では OECD 移民データベース（DIOC）を用いて，先進各国における移民ケアワーカーの「利用」状況を概観し，それを促す公共政策的要因を探っていく。ただし，はじめに断っておかなければならないのは，そのデータの質である。イタリアとオーストリアのケースで触れたとおり，移民家庭内ケアワーカーの多くは住民登録や社会保障負担を避ける形で（ときに不法移民として）家庭内でケア労働に従事しているため，国勢調査や住民登録を基にしている OECD のデータには現われない可能性が高い。また，移民家庭内ケアワーカーとして ILO の国際標準職業分類における「パーソナルケアワーカー（Personal Care Worker）」を用いているが，この職種がそれぞれの国の経済において果たす役割も異なるため，必ずしも十分な比較とはならないかもしれない。以上の点に留意しつつ，データを見ていきたい。

　表 6-4 は「パーソナルケアワーカー」に占める移民比率の高い国からランクをつけた一覧である。「パーソナルケアワーカーに占める移民比率（％）」（項目 1）と「労働人口全体に占める移民比率（％）」（項目 2）との間には大きな違いは見られない。実際，この 2 つの項目の間の相関は極めて高い（Pearson's r＝0.93）。そして，ランキングの上位に現われる国はオーストラリア，カナダ，アメリカ，ニュージーランドなど，伝統的に移民に門戸を開

表6-4　パーソナルケアワーカーおよび労働人口に占める移民比率（%）
（2000年前後）

受入国	パーソナルケアワーカーに占める移民（%）	労働人口全体に占める移民比率（%）	労働人口1000人あたりの移民パーソナルケアワーカー（人）
ルクセンブルグ	30.6	39.6	2.0
オーストラリア	24.8	25.1	3.9
スイス	24.5	25.9	2.9
ギリシャ	22.1	12.0	0.9
カナダ	21.7	21.3	3.1
ニュージーランド	18.5	21.1	2.7
アメリカ	15.6	15.2	1.4
オーストリア	14.0	14.4	2.8
スウェーデン	13.4	14.6	11.2
アイルランド	12.3	11.9	1.9
ベルギー	9.6	12.6	1.0
オランダ	9.0	11.8	1.9
イギリス	8.0	9.9	2.9
ポルトガル	7.1	7.8	0.5
フランス	6.8	11.6	2.2
スペイン	5.8	6.3	0.8
ノルウェー	5.4	9.5	3.8
デンマーク	4.9	8.2	2.9
ハンガリー	2.5	2.9	0.1
フィンランド	1.6	3.0	0.6
ポーランド	0.7	1.2	0.0
メキシコ	0.3	0.4	0.0

注）「Personal Care Worker」はILOの国際標準職業分類に基づいているが，カナダとアメリカについては国独自の分類による。カナダの場合は「Childcare and Home Support Workers」と「Other Occupations in Personal Service」の2職種を，アメリカの場合は「Childcare Workers」と「Personal and Home Care Aides」をパーソナルケアワーカーとした。
出典）OECD. *Database on Immigrants in OECD countries* (DIOC) (http://www.oecd.org/document/51/0,3343,en_2649_33931_40644339_1_1_1_1,00.html).

放してきた新大陸の国々である。この職種間で移民比率に違いが現れないという事実が示すのは，統計に現れる移民比率はそれぞれの国の移民政策（労働ヴィザのとりやすさなど）に規定されるのであり，それぞれの職種における移民労働者への需要の違いはあまり反映されないということである。

ただし，それでも国ごとに仔細にデータを見ていくと，興味深い事実も見えてくる。パーソナルケアワーカーに占める移民比率と労働人口全体に占め

る移民比率が大きく食い違うのがギリシャである。ギリシャではパーソナルケアワーカーに占める移民の比率が22.1%と，労働人口全体のそれ（12.0%）よりもはるかに高い。ギリシャは家族によるケアの伝統が強く，社会的ケアに果たす公共部門の役割は小さいが，近年移民が高齢者の介護を担い始めて中間層の介護問題を解消しつつあるという（Sissouras, et al. 2004：343）。もしかすると，このデータはそのような状況を反映しているのかもしれない。

逆に，パーソナルケアワーカーに占める移民比率が労働力人口全体に占めるそれよりも低い国も存在する。興味深いのは，高齢者介護や児童保育の制度化の程度が高い国々で，その差が大きくなっていることであろう。例えば，スウェーデンを除いた北欧諸国（ノルウェー，デンマーク，フィンランド）ではパーソナルケアワーカーに占める移民比率が労働人口全体のそれの約半分となっている。これらの国々では公共部門が訪問介護などのサービス供給に果たす役割が大きく，移民の参入が難しいという側面があろう（cf. OECD 2005）。また，介護給付が存在するが，その使途が日本の介護保険でいうケアマネージャーに近い職によって制限されているフランス（Da Roit, Le Bihan, Österle 2007；van Hooren 2008a）でも，パーソナルケアサービスに占める移民の割合が低くなっていることも注目に値しよう。

最後に，当然のことながら，移民の送り出し手の国々ではそもそも労働力に占める移民比率が低く，パーソナルケアワーカーに占める移民の割合も少なくなる。ポーランド，ハンガリー，メキシコの例がそれに当たろう。

前節ではオーストリアやイタリアなど，高齢者介護の領域で施設ケアの役割がそれほど大きくなく，要介護高齢者に対する現金給付が発達している国の事例から，公共部門における介護政策の欠如と現金給付が移民家庭内ケアワーカーの利用を促進すると論じた。確かに公共部門がケアサービス供給に直接的に役割を果たす北欧諸国では移民ケアワーカーのプレゼンスが小さいことをデータは示しているが，介護給付の発達している国で社会的ケアを移民が担っているということまではOECDのデータは示していない。また，近年のヨーロッパにおける研究では南欧諸国において移民家庭内ケアワーカ

一の普及が著しいとされるが（Bettio, Simonazzi, Villa 2006），ギリシャを除けばデータにはまだ現れていない。これは登録移民のみを対象にするOECD移民データベースの限界とも考えられ，先進諸国における移民ケアワーカーの実態を知るにはより詳細な個別のケーススタディが必要であろう。

おわりに

　本章では，これまでもっぱら家族が社会的ケアを担っているとされてきたエスピン-アンデルセンの福祉レジーム三類型にいう保守主義レジームにおいて，移民家庭内ケアワーカーがそのプレゼンスを大きくしつつあると論じてきた。オーストリアとイタリアの事例が示すのは，高齢者介護はもはや家族内で収まる問題ではなく，家庭部門と公共部門の社会的ケア供給の不足を補うためには移民家庭内ケアワーカーの存在が不可欠となっているという事実である。残念ながらOECDのデータは公共政策（あるいはその不在）と移民ケアワーカーとの間の関係を明確には示していないが，「富める国」と「持たざる国」との間の賃金格差が社会的ケアの国際分業を促しているとはいえそうである。これは国内経済における福祉国家・労働市場・家族間でのケア労働の分配を想定するエスピン-アンデルセンの理論枠組みの外側にはみ出す新しい事象と考えねばならない。保守主義レジームは決して彼の言うような「凍え固まった風景」などではなく，国際的な経済格差を利用する形で社会的ケア供給の問題の解決を図るように「進化」しつつあるのである。

　さて，本章が紹介してきた主にヨーロッパの事例は日本に対してどのような含意を持つであろうか。上述のイタリアやオーストリアと同じく，日本でも高齢化や労働力の女性化により，これまで家庭内で閉じられていた社会的ケアを外部化することが求められている。国家の課税能力を飛躍的に上げ，福祉国家が大量の労働力を保育や介護分野の公共サービス労働者として雇う北欧型モデルを模倣するというのは一朝一夕ではいかないため，現在の厳しい移民規制を緩めて安上がりなケアワーカーとして移民を各家庭内に招き入れるというのもひとつの政策的選択肢としてはありうる。実際，東京都心部

を中心に日本でもフィリピン人家政婦が増えているという(古知・山根・奥寺 2008)。

しかしながら、そうした移民家庭内ケアワーカーは内国人とは異なる労働規制に浴するが故に安く融通の利く労働力となるのであり、当然のことながら人権上の問題が生じよう。また、正規の訓練を経ていない移民労働者を「地下マーケット」で介護労働者として雇い入れることが「介護の質」に与える影響も考えねばならない。

また、そもそも発展途上国の家庭内ケアワーカーが日本への移民を希望するかどうかも定かではない。イタリアやオーストリアのケースでは旧共産圏との地理的近接性、言語的近接性、カトリックのネットワークといったものが移民家庭内ケアワーカーの移入を容易にしていた。すでにフィリピン人医師・看護婦で起きているように家庭内ワーカーの国際的争奪戦となった場合、上記のような移民の流入をうながす条件を持たない日本が移民家庭内ケアワーカーを惹きつけるのは容易ではない。政策的選択肢としては慎重な検討が必要であろう。

〔付記〕本章の執筆に当たっては、Franca van Hooren の著作のみならず、彼女との会話からも大きな示唆を受けた。ここに記して感謝申し上げたい。

■注
1) ここでは「社会的ケア」を、Knijn and Kremer (1997：330) にならい、「日常の社会的、心理的、情緒的、身体的配慮を提供すること」と定義しておく。当然ながら、この社会的ケアは賃労働によっても提供されうるし、道徳的義務感から自発的に提供されることもありうる。また、これは契約ベースのフォーマルな形でも、インフォーマルな形でも存在しうるうえ、公共セクターと私的セクターの双方ともに提供することが可能である。

■参考文献
エスピン-アンデルセン、イエスタ (2000)『ポスト工業経済の社会的基礎——市場・福祉国家・家族の政治経済学』(渡辺雅男・渡辺景子訳) 桜井書店。
エスピン-アンデルセン、イエスタ (2001)『福祉資本主義の三つの世界』(岡沢憲芙・宮本太郎監訳) ミネルヴァ書房。

エスピン-アンデルセン，イエスタ編（2003）『転換期の福祉国家——グローバル経済下の適応戦略』（埋橋孝文監訳）早稲田大学出版部。
古知朋子・山根祐作・奥寺淳（2008）「静かに浸透 外国人家政婦」『朝日新聞』2008年8月10日朝刊。

Adam, Georg (2007) "Temporary Work Permits Issued to Illegal Foreign Care Workers," *EIROnline* (http://www.eurofound.europa.eu/eiro/2007/country/austria.htm).

Bettio, F., A. Simonazzi, and P. Villa (2006) "Change in Care Regimes and Female Migration: The 'Care Drain' in the Mediterranean," *Journal of European Social Policy* 16 (3): 271-285.

Charles, Maria (2005) "National Skill Regimes, Postindustrialism, and Sex Segregation," *Social Politics: International Studies in Gender, State & Society* 12 (2): 289-316.

Da Roit, Barbara (2007) "Changing Intergenerational Solidarities within Families in a Mediterranean Welfare State: Elderly Care in Italy," *Current Sociology* 55 (2): 251-269.

Da Roit, B., B. Le Bihan, and A. Österle (2007) "Long-Term Care Policies in Italy, Austria and France: Variations in Cash-for-Care Schemes," *Social Policy & Administration* 41 (6): 653-671.

Esping-Andersen, Gøsta (2002) "A New Gender Contract," in G. Esping-Andersen (ed.), *Why We Need a New Welfare State*. Oxford University Press: 68-95.

Estévez-Abe, Margarita (2005) "Gender Bias in Skills and Social Policies: The Varieties of Capitalism Perspective on Sex Segregation," *Social Politics: International Studies in Gender, State & Society* 12 (2): 180-215.

Estévez-Abe, Margarita (2006) "Gendering the Varieties of Capitalism: A Study of Occupational Segregation by Sex in Advanced Industrial Societies," *World Politics* 59: 142-175.

Knijn, T. and M. Kremer (1997) "Gender and the Caring Dimension of Welfare States: Toward Inclusive Citizenship," *Social Politics: International Studies in Gender, State & Society* 4 (3): 328-361.

Lewis, Jane (1992) "Gender and the Development of Welfare Regimes," *Journal of European Social Policy* 2 (3): 159-173.

Lewis, Jane (1997) "Gender and Welfare Regimes: Further Thoughts," *Social Politics: International Studies in Gender, State & Society* 4 (2): 160-177.

O'Connor, Julia S. (1993) "Gender, Class and Citizenship in the Comparative Analysis of Welfare State Regimes: Theoretical and Methodological Issues," *British Journal of Sociology* 44 (3): 501-518.

OECD (2005) *Long-Term Care for Older People*. OECD Publishing.

Orloff, Ann S. (1993) "Gender and the Social Rights of Citizenship: State Policies and Gender Relations in Comparative Research," *American Sociological Review* 58 (3): 303-328.

Österle, A. and E. Hammer (2007) "Care Allowances and the Formalization of Care Arrangements: The Austrian Experience," in C. Ungerson and S. Yeandle (eds.), *Cash for Care Systems in Developed Welfare States*. Palgrave Macmillan: 13-31.

Sainsbury, Diane (ed.) (1994) *Gendering Welfare States*. Sage.

Sainsbury, Diane (1996) *Gender, Equality, and Welfare States*. Cambridge University Press.

Sarti, Raffaella (2004) Servizio Domestico, Migrazioni E Identità Di Genere in Italia: Uno Sguardo Storico. *X Meeting Internazionale Atirazzista Organizatto*. Torino, Italy.

Sissouras, A., M. Ketsetzopoulou, N. Bouzas, E. Fagadaki, O. Papaliou, and A. Fakoura (2004) "Providing Integrated Health and Social Care for Older Persons in Greece," in K. Leichsenring and A.M. Alaszewski (eds.), *Providing Integrated Health and Social Care for Older Persons: A European Overview of Issues at Stake*. Ashgate Publishing Ltd.: 329-370.

van Hooren, Franca (2008 a) Bringing Policies Back In: How Social and Migration Policies Affect the Employment of Immigrants in Domestic Care for the Elderly in the EU-15. *International conference at the Danish National Centre for Social Research (SFI)*. Copenhagen.

van Hooren, Franca (2008b) "Welfare Provision Beyond National Boundaries: The Politics of Migration and Elderly Care in Italy," *Rivista Italiana di Politiche Pubbliche* (3): 87-113.

第7章

ドイツにおける移民・外国人政策
——ヨーロッパ政治との相互規定関係の中で

小野　一

はじめに

　そもそもなぜ，移民・外国人問題を扱う論文が本書に収録されるのだろうか。分析対象が「移動」するものだから，というだけでは十分でない。移民・外国人のコントロールならば，国内政治の範疇で行われてきたことであり，そうした枠組みで分析するのが理にかなっていることも少なくない。それどころか，出入国管理は，グローバル化の時代にあってなお，国家権力の論理が最も強く貫徹する領域である。もし本書の意図が，国民国家を所与の前提としてきた従来の政治学を問い直すことにあるのなら，依然として強固に残存する国民国家の規定力を強調する論文は，全体の趣旨に反するのではないか。

　だがこれは，本書のテーマの奥行きの深さを示唆することでもある。国民国家が相対的地位を低下させたのか，なおも強い影響力を保持しているのかを紋切り型に問うても，それ以上の議論の進展は望めないだろう。新しい状況下での政策過程が具体的に問われるべきなのである。特に，移民・外国人政策は，単なる法的ステータスや人道上の問題であるのみならず，経済グローバル化，知識基盤社会への移行，少子高齢化の進展など，学術的にも興味深い今日的テーマが重なり合っている。こうした複合的テーマにおいて，主権国家のゆれ動きとも関連してどのようなかたちの政策が現出するのだろうか。

　筆者はこれまで，ドイツの移民・外国人政策を，赤緑連立政権の政策評価

という文脈上で分析する作業に従事してきた。本章はその考察範囲の拡張として，EU（欧州連合）と国内政治との相互関係に注目しつつ，政策収斂と分岐の諸形態を明らかにする試みである。

第1節では，欧州における移民・外国人問題へのスタンスの変遷を，主要な欧州理事会文書に即して概観する。主権国家の連合体としての EU では，制度化された政策協調が不調に終わることも少なくないが，各加盟国の政策が結果として収斂の方向に向かう可能性は排除されない。EU 東方拡大に際して各国が競うように制限主義的な労働市場政策をとったこと（レース・トゥー・ザ・トップ）も，この文脈で理解されよう。第2節では，欧州政治と国内政治の相互作用を，ドイツにおける4つの事例をもとに検討する。欧州政治機構の発達が各国政策決定権の制限を必ずしも意味するのではないことは，ヨーロッパからの「外圧」が選択的に利用されていることからもわかる。もし，政策的収斂と分岐を規定するライトモチーフのようなものがあるとすれば，それは何かを問うのが第3節である。第一次シュレーダー政権時代のリベラリズムを体現するとされる「独立委員会」報告書も，国際競争力保持や少子高齢化対策との関連から，選別的な移民受入を志向したものと解釈すべきであろう。移民・外国人政策をめぐる対立軸は時代とともに変容しているが，近年ではそれが，EU と国内政策との相互関係の中で複雑化しているのである。

1 欧州規模における移民・外国人政策の展開

EU は，1993年11月のマーストリヒト条約の発効をもって正式に発足した。同条約は，EC 条約の改正によりそれまでの欧州統合の成果を発展的に継承するとともに，共通外交安全保障政策や司法・内務分野での協力といった将来の課題にも礎石を据えた。EU 加盟国国民には欧州市民権という新しい概念が適用されるが，EU 域内に居住し，ないしは入国する非欧州系外国人[1]はその対象とはならない。一種のダブルスタンダードだが，移民や外国人に対する対応は時期によりニュアンスを異にする。

この問題について論じる場合に出発点とすべきは，1985年に締結されたシェンゲン協定である。同協定は，締約国間の国境におけるパスポート・チェック廃止を取り決め，欧州市民権のひとつである人の自由移動に内実を与えた。当初加盟国は，西ドイツ，フランス，ベルギー，オランダ，ルクセンブルクの5ヶ国だったが，その後加盟国は順次増加し，2009年現在，英国とアイルランド等を除くEU加盟国といくつかの周辺諸国がその適用を受けている（第1章注17参照）。しかし域内での国境検問を廃止すれば，非欧州系外国人の越境移動に対しても事実上コントロールが効かなくなるため，彼らに対する対応を含むシェンゲン補足協定が1990年に締結された。そこでは，ビザを要求する相手国の共通リストを作成する，（犯罪を犯したり不法滞在を行った）外国人については当該人物を最初に入国させた国が責任を持って引き取る，難民申請を行う者はいずれかの一締約国においてでしかできないことなどが定められた。外国人犯罪者に対処するためにシェンゲン情報システムも立ち上げられた。結果として域外国境における入国審査はかえって厳しくなり，欧州統合の進展の中での非欧州人への不寛容の強まりを批判的にとらえる人々の間では，「ヨーロッパの要塞化」という言葉が聞かれるようになった。

　シェンゲン補足協定が締結された頃には，ヨーロッパは5年前のシェンゲン協定の時とは全く異なる状況に直面していた（安江 1992：116）。1989年のベルリンの壁崩壊は冷戦終結を象徴する出来事だが，東欧における社会主義体制の終焉は西欧諸国へと向かう人の流れを加速した。移民・外国人の増加に伴う排外主義の高まりは，極右の台頭を招くことすらあった。このような中で各国は外国人に対して門戸を閉ざす傾向を強めるが，とりわけ，1993年にドイツが基本法（憲法）の修正（第16条aおよび第19条第4項）により庇護権[2]の適用を実際には著しく困難にしたことは，衝撃的であった。

　アムステルダム条約の発効により欧州統合が新たな段階を迎えた1999年，フィンランドのタンペレで欧州理事会が開かれた。その報告書は，第3項において「この（市民的）自由はEU市民に固有の排他的領分と見なされるべきではない」と謳ったうえで，庇護権者および移民に関する共通政策を提示

した（European Council 1999）。移民の入国制限とコントロールを基調とする従来の思考が一時的にではあれ和らいだため，そこにパラダイム転換を見出す研究者もいるほどである（Bendel 2006：124）。相対的にリベラルな移民・外国人政策が論じられた 90 年代後半の雰囲気は，ドイツでは，後に言及する「独立委員会」報告書の中にも痕跡をとどめている。

　こうした状況を一変させたのが，2001 年 9 月 11 日の同時多発テロである。国内的治安対策が最重要課題となる中，タンペレ欧州サミットで打ち出された戦略は事実上放棄された。難民に対する処遇の最低水準は取り決められたものの，関係 NGO や国連難民高等弁務官（UNHCR）などの期待に及ぶものではなかった。移民や庇護権申請者に対しても，テロ対策と結びついた厳しい措置がとられるようになった。リベラルな方策のための「機会の窓」は，遅くとも同時多発テロの頃までには閉じられたのである（Bendel 2006：128）。欧州理事会も 2004 年 11 月，タンペレ欧州サミット以来の成果をふまえて次の 5 年間を見越した戦略策定の必要性に言及するが，その土台となるのが，「ハーグ・プログラム」とよばれる，自由，安全，公正に関する包括プログラムである。全体として制限主義が目立つ中で，それとは別次元の方向性が打ち出されていることにも注意すべきである[3]。これについては第 3 節で再論する。

　欧州レベルでの展開をふまえたうえで，各国（筆者の場合はドイツが対象）の政策を振り返る時，しかしながら根本的な疑問がわき起こる。そもそもEU に統一的な移民・外国人政策など存在するのか。あるとしても，それはどの程度の各加盟国の国内政策に対する規定力を有するものなのか。これは重層的な構造を持つ問いである。

　まず，EU の政治的機構としての側面からは，次のように言うことができる。共通政策を行うために，EU 法が制定されることがある。法案提出権を持つのは欧州委員会（European Commission）のみで，それが閣僚理事会（Council of Ministers）および欧州議会（European Parliament）での審議を経て EU 法となる。それらは，強制力の強い順に，規則（Regulation），指令（Directive），決定（Decision），勧告（Recommendation）の 4 つに区別され

る。このうち指令は，各加盟国で国内法化されてから法的効力を発するもので，国内法整備には 2 年間の猶予が与えられている（大西・岸上 1995：14, 22）。今日，国内立法では EU 起源のものが大きな比重を占めており，それゆえ各国の立法権限が剥奪されている，との批判が保守派を中心に唱えられることも少なくない[4]。しかし，国内法への転換手続きを経なくても法的拘束力を有する規則という形態は，共通政策が確立されている分野を除けば，多くはない。すなわち EU とは，あくまでも主権国家の連合体なのであり，制度化された政策協調が不調に終わることも決して少なくないのである。

　だが，EU が中央集権国家的な強制力を持つものではないとしても，各加盟国の政策が結果として収斂の方向に向かう，という可能性は排除されない。この意味で示唆的なのは，2004 年の EU 東方拡大に際しての労働市場開放問題である。東欧諸国からの低廉な労働力の流入を見越して，既存の EU 加盟国には，最長 7 年間の移行期間において，新加盟国からの移民に対し制限主義的な措置をとることが認められた。この種の段階的な労働市場開放は過去にも例があるのだが，今回の特徴は，移行措置を行うかどうかの決定に際して各既存加盟国に大幅な裁量の余地が与えられたことである。当初，EU 東方拡大後の 2 年間において制限主義的な方策をとることを表明したのは 7 ヶ国で，その中には，当該地域からの移民の 3 分の 2 を吸収していたドイツとオーストリアが含まれる。労働市場への自由なアクセスを表明したのは 5 ヶ国だが，近隣諸国の制限主義的方向性に鑑みて当初の立場を撤回する国が相次ぎ，結局，労働力の自由移動という EU の原則的立場を実践したのはスウェーデンのみだった。

　リベラルな移民政策をとる国のみが負担を背負い込むことへの警戒感から各国が競うように制限主義的方向性を強めていく様子を，ボエーリとブリュッカーの論稿は，「レース・トゥー・ザ・トップ」と名づけた（Boeri, Brücker 2005：6-9）。このどこかで聞き覚えがあるようでオリジナルな用語法は，EU の共通政策がその執行段階において各加盟国に裁量の余地を残す場合（ないしはそうせざるをえない場合），予期せぬ方向での政策収斂が起こりうることを示唆する。長期的観点および共同体的観点からは，制限主義的

移民政策は経済学的にも不合理であるにもかかわらず，国家利害が期せずして一致することによりこのようなことが起こるのである。

EU がどの程度の指導力をもって共通政策を行いうるのか，ないしは各加盟国が独自の立場を保持しつつ行動する場合にどのようなかたちで政策収斂が起こるのか（起こらないのか）は，各政策領域ごとの特性や政治状況，問題の提出のされ方などにより変わってくる。次節では，移民・外国人政策と関わる具体的テーマに即し，とりわけ EU レベルとドイツ国内政治との相互関係に注目しつつやや詳細な考察を行っていきたい。

2　外国人統合および人道的措置をめぐる収斂と分岐

外国人統合および人道的措置をめぐるドイツ国内政策は，欧州からの規定も受けつつ展開する。ただしそれは，一方向的なヨーロッパ・スタンダードへの接近というだけでは必ずしもない。いくつかの事例を概略的に見ておこう[5]。

(1) 庇護権問題

西ドイツは 90 年代前半の庇護権論争を経てそれまでの基本的立場を放棄したが，そのことは国内政治を超えた意味を持つ。大量の庇護権申請者を引きつけていた国が閉鎖的政策に転じたことは，欧州各国への政策スピルオーバーのきっかけとなった（Bendel 2006：127；Boeri, Brücker 2005：5）。より制限主義的な方策は EU 法というかたちで結実することもあったが，その中には，庇護権申請者の指紋や顔写真などの生物学的アイデンティティの採取とオンライン化，共通ビザ政策の一元化，「非合法」難民の仲介者や輸送機関への制裁，入国不許可者に対する本国送還のための共通戦略などが含まれる。

(2) 国籍法改正における生地主義的要素の導入

国籍法（Staatsbürgerschaftsrecht）の改正により定住外国人の子どもにド

イツ国籍取得（二重国籍）の道を開いたことは，第一次シュレーダー政権（1998〜2002年）の特筆すべき成果である。国籍付与の法的根拠には，血統主義（jus sanguinis）と生地主義（jus soli）のふたとおりの考え方がある。ドイツはほぼ完全な血統主義をとるため[6]，外国人労働者の子孫など，ドイツで生まれドイツで育ちながら，ドイツ国籍を持たない者が大量に発生した。こうした不自然な状態を改善するためには，部分的であれ生地主義的な考え方を取り入れた法改正が必要となった。この法改正をめぐっては保守派の抵抗が根強かったものの[7]，新法制により，人種主義的・文化主義的なドイツの国籍観が，他のヨーロッパ諸国並みにリベラル化されたことの意味は大きい（Busch 2003：313）。2000年1月1日から施行された同法（10年前に遡って適用を受けることも可）によれば，ドイツに8年以上居住する外国人夫婦の間に生まれた子どもは，両親の出身国の国籍を喪失することなくドイツ国籍を取得できる。23歳に達した二重国籍者は，いずれかの国籍を選ばねばならない。

(3) 移民法制定と差別撤廃法

　これらの立法の背後には，「ドイツは移民の国ではない」との建前が実情にそぐわず，統合を見据えた方策が必要になった，との現状認識上の変化がある。シリー内相は，新しい移民・外国人政策のための提言をとりまとめるべく，元連邦議会議長のジュースムート以下，各界の代表者により構成される委員会（以下，「独立委員会」という）を設置した。同委員会は2001年7月4日に報告書を提出するが，その内容については次節でやや詳しく検討する。すべての党派が移民とその統合に関して議論するのはかつてなかったことで，その意味では政治的言説レベルでのパラダイム転換が進行していた（Vogel, Wüst 2003：274），とも言いうる。

　こうした雰囲気は，同時多発テロを機に後退を余儀なくされる。法案審議をめぐる混乱[8]などを経て，ようやく新移民法が成立したのは，2004年6月のことである。その内容は，当初考えられたものと比べ，移民の入国規制と国家コントロールに重きが置かれたものとなった。一時期，赤緑連立連邦

政府の危機すら取りざたされ，ジャーナリズムでは「移民問題をめぐる大連立」との論評もなされた (Busch 2007：411-412, 429)。

　移民法制定とともに統合政策上重要な「差別撤廃法」が，シュレーダー政権の下で実現することはなかった。2001年12月，EUの基本線に沿うかたちで，民族的出自，性別，年齢，宗教，世界観および性的指向性を理由とする差別を禁止する法案が提示される。しかし各界からの反対などにより，2004年8月に欧州委員会がドイツを含む5ヶ国を欧州裁判所に提訴するまで，具体的な動きは見られなかった。連邦参議院は，法案はEU法制上の要求を超えるとして不同意を決議する。連邦議会は法案を通過させるが，繰上選挙までに手続きが間に合わず廃案になることは明らかだった (Reißlandt 2006：148-149)。

(4) テロ対策関連立法

　ドイツは国際テロを戦争行為と見なすアメリカ流の解釈からは距離を置いたが，単なる国内的犯罪対策の枠内での対応が困難になったのも事実である。シュレーダー首相は同時多発テロ後ただちに，欧州理事会の特別会議の招集をよびかけた。欧州連合条約の第三の柱（司法・内務協力）の枠組みの中で，200を超えるテロ対策が取り決められたが，それらを国内法に転換するための調整が，実質的には第二次シュレーダー政権（2002～2005年）の最初の立法となった (Busch 2007：414-415)。

　非常時における連邦国防軍の国内投入問題では，基本法改正に必要な3分の2以上の賛成が得られなかった。2003年1月のある事件を受けて，航空保安のための新法案をめぐる審議が活発化するが，そこには非常時における航空機撃墜も含めた強力な措置が含まれる。異論はあったものの，連邦議会は法案を原案どおり可決した。だが2006年2月15日の違憲判決により，この規定は無効となった。EU諸国に共通の逮捕令状を導入し，加盟国間での犯人引き渡し手続きを簡素化・迅速化する試みも，EU法の国内法への転換が憲法裁判所の違憲判決（2005年7月18日）により阻まれた例である。

　ここに見られるのは，政府与党（社会民主党＋緑の党）が提出する治安対

策関連法案に対し，キリスト教民主社会同盟（CDU/CSU）がより徹底した対策を求め，自由民主党（FDP）がその行き過ぎに警告を発するという構図である。FDP が忘れたはずの政治的リベラリズムを思い出したかのように批判的態度を強める中で，保革の二大政党である CDU/CSU と社会民主党との間に奇妙な利害の一致に基づく歩み寄りが見られたことは，次の時代の政党政治再編成を見越して興味深い（小野 2009：269-270）。本章の問題関心から重要なのは，国内的治安対策強化がヨーロッパ政治との相互関係の中で展開されていることである。政策協調への一般的な支持にもかかわらず，国家主権と直接かかわるこれらの問題領域において，EU への過度の迎合的態度への批判も出ているのである。

　以上 4 つの事例は，ドイツ政治と欧州政治の相互関係を論じるうえで示唆的である。複雑な関係性を捨象して一義的なメカニズムを云々することは，避けられねばならない。またこれらの問題群の中には，国内政治過程論の枠組みで分析できるし，そうするのが妥当なものもある。例えば国籍法改正は，実情にそぐわなくなった制度や価値観をヨーロッパ・スタンダードに接近させるかたちで再編成したものであり，基本的には国内政治的選択の範疇に属する。新移民法が最終的には制限主義的色彩の濃いものとなったのも，ドイツの世論・言説状況の変化の反映である。だが，国内政治と欧州政治との相互浸透がますます進みつつある現在，両者間の線引きはさほど明瞭なものではない。

　重要な論点のひとつは，欧州政治の国内政治に対する規定力についてである。上の事例の中で，EU がドイツ政治に直接の影響力を行使しようとしたのは，差別撤廃法制定のためのイニシアティブと，その手続きの遅滞に対する欧州裁判所への提訴である。だがこれも，ほぼ同時期に欧州憲法制定が頓挫したこととあわせ，主権国家たる各加盟国に対する EU の指導力の限界を示すものと言える。それよりもむしろ，結果として引き起こされる政策収斂が重要な意味を持ちうることは，上述のとおりである。ドイツの庇護権論争と前後する時期の「レース・トゥー・ザ・トップ」的な制限主義強化は典型

例だが，同時多発テロ後の治安対策強化にもこうした側面はある。ただし後者の場合には，すでに欧州統合が完成の域に近づく中で，EU の制度機構を通じた政策協調が追求される一方で，過度の迎合への批判が（民衆レベルのみならず）ドイツの裁判所の違憲判決をはじめとするフォーマルなルートからも出てくるなど，相互関係はますます複雑な様相を呈してきた。ドイツ司法当局が EU（EC）に批判的立場をとるのは，これがはじめてではないが，その動向は EU の共通政策の実効性を左右するものだけに，今後とも注視する必要がある。

　ところで，欧州統合の進展は，（EU 機構を通じた制度的拘束であれ，結果としてもたらされる政策収斂であれ）ドイツの政策決定権を剥奪ないしは制限するものなのだろうか。移民・外国人政策分野に関する限り，そのような言い方は極めて一面的である。ドイツ政府は，国内政策を意図した方向に誘導するために，ヨーロッパからの「外圧」を戦略的に利用しているふしもあるからである。特に，ナチスの人種主義的政策への反省の証として比類なきほど寛大な庇護権政策を堅持してきたドイツとしては，その立場を変えるためにはそれ相応の正統化の根拠を必要としていたのであり，近隣諸国における「レース・トゥー・ザ・トップ」的状況は「渡りに舟」でさえあった。

　さらには，そうした外圧が選択的に利用されていることは，ドイツ政府が乗り気なテーマとそうでないものとの間に差違が現れていることからもわかる。例えば，差別撤廃法の制定は，欧州裁判所に提訴されてもなお具体的進展を見なかった。各国の戦略的オプションの中には，特定の外国人に対する門戸開放の是非をめぐる決定権も含まれるのであり，それゆえ，国家は単にグローバル化の犠牲者なのではなく，自らグローバルな構造を作り出し，それを安定化させる主体でもあるのである（Butterwegge 2006：77）。

3　グローバル化経済，少子高齢化，知識基盤社会
——収斂と分岐の背後にあるもの

　移民・外国人政策分野において，どのようなテーマで政策収斂が起こりやすくどのようなテーマで分岐に向かいやすいか，またそこでどのようなメカ

ニズムが作用するのかは，ケース・バイ・ケースと言うべきだろう。それにもかかわらず，収斂と分岐の基底にライトモチーフのようなものがあるとすれば，それは何であろうか。

そもそも移民・外国人政策は，法制度，経済・社会政策，文化的・価値的次元を横断した複合的なテーマである。政治的対立軸も一義的でないため，どの側面が強調され，どのようなかたちでアジェンダ化されるかは，時代により異なってくる。第1節でも，すでにEU「ハーグ・プログラム」において，制限主義強化の基調の中でも別次元の対立軸が端緒的に現れていたことを示唆した。ドイツ第一次シュレーダー政権下で出された「独立委員会」報告書にしても，いくつもの対抗軸が交錯する中での世論・言説状況を反映した政治諸関係の均衡点に成立したものとして読み直すならば，別の側面が見えてくる。

同報告書は，移民労働力なしにはドイツは現在の経済水準を維持できないことを認め，統合のための方策も見据える。二重国籍取得を容易にした改正国籍法に歓迎の意を示すとともに（Unabhängige Kommission 2001：14），「新旧法規における包括的コンセプトは，（1973年の）外国人労働者受入停止からコントロールされた移民政策へと至るパラダイム転換を完遂しなければならない」（Unabhängige Kommission 2001：5）として，「労働市場志向の移民政策」を推奨する。

その背後には，一方ではグローバル化経済の進展，他方では少子高齢化といった状況変化の中でドイツの国際競争力を保ち，知識基盤社会への移行を成功裡に行うという戦略的意図がある。とりわけ重要なのが，高度の熟練技能を持った移民を引きつけることにより，彼らのイノベーション能力や知識を将来における経済の安定に役立てることである（Unabhängige Kommission 2001：4）。非熟練労働者の入国は，季節労働者を別にすれば想定されていない。労働力市場の需給の両側面における量的および質的発展に配慮した柔軟な移民システムは，国内の潜在的労働力を汲み尽くして人手不足を解消するという目的を損なうものであってはならない。移民の入国に際しては，その人の社会的統合可能性や労働市場状況が考慮され，選別のために点数制度が

実施される。

　難民や庇護権申請者をはじめとして人道的な外国人政策が必要なことにも言及されるが，その具体的対応については独立委員会内部に意見の相違があることを窺わせる。「委員会は，基本法改正により，ドイツの歴史的・人道的責務の表現としての庇護権条項を削除して制度的保障へと置き換えたことに対し，その正当性を確信しているわけではない。しかし同時に，基本法改正前の解釈に戻ることも拒否する。なぜなら，1993 年以来の基本法第 16 条 a に見られる妥協は，社会の安定に寄与しているからである」(Unabhängige Kommission 2001：8)。そのうえで，手続きの迅速化・効率化により，庇護権申請の乱用を防止し，不認定者の帰還を促進することを求める。「難民の地位に関する条約」(1954 年発効) に準拠する政治難民の権利は，ドイツ基本法に準拠する庇護権者のそれに比べて劣後しているが，そのことは統合政策上の観点から不適切とされる。難民・庇護権問題への対応では EU レベルでの政策協調が必要だが，処遇の最低基準を定めた欧州委員会提案に疑義を呈する委員の存在も示唆される。移民政策とは，受入国側に人道的措置を求めるものだが，それが過剰要求となってはならないのである。

　このような論理構成ゆえ，第一次シュレーダー政権期のリベラリズムの表象のように言われる独立委員会報告書も，その内容は進歩性よりも，現状への変容圧力を可能な限り小さくしようとする意図が目立つものであることがわかる。人道主義的観点からの発想でも，多文化社会への発展を構想するものでもなく，それゆえドイツの移民・外国人政策は，特定の前提の下での限定的な改革にしかならなかった（小野 2009：275）。だが本章の問題関心から重要なのは，この報告書が，ドイツの国際競争力保持のための知識基盤社会への移行という戦略的見通しのうえで移民の受入を考えていることである。知識基盤社会というコンセプトは EU のリスボン宣言 (2000 年 3 月) でも強調されていることだが (European Council 2000)，ドイツでも 2000 年 8 月以来，グリーンカード制[9]の導入により IT 部門の専門職労働者には入国の道が開かれるようになっていた。これらは独立委員会提言を内容的に先取りしており，かくしてドイツの移民・外国人政策は，高度の専門技術を持つ者を

優遇するという原則をはじめ，選別主義的色彩の強いものとなる。

　ここに，ヨーロッパ諸国における今日的傾向を読み取ることができる。一方では高度専門職労働者がおり，他方では非熟練労働者や政治難民も含めたノン・エリートの集団がいる。前者は，知識基盤社会への移行を促し国際競争力の保持に寄与する優秀な頭脳として歓迎されるのに対し（ただし受入国国民の雇用を脅かさない限りにおいて），後者は，法的ステータスや世論において公然たる拒否的態度に直面するばかりか，経済立地条件を悪化させるものと見なされる。移民の大量移動に際して西欧の高度福祉国家が経験したのは，移民政策上の二極分化ないしは選別主義化である（Butterwegge 2006：75）。

　かつては，人道主義ないしは人種的平等主義の観点からリベラルな外国人政策を志向する人々に，ナショナルな価値観に固執し閉鎖的移民政策を求める保守派が対峙する，という構図があったのかもしれない。そうした対立軸が有効性を持つのは，せいぜい，ドイツで言えば庇護権論争の頃までである。グリーンカード制とともに顕現し独立委員会報告をもって確立されたのは，これとは別次元の対立軸である。経済グローバル化や少子高齢化の進展とも相まって，いかにして高度の専門技能を持った移民を引きつけるのかが，少なくとも政治エリートの間では重要な関心事となった。ドイツは移民の国か否かといった議論に終始していても問題解決には役立たない。新しい対立軸は，国際競争力保持のために選別的に移民を受け入れるのか，現状の秩序変容を望まぬがゆえにそれにやや批判的な態度をとるのか，という点に収束してゆく[10]。経済政策的観点に従属するようなかたちで，移民・外国人問題が論じられるようになってきているのである。

　この問題をめぐる対立軸の多元性や序列関係を考慮するなら，ホリフィールドの言うリベラル・パラドックス，すなわち経済的リベラリズムの観点からは国境の開放は好ましいはずなのに，法的・政治的ロジックからは閉鎖的な移民政策が求められる（Hollifield 2003：37＝邦訳 2007：54）という逆説に対し，説明の手がかりが見出せるかもしれない。各国の移民・外国人政策は，グローバル化した市場で熾烈な競争を繰り広げる企業が国境を越えた人材リ

クルートを行う権利を損なうものであってはならない。だが移民労働者とは均質的な集団ではない。経済立地競争の足かせとなるばかりか，受入国の秩序を脅かす（と称される）外国人も同時に流入するのであり，そのような集団に対するコントロールは国家権力の役目として残される。新自由主義が主流的言説となる中，国家はその領分を国際市場に明け渡したとの主張はしばしばなされるが，そのような経済体制の下支えとして国家の果たす役割が失われるわけでないのは，移民・外国人政策の場合にも同様である。

移民コントロールないしは（非欧州人に対する）出入国管理は，今なお，主権国家の固有の権利として，ナショナルな論理の強く貫徹する領分である。近年の特徴は，そこに望ましい移民とそうでない移民とを選別的に扱うというニュアンスを（再び）付与されてきていることにあるが，それは新自由主義の原則と矛盾しないばかりか，補完的なことである。ただし欧州の移民・外国人政策の場合には，それが EU と国内政治との相互関係の中で行われるため，事情は複雑である。EU の東方拡大に際し，既存の加盟国には，新加盟国からの移民への労働市場開放における移行措置をとる権限が留保されたことは，国家主権を前に EU の権限にはそもそも限界があることを示している。しかし同時多発テロ以後は，司法・内務協力のための EU 機構を活用するかたちで治安対策の強化が追求され，時としてそれに歯止めをかける動きが国家の側から（ドイツの裁判所の違憲判決など）出てくることもあった。欧州統合の進展にもかかわらず，移民・外国人政策分野における各加盟国の相対的に大きな決定権を尊重することが暗黙の了解になっていたとすれば，制限主義強化の方向での「レース・トゥー・ザ・トップ」は，予期せざる結果どころか，あらかじめ計算された政策収斂であるとすら解釈できるのである。

おわりに

EU の国内政治に対する規定力は必ずしも大きいとは言えないが，欧州各国の政策が結果的に収斂に向かう可能性は排除されない。少子高齢化や知識基盤社会の到来に際してますます経済政策的観点に従属的なかたちで論じら

れるようになっていることが，移民・外国人政策という複合的テーマにおける収斂と分岐の基底にはある。各国政府の政策イニシアティブの困難性を一面的に強調することも，国家主権を絶対視した議論も，避けられねばならない。欧州統合の進展に伴う相互関係の複雑化の中で，例えばドイツはヨーロッパからの外圧を選択的に利用しつつ政策形成をはかっているふしがあるからであり，そのような事情をふまえたうえでの移民・外国人政策の評価が求められるのである。

■注
1) 本章で「外国人」という場合，非ヨーロッパにルーツを持つ人という意味で使う。シェンゲン協定により域内国境を越えた移動が自由化された今，他の EU 加盟国出身者の場合には，日常生活上はドイツ人とほぼ変わらぬ便益が得られるからである。
2) 戦後西ドイツは，政治的に迫害された者が保護を求める権利（庇護権）を憲法上保障してきた。これは，先の大戦でナチス・ドイツの民族主義的政策が近隣諸国に多大な損害を与えたことへの反省の証でもある。しかし，政治難民や庇護権申請者の増加に伴い，庇護権の制限を求める声が保守派を中心に強まる。基本法改正には 3 分の 2 の多数決が必要なため，この問題における社会民主党の路線転換が決定的なものとなった。
3) ハーグ・プログラムのⅢの 1.4 には，「合法的移民は，欧州における知識基盤社会の強化のため，経済発展の促進のために重要な役割を演じるのであり，それゆえ，リスボン・ストラテジーの実現のために寄与する」との文言がある（European Council 2004：19）。
4) 一例として，ドイツの元大統領のヘルツォークは，2007 年，欧州政治センター所長ゲアソンとともに EU 批判を発表した。彼らは，ドイツの法律の 84% が EU 起源であることを象徴的な例として挙げ，EU への権限集中が進むことへの懸念を表明している（森井 2007：43）。
5) 政治過程をやや詳細に説明した邦語文献としては，近藤（2007）などがある。筆者の問題関心においては，移民・外国人政策は，赤緑連立連邦政府のトータルな政策評価を行うという問題関心の下に統合される。小野（2009）参照。
6) ドイツがほぼ完全な血統主義をとる理由をドイツ法の伝統に求める論者は少なくないが，その一方で，冷戦時代の西ドイツが，旧東ドイツに対抗してドイツ民族の代表権を主張し，ソ連・東欧諸国からのドイツ系移民の帰還を促すには血統主義のほうが都合がよかった（Green 2001：25-26）といった戦略的プラグマティズムを重視した説明もある。
7) 赤緑連立連邦政府の下で国籍法改正が政治日程化すると，CDU/CSU は二重国籍

反対署名運動で対抗する。それが功を奏したためか，1999年のヘッセン州議会選挙の結果，当地の赤緑連立政権は下野し，CDUとFDPの連立政権にとって代わられた。

8) 2002年3月22日，連邦議会を通過した新移民法案が連邦参議院での審議に付されたが，多数派形成のカギを握るブランデンブルク州が規定に反して分裂投票を行ったにもかかわらず，同院議長はそれを有効な賛成票として処理して法案を成立させようとした。これに対し同年12月18日に違憲判決が下され，新移民法をめぐる立法手続きはやり直しとなった。

9) この制度の下での「滞在許可」という在留ステータスは，5年以上の滞在により「無制限滞在許可」に切り替わり，8年以上の滞在で「滞在権」が獲得できる。労働力輸入の「留保つき禁止」というドイツの入国管理政策の一大転換（佐藤2006：128）でさえあるのだが，ドイツの国際競争力保持を求める経済界の意向に合致していたこともあって，案外簡単に受け入れられた。新移民法（2005年1月より施行）の下では，IT技術者も含め，高度の専門職労働者には永住も可能となる。今となっては歴史的使命を終えたグリーンカード制だが，外国人労働力をめぐる議論の一里塚として，大きな意味を持った。

10) これは，「移民の導入はもはやその是非ではなく，方法や規模が中心論点になっていた」とする見解（近藤2007：159）とも通底する。

■参考文献

大西健夫・岸上慎太郎編（1995）『EU 政策と理念』早稲田大学出版部。
小野一（2009）『ドイツにおける「赤と緑」の実験』御茶の水書房。
近藤潤三（2007）『移民国としてのドイツ——社会統合と平行社会のゆくえ』木鐸社。
佐藤忍（2006）『グローバル化で変わる国際労働市場——ドイツ，日本，フィリピン外国人労働力の新展開』明石書店。
森井裕一（2007）「ドイツ——対EU政策の継続性と変容」大島美穂編『EUスタディーズ3——国家・地域・民族』勁草書房，31-49頁。
安江則子（1992）『ヨーロッパ市民権の誕生——マーストリヒトからの出発』丸善。

Bendel, Petra (2006) "Neue Chancen für die EU-Migrationspolitik? Die Europäische Union im Spagat zwischen Sicherheits-, Entwicklungs- und Außenpolitik," in Butterwegge, and Hentges 2006：123-134.

Boeri, T., and H. Brücker (2005) "Migration, Co-ordination Failures and EU Enlargement," The Institute for the Study of Labor (IZA), Discussion Paper No. 1600.

Busch, Andreas (2003) "Extensive Politik in den Klippen der Semisouveränität: Die Innen- und Rechtspolitik der rot-grünen Koalition," in Ch. Egle, T. Ostheim, and R. Zohlnhöfer (eds.), *Das rot-grüne Projekt: Eine Bilanz der Regierung Schröder 1998-2002*：305-327. Westdeutscher Verlag.

Busch, Andreas (2007) "Von der Reformpolitik zur Restriktionspolitik? Die Innen-

und Rechtspolitik der zweiten Regierung Schröder," in Ch. Egle, and R. Zohlnhöfer (eds.), *Ende des rot-grünen Projektes: Eine Bilanz der Regierung Schröder 2002-2005*: 408-430. VS Verlag.

Butterwegge, Christoph (2006) "Globalisierung als Spaltpilz und sozialer Sprengsatz: Weltmarktdynamik und 'Zuwanderungsdramatik' im postmodernen Wohlfahrtsstaat," in Butterwegge, and Hentges 2006: 55-101.

Butterwegge, Ch., and G. Hentges (eds.) (2006) *Zuwanderung im Zeichen der Globalisierung: Migrations-, Integrations- und Minderheitenpolitik* (3 rd edition). VS Verlag.

European Council (1999) Presidency Conclusions: Tampere European Council 15 and 16 October 1999. (http://www.consilium.europa.eu/uedocs/cms_data/docs/pressdata/en/ec/00200-r 1.en 9.htm)

European Council (2000) Presidency Conclusions: Lisbon European Council 23 and 24 March 2000. (http://www.consilium.europa.eu/ueDocs/cms_Data/docs/pressData/en/ec/00100-r 1.en 0.htm)

European Council (2004) Brussels European Council 4/5 November 2004: Presidency Conclusions. (http://www.consilium.europa.eu/uedocs/cms_data/docs/pressdata/en/ec/82534.pdf)

Green, Simon (2001) "Citizenship Policy in Germany: The Case of Ethnicity over Residence," in R. Hansen, and P. Weil (eds.), *Towards a European Nationality: Citizenship, Immigration and Nationality Law in the EU*: 24-51. Palgrave.

Hollifield, James F. (2003) "Offene Weltwirtschaft und nationales Bürgerrecht: das liberale Paradox," in D. Thränhardt, and U. Hunger (eds.), *Migration im Spannungsfeld von Globalisierung und Nationalstaat*: 35-57. Westdeutscher Verlag. 「現われ出る移民国家」伊豫谷登士翁編『移動から場所を問う――現代移民研究の課題』有信堂，2007 年，51-83 頁。

Reißlandt, Carolin (2006) "Fit für die Globalisierung? Die deutsche Migrations- und Integrationspolitik nach den rot-grünen Reformen," in Butterwegge, and Hentges 2006: 135-161.

Unabhängige Kommission "Zuwanderung" (2001) *Zuwanderung gestalten, Integration fördern*. (http://www.bmi.bund.de/).

Vogel, D., and A. Wüst (2003) "Paradigmenwechsel ohne Instrumentenwechsel? Kontinuität und Wandel im Politikfeld Migration," in A. Gohr, and M. Seeleib-Kaiser (eds.), *Sozial- und Wirtschaftspolitik unter Rot-Grün*: 265-286. Westdeutscher Verlag.

第 8 章

「移民のいない日」（2006 年 5 月 1 日）の衝撃
——ヒスパニックはアメリカをどう変えたか

高橋　善隆

はじめに

　ヒスパニック系移民は，2000 年の国勢調査で 3530 万 5818 人を記録し，アメリカ合衆国においてアフリカ系を抜いて最大のマイノリティ集団となった。現在では，米国の人口約 3 億 400 万人のうち 4670 万人を占めている。長期の推計では 2042 年にマイノリティが米国の多数派となり，2050 年には米国人の 3 人に 1 人がヒスパニックになるとの予測もある。
　越境するヒスパニックはアメリカ社会をどのように変化させたのか？　グローバル・スタンダードとして企業法務や金融システムがアメリカから世界に普及していく一方で，アメリカもまた移民たちから多くの影響を受けている。ヒスパニックや働く女性を中心とする新たな労働運動の潮流は既存のビジネス・ユニオニズムと異なり社会運動ユニオニズムと呼ばれている。中南米からの移民がもつ連帯主義的世界観は祖国での運動経験やカトリック教会の紐帯を背景として寛容と共存を重視するものとなっており，分断されたアメリカの政治社会に変化を促している。こうした潮流を象徴する出来事が 2006 年 5 月 1 日に行われた「移民のいない日」と呼ばれる運動である。不法移民のみならずこれを支援した人々をも処罰の対象とするセンセンブレナー法案に対して，公民権運動のピークをも凌ぐ多くの人々が抗議の声をあげた。
　こうした潮流は，移民法を争点のひとつとする 2006 年の中間選挙でも変化の原動力となり，2008 年の大統領選挙にもヒスパニックは大きく貢献し

た。オバマ政権ではサラザール内務長官，ヒルダ・ソリス労働長官がヒスパニック系として入閣している。

本章では，越境するヒスパニック系移民の増加によりアメリカ社会にもたらされた変容を考察の対象とする。第1節では移民をめぐる逆説を検討したうえで，ヨーロッパとの比較においてアメリカの移民法制が持つ特徴を整理し，「移民のいない日」で何が問われていたのかを明らかにする。第2節では1990年代以降の事例として，ロサンゼルス市政やカリフォルニア州政治にヒスパニック系移民が与えたインパクトを検討し，「移民のいない日」の具体的経緯について述べる。さらに第3節では，2008年の大統領選挙におけるヒスパニック系の動向とその帰結を検討することによって，アメリカ政治に彼らが与えた影響を論じる。

1 「移民のいない日」で問われたものは何か？

(1) 人はなぜ移動するのか

移民とは，労働を目的として自国の国境を越え，他国に移住する人々をさす。人はなぜ移動するのか？　貧困や将来性のない状態から抜け出し，社会的上昇を果たそうという動機が最も有力な移民の誘因といえるだろう。その背景には，先進国と途上国の経済的格差，人口の不均衡，開発による環境の変化などが想定される。しかしこうした背景や賃金格差，労働力需給といった経済的理由からは，なぜ特定の個人が移民となり，なぜ特定の国家・地域のみが送出国・受入国になるのかを説明することはできない。同様の状況にある個人・国家・地域あるいはより劣悪な環境にあるそれらが必ずしも同じ経験をするとは限らないのはなぜなのか。

ここで重要となるのが「情報」である。アメリカの移民を研究するポルテスとケリーは，メキシコ奥地の人々がシカゴ，デトロイト，サンディエゴの同胞たちと定期的に接触を維持している事例や，ドミニカ共和国の孤立した山岳都市でさえクイーンズ地区やブロンクス地区の労働市場について情報が行き届いている事例を紹介している。時間や空間を横断する社会的ネットワ

ークは移民の流れを安定させ，敵対的環境の中で移民たちの生活を支えてゆくことになる (Portes, Kelly 1989)。

　また，送出国と受入国の特殊な関係も重要である。イギリスとインドやパキスタン，フランスとアルジェリアのように宗主国－植民地関係で結ばれていた事例ばかりでなくドイツとトルコのように政府間の協定が移民のリクルートメントを決定する場合もある。アメリカのヒスパニック系移民に関しては，1942 年から 64 年までメキシコ政府と合衆国政府が結んでいたブラセロ協定が移民の流れを形成していたといえるだろう。

　ブラセロ協定は，アメリカの第二次世界大戦参戦を受けて，労働力不足を補完するため，農業分野での季節労働者を対象にしたものである。ブラセロ協定による流入者は戦時下で毎年 5 万人程度，戦後は 1956 年の 44 万 5197 人をピークに 1964 年に至るまで年平均 25 万人，全体としては 23 年間で 464 万 6207 人がプログラムの対象となった。正規の農業労働者にとってブラセロは，組織化を妨げスト破りの温床となり労働条件を低下させるものとみなされ，1964 年に廃止された (Dinnerstein 2009：155)。

　ブラセロ協定の廃止を受け，メキシコ政府は雇用創出を目的として国境工業化計画を推進したが，これは意図とは逆に農村から都市へ，農村から工場への人口流失を飛躍的に拡大させ，非合法移民を増加させる要因となる。有期契約の季節労働者が非合法移民にとってかわられたというだけでなく，移民の流れが農業分野にとどまらず，都市のサービス経済にも拡大されることになったのである。今日ロサンゼルス市の 49% をヒスパニックが占め，高層ビル街の都市経済を支える不安定雇用の担い手となっている背景にはこうした文脈がある。

(2) 移民をめぐる逆説

　グローバリゼーションを定義する場合，物財，資本，技術，労働力などが国境を越えて自由に移動し，各国経済の相互依存が深まる傾向を意味する。国民国家・国民経済のもとで展開された高度成長期の秩序が，グローバリゼーションによって変容を余儀なくされたと理解されがちである。しかし経験

的事実はこれに反している (森田 1987：12)。ヨーロッパでは閉鎖的なはずの国民国家型高度成長が移民労働に依存していたのに対し，1970年代以降は自由な国際労働力移動が規制されている。ドイツを例にとれば1961年に国内の労働力不足を解消するため，トルコとの間に双務協定が締結され，政府の公式要請によって移民が流入された。しかし1973年以降は欧州域外からの移民受け入れを停止し，短期就労プログラムと非合法移民を除いて労働力の流入はみられない。グローバリゼーションの時代に人の移動は政策的に規制されてきたといえる。今日でも欧州統合の文脈でシェンゲン協定のように域内の自由な移動が認められる一方で，ダブリン条約のように難民の庇護申請は厳格化されている。政治的庇護申請者と経済移民の区別が事実上困難な状況下で域外との人の移動は厳しく規制されているといえるだろう (高橋 2006：347-348)。

ヨーロッパにおける国際労働力移動の逆説に対し，アメリカでは高度成長期と1970年代の間に明白な断絶はない。移民により建国され移民を国力の基盤としてきたアメリカ合衆国が，例外的に厳格な規制を行っていたのは1924年から64年に至るQuota Law時代である。

1924年のジョンソン＝リード法は1890年の国勢調査に依拠し，ホワイト・エスニックの人口比率に応じて居住者の2％に各国別割り当てを設定した。1927年には新たに1920年の国勢調査を基準に割り当てが再設定されるとともに移民受け入れの上限が15万3714人に限定された。こうした措置は，1880年代以降急増した東欧系・南欧系移民を排除する目的からなされた。他方，農場経営者の政治的影響力ゆえにヒスパニック系など西半球からの移民には制限がなかった。またアジア系移民は全面禁止という地域的偏向もあった。

1965年には「原国籍による選別」という割当制の制度趣旨に対する批判からハートセラー法が制定された。「志願者の出生地という個々人には選択の余地がない偶然を，受入れの基準とすることはアメリカ社会の理念に反する」という考え方である。(1)志願者の技能・職能，(2)離散家族の再結合，という2つを選別の基準に設定し，上限として東半球17万人，西半球12万人

図 8-1　戦後期の国際労働力移動（1945-73 年）

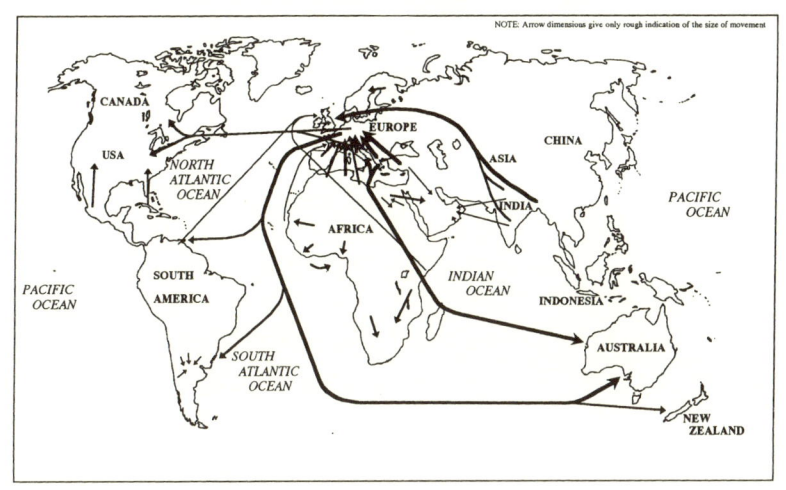

出典）S. Castles & M. J. Miller 1993：70.

図 8-2　現在の国際労働力移動（1973 年以降）

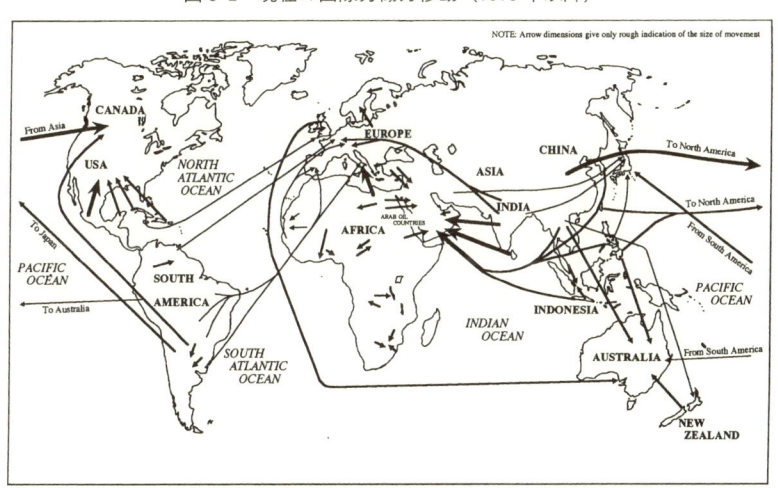

出典）S. Castles & M. J. Miller 1993：6.

が認められた。この法案は社会的内実として、戦火を逃れた欧州移民の「家族呼び寄せ」を意図したものだったが、技能により入国したアジア人が膨大な家族を呼び寄せるなどの予期せぬ現実をもたらした。また、正規農業労働者の意向を反映して24年法のもとでは無制限だった西半球からのヒスパニック系移民対して12万人の上限が課せられ、メキシコ系は最大2万人と設定された。ハートセラー法には国境管理や懲罰に関する精緻な規定がなく、大量の非合法移民を生み出すことにもつながった。

アメリカ経済が公然と非合法移民に依存して成立している現実を是正するため、1986年に再び移民法改正が行われる。シンプソン=ロディーノ法は、一定の条件を満たした非合法移民の合法化を目指し、最終的に300万人にアムネスティを与えたが、非合法移民の雇用者に対する罰則をも規定していた。その内容は、(1)5年以上アメリカに滞在し、これを証明する文書があれば合法化、(2)非合法移民と知ったうえで雇用した経営者への処罰、(3)移民帰化局や国境警備隊の強化とともにH2Aと呼ばれる契約農業労働者を認める（ゲストワーカー計画）などである。

1986年法のもとで300万人の非合法移民が合法化されたが、その後も移民の流れは増加している。現行制度は年間67万5000人の移民を受け入れ続けているものの、累積した非合法移民は約1200万人に及んでいる。西海岸の経済がヒスパニックの不安定雇用に依存しているという社会的内実と、非合法移民が1200万人存在するという事実が、2006年5月1日の「移民のいない日」で問われたといえるだろう。

移民をめぐる争点としては、(1)非合法移民の合法化、(2)国境警備などの治安対策、(3)ゲストワーカー計画など短期就労の是非、などが問題となっている。

政治的立場も保守とリベラルに二分できるようなものではない。経済界が短期就労プログラムに積極的であるのに対し、文化的保守は治安の悪化、同質性の劣化、移民を受け入れるコストなどを問題視する。他方リベラルな立場の人々も、人権や社会正義の視点から不法移民の合法化を推進する考え方と、雇用喪失・賃金水準の低下を懸念する一部の労働組合との間で対立があ

る。「移民は組合員の雇用を奪う」といったビジネス・ユニオニズム時代の思考様式も残っている。86年法の形成過程で，非合法移民の雇用主に対する罰則規定を求めたのも労働組合であった。

　移民は国内労働者の雇用を脅かし，失業率を増大させているのか，それとも経済に活力を与え新たな雇用を創出しているのか。移民の享受する社会的サービスは財政負担なのか，それとも移民自身が有力な税負担者なのか。ヒスパニックは働く女性とともに新たな運動の担い手として評価されているが，逆に保守派からは批判の対象とされている。社会運動ユニオニズムが展開されているカリフォルニアで同時に不法移民への公共サービス停止を求める住民提案が可決されるなど，錯綜する政治状況の中で「移民のいない日」は展開されたのである。

2　ロサンゼルスのヒスパニック系移民と社会運動ユニオニズム

(1)　西海岸における新たな労働運動の潮流

　1990年代以降，今日に至るヒスパニック系移民の動向を理解するには，狭義の農業労働者にとどまらず，都市のサービス業従事者に着目する必要がある。

　介護労働者やジャニター（ビル清掃業者）など都市経済に欠かせない不安定サービス雇用の領域である。1970年代の時点ではロサンゼルスの人口構成において73.7％が白人であり，ヒスパニックは14.6％，アフリカ系は8.1％に過ぎなかった。しかし今日では人口の49％をヒスパニック系が占めるに至っている。職種ごとの人口構成を比較してみると壁職人（Drywallers）については1970年に白人が80.7％，ヒスパニックが16.1％であったのに対し，2000年には白人が24.6％，ヒスパニック系が70.6％と急激に変化している。トラック運転手についても1970年に白人が75.4％，ヒスパニックが16.5％であったのに対し2000年には白人が35.4％，ヒスパニックが50.3％と共通の傾向が見て取れる。こうした変化は象徴的存在であるジャニターにも顕著であり1970年に白人が52.0％，ヒスパニック系が22.1％であ

ったのに対し2000年には白人が14.1%,ヒスパニックが74.7%と大きく変化している。1990年代における多くの争議やジャスティス・フォー・ジャニター・キャンペーンはこうした人口構成の変化を反映して展開されたものといえる (Milkman 2006：104-113)。

　戦後期における労働運動,とりわけアメリカ労働総同盟 (AFL) と産業別組合会議 (CIO) の合同した1955年から95年にかけては「ビジネス・ユニオニズム」と呼ばれる考え方が支配的であり,賃金や雇用主提供型医療保険など組合員の利益を優先する形で運動が展開された。「移民は組合員の雇用を奪う」,「大企業のジュニア・パートナー」,「ベトナム戦争支持の最後の砦」,さらには女性蔑視と非民主的な幹部支配など多くの問題点を露呈していたのである。

　1994年の中間選挙で民主党が歴史的敗北をするなかで,多くの労組系議員が落選する。これを受けて1995年以降AFL-CIO指導部は刷新され,スウィニー執行部・「ニューボイス」グループのもとで社会全体の公正をも重視する「社会運動ユニオニズム」が開始されることになる。西海岸では,ヒスパニック系,アジア系,女性労働者などがこうした新たな潮流の担い手として活力の源となっているのである[1]。

　いわゆる「ジャスティス・フォー・ジャニター・キャンペーン」はサービス業労組 (SEIU) を中心に,1990年から2000年にかけてヒスパニック系移民のビル清掃業者を組織し展開された。発端は1980年代に清掃業務が直雇用から下請化され,担い手がアフリカ系から中南米系へと変化する中で組織率が低下したことにある。医療保険も年金も持たず不安定な雇用にさらされているビル清掃業者たちが対抗戦略として「非暴力・不服従」の大規模抗議デモをビル所有者,管理会社に仕掛け,世論とメディアに訴える戦略である。様々なネットワークとの結びつきによって地域社会の多数派から支持を獲得し,3週間のストにより委託料の26%引き上げと医療保険を勝ち取っている。SEIUはこのほかにも在宅介護者7万4000人の組織化など多くの分野で新たな成果を示した[2]。

　ヒスパニック系の指導者としてはリンダ・チャベス・トンプソン (1944-)

が，スウィニー執行部のもとで1995年から2007年までAFL-CIO本部の副会長を務めた。女性初，メキシコ系初の要職とされている。

また，セサール・チャベスのもとUFWの指導者としてデラノ・ストライキを担ったミゲル・コントレラス（1952-2005）はその後「ホテル業・レストラン業従業員労組」（HERE）ローカル11の代表として活躍し，カリフォルニア大学バークレー校やロサンゼルス校に「ミゲル・コントレラス・労働プログラム」（MCLP）が設立された。彼の妻マリア・エレナ・デュラゾは，グアテマラ出身でありUNITE/HEREローカル11の指導者を引き継ぐとともに，ロサンゼルス郡労働総同盟の特別財務官を務めた。2008年の大統領選挙ではオバマのキャンペーンを支える有力団体の共同議長として活躍している。

(2) 「移民のいない日」の衝撃

1986年シンプソン=ロディーノ法の成立を受けて，同年「カリフォルニア移民労働者協会（CIWA）」が設立された。これはアムネスティにより合法化された移民を民主的に組織することが目的だった。CIWAは91年のアメリカン・レーシング・イクイップメント社スト，92年の壁職人によるストなどを支援し，大きな成果を残している。この潮流が2006年の移民法論争においても「3月25日」連合，「私たちはアメリカだ」連合などのひとつの中心を形成してゆくことになる[3]。

2001年9月11日の同時多発テロ以降，移民法をめぐる論点は「国境警備」，「不法移民への懲罰」，「反テロリズム」などの論点に傾斜し，2005年12月16日，センセンブレナー法案（HR 4437）が下院で可決された。賛成236反対182棄権13の圧倒的多数であった。これは非合法な越境や不法滞在を「重罪」とし，不法入国者を支援するものも重罪とする治安立法である。同時に国境に新たな700マイルのフェンスを建設し，不法移民の雇用主に1万ドルの罰金を課し，再犯者は最高30年の収監という厳しい内容の法案だった。取締り強化や罰則化は，エスニック・プロファイリングを助長し，ヒスパニック系を犯罪視することにつながりかねない。また不法移民への支援

図 8-3 「移民のいない日」当日のタイムテーブル

"WE ARE AMERICA" COALITION
MAY 1st LOGISTICS BREAK DOWN

STAGE ONE: MAC ARTHUR PARK
Point Persons: Victor Narro (Downtown Labor Ctr) & Liz Sunwoo (MIWON)

Timeline:
9:00am—Park View St. (from 7th St. to 6th St.) closes. Park View barricades go up. Cucuy sets up stage.
11:00am—MIWON staff arrives for set up & prep.
1:00pm—MIWON Teams arrive for on site training.
2:00pm—Wilshire Blvd. closes starting at Park View. Wilshire Blvd. barricades go up. Wilshire street closures going east until read to march.
2:30pm—MIWON Program begins.
3:30pm—Round up folks in park and prepare to march by lining up on Wilshire Blvd.
3:45pm—Step off for march begins.

Program 1 (Starting 9am): El Cucuy (on north side of Mac Arthur Park off of Wilshire).

Program 2 (Starting 2:30pm): MIWON (on south side of Mac Arthur Park on Park View)

STAGE TWO: ROUTE/WILSHIRE BLVD.
Point Persons: Xiomara Corpeno (CHIRLA) & Norma (County Fed)

Timeline:
??pm—Portable Toilets arrive.
??pm—Water is dropped off.

Security, Water, & Portable Toilets will be set up on both sides of the street at:
1)
2) Berendo St. (near Immanuel Presbyterian Church)
3) Western St. (at MTA station-north side), Oxford St. (Wilshire Dental-south side)
4) Rimpau St. (parking lot—south side & Korea Media Building—north side)
5)
6) La Brea Ave. (Wilshire Grace Church—south side)

Groups Joining the March along Wilshire:
* Korean Americans (Western Ave. at MTA Station)—Gathering at 3:30pm
* South LA Groups (Crenshaw Blvd.)—Gathering at ??pm

STAGE THREE: LA BREA STAGE
Point Persons: David Huerta (1877) & Russell

Timeline:
12:00pm—Stage, Sound, Media set up at La Brea stage.
2:00pm—Corner of La Brea & Wilshire closes.
3:00pm—Security Teams prep for Marchers at La Brea Stage.
4:00pm—Security from Mac Arthur Park arrives at La Brea Stage.
Program begins at ___pm.

出典) Victor Narro氏へのヒアリングの際に入手。

者が刑事罰の対象となることには多くの人権団体からも反対された。セサール・チャベスの盟友であったドロレス・ウェルタやロジャー・マホーニー枢機卿などの重鎮も批判の声を上げた。

　2006年3月10日から5月1日の間に全米100都市で500万人の人々が街頭デモに参加し意思表示を行った。ロサンゼルスでは3月25日に100万人，5月1日に50万人と公民権運動のピークをも凌ぐ運動の高揚が見られた。5月1日の街頭デモと経済的ボイコットは「移民のいない日」と呼ばれ，地域経済にすさまじい余波を及ぼし，商業地区の事業停止などの衝撃を与えた。こうした動きはロサンゼルスのみならずシカゴで50万人，ニューヨークで35万人が参加するなど全国レベルで展開されたのである[4]。

図 8-4 「移民のいない日」主催者の総括報告書

Groundswell Meets Groundwork
Preliminary Recommendations for Building on Immigrant Mobilizations

Researched and Written by Ted Wang and Robert C. Winn
June 2006

This report is a work-in-progress. FFF and GCIR welcome your comments and suggestions on our analysis and how best to support the immigrant communities during these critical times.

A Special Report from the Four Freedoms Fund and Grantmakers Concerned with Immigrants and Refugees

出典）UCLA レーバーセンターへの調査の際に入手。

　こうした流れを受け，治安立法のみで構成された移民法の制度化は挫折し，永住権，市民権付与，ゲストワーカー計画をも含めた包括的移民法案が議論されることになる。上院ではケネディ=マケイン案がリベラルな内容，フリスト案が治安立法，コーニン=カイル案が両者の折衷という状況だったが，新たな包括的妥協案としてヘーゲル=マルチネス案の審議が開始されるのである。

　AFL-CIO に対抗し 2005 年に「勝利のための連合 CTW」を結成していた SEIU や UNITE-HERE は「全国移民フォーラム」などとともに「アメリカにおける新たな機会創出のためのキャンペーン NAOC」を設立しケネディやマケインとも密接に行動していた。しかし彼らの目指す法案は市民権

付与ばかりでなく経済界が要求する短期就労者ゲストワーカー計画をも含んでいた。AFL-CIO や「移民と難民の権利全国ネットワーク」などの人権団体はゲストワーカー計画には反対の立場である。保守，リベラルともに分裂する中で「市民権への3段階の道」，「150万人の農場移民へのゲストワーカー計画」，「370マイルの国境フェンス設置」などを盛り込んだヘーゲル=マルチネス案は暗礁に乗り上げたのである。

公民権運動のピークをも凌ぐ「移民のいない日」の高揚を受けて2006年の中間選挙では民主党が勝利を収め，議会の構成は大きく変化する。共和党の提出した包括的移民制度改革法案は2007年6月28日に上院で否決となった[5]。

(3) ロサンゼルス市政，カリフォルニア州政治とヒスパニック系移民

2005年，ロサンゼルス市長となったビヤゴイザ氏は2009年3月に再選を果たした。彼はオバマ大統領の政権移行チームにも名を連ねた著名な政治家であり，ロサンゼルス市の人口構成を考えればヒスパニック系現職市長が再選されるのは当然ともいえる。しかし選挙当日は，有権者登録を済ませた159万6165人のなかで投票した市民は23万9374人と全体の15％に過ぎなかった。ビヤゴイザ市長の得票は12万7955人（55.5％）と過半数を超えたものの，2005年の得票総数28万9116人から激減したともいえる。人口構成の推移に比例してヒスパニック系の政治的影響力は着実に増加しているものの，市民の多数派は醒めた感覚で市政をとらえている現実がある[6]。

カリフォルニア州政治の場合，錯綜した政治状況はより顕著であり，共和党ウィルソン州知事（1991-99），民主党デービス州知事（1999-2003）の時代を通じ知事選や国政選挙にあわせて移民をめぐる多くの住民提案が投票にかけられた。その多くは白人が急速に少数派となっていく地区において，経済的・社会的不満の原因として移民を攻撃対象とするものだった。

プロポジション187は「不法移民に対する公的社会サービス，緊急時を除く医療サービス，公教育を禁止する」住民提案である。ウィルソン州知事の再選，国政における中間選挙にあわせて1994年11月8日に投票が行われ，

賛成59％，反対41％で可決されてしまった。共和党のマウントジョイ州下院議員や彼を支持するSOS委員会（Save Our State）の起草によるもので，アラン・ネルソンやハロルド・エゼルといった移民帰化局の長官，地区長官経験者が名を連ねている。SOS委員会自体はロサンゼルス郡と隣接するオレンジ郡の反移民団体である。

　白人の63％のみならず，アジア系・アフリカ系の47％，ヒスパニック系の23％も賛成という結果だった。危機的州財政の再建とともに，自分たちの税金が年間50億ドルも不法移民のために使用されているのが我慢ならないという趣旨であったが，精緻な試算とともにその根拠は反論されてしまう。サービス停止による節約は年間2億ドル，しかし移民たちの法的地位確認にかかる事務手続きのコストに1億ドル支出増，不法移民の子どもに学校教育を停止するなど連邦法に抵触するため連邦政府プログラムからの支出が154億ドル削減されてしまうことが明らかになった。1995年11月20日，「移民政策は連邦の管轄である」という理由から連邦地裁は施行を差し止め，1997年11月15日，連邦裁判所判事によって住民提案の無効が確定した（賀川2005：88-102）。

　次にプロポジション209である。これはリンドン・ジョンソンが1965年に行政命令11246として公布したアファーマティブ・アクションを廃止しようというものである。人種や性別による優遇は逆差別をもたらすという趣旨が述べられている。1996年11月5日にクリントン大統領再選や上下両院選挙と同時に投票が行われ，結果は55％対44％で可決されてしまった。同年11月27日，サンフランシスコ地裁で違憲判決が出たものの，97年4月9日連邦裁判所で合憲判決，同年11月3日には連邦最高裁が，試行阻止請求を審理しないと決定しカリフォルニア州でのアファーマティブ・アクション廃止が決定してしまった。

　またカリフォルニア大学は，大学理事26名中18名が知事の政治任命ということもあり，共和党知事下の95年7月20日にアファーマティブ・アクションを廃止したものの，民主党知事の下では2001年5月16日に全会一致で廃止を撤回するなど混迷している。現在では人種ごとの入学枠組みではなく，

各高校の成績上位者 4% に合格を許可する「4% 解決策」によりマイノリティの通学する高校にも現実的対応を試みている（賀川 2005：145-156）。

1990 年代以降のカリフォルニア州政治は，長期的趨勢として少数派に転落しつつある白人保守層が強力な反移民の動員を試みる状況にあった。ヒスパニック系やリベラル派の対抗動員もみられたものの，連邦政府の錯綜する移民政策がさらなる混迷をもたらしたといえるのではないか。

3　2008 年の大統領選挙とヒスパニック系移民

2008 年 11 月 4 日の選挙は，民主党候補バラク・オバマが 365 対 173 の大差で共和党マケイン候補に圧勝し，上下両院でも民主党が多数を確保した。大統領選挙の基本的構図は 2000 年，2004 年と同様，東部と西海岸が民主党，南部とロッキー山系が共和党，中西部諸州とペンシルバニア，フロリダが激戦州という形でキャンペーンが展開された。2004 年と 2008 年の大きな相違点のひとつは，ヒスパニック系の動向がはっきり民主党支持を示したことであろう。

前回の選挙においてヒスパニック系の支持は民主党 55% に対し共和党 45% であり，テキサス州に至っては民主党 41%，共和党 59% と逆転していた。マイノリティは伝統的に民主党と親和するが，ブッシュはフロリダ州知事の弟がヒスパニックと結婚するなどのネットワークがあり，ヒスパニック系に好意的な政策プログラムを用意するなど様々な事情があった。またフロリダのヒスパニックはカストロを批判しキューバを去った人々が多く保守的傾向を持つとされる。

2008 年は対照的にヒスパニック系が明確に民主党支持を示した。合衆国全体としてはヒスパニック系の 67% がオバマを支持し，マケインの支持者は 31% にとどまった。ヒスパニックが人口構成の 32% を占めるテキサス，カリフォルニアでも（有権者登録を済ませた層はやや減少するものの）ヒスパニック系の動向は大きな影響を持つ。投票者の 20% をヒスパニックが占めるテキサスではヒスパニックの 63% がオバマを支持した。同様に投票者の

18％を占めるカリフォルニアでも74％がオバマ支持を明確にしたのである[7]。

　また前回ブッシュが勝利したにもかかわらず今回オバマが獲得した州は9つあり，ニューメキシコ，ネバダ，コロラド，フロリダの4州ではヒスパニック系の動向が大きく影響したとされている。ニューメキシコの場合，州知事がヒスパニック系のビル・リチャードソンということもあり，ヒスパニック系の69％が民主党を支持した。前回を27％上回っている。ネバダではヒスパニック系の76％が民主党を支持しこれも前回を33％上回った。フロリダでも同様にヒスパニック系の57％が民主党を支持し前回を27％上回った。さらに民主党大会が開催されたコロラドでもヒスパニック系の61％が民主党を支持している。投票者全体に占めるヒスパニック系の比率はニューメキシコ40％，ネバダ15％，フロリダ14％，コロラド13％となっており，いずれの州でも民主党の逆転に欠かせない要因であったといえるだろう。

　こうした文脈を受けオバマ政権にはケン・サラザール内務長官とヒルダ・ソリス労働長官がヒスパニック系の閣僚として入閣した。とりわけヒルダ・ソリスはこれまで論述してきた西海岸の労働運動とも深い関係があり同時に父親はメキシコ移民，母親はニカラグア移民という背景を持っている。カリフォルニア州議会下院議員を2年，州議会上院議員を6年務めた後，2001年以降，ヒスパニック系有権者が数多く居住するカリフォルニア32区で下院議員を務めている。反NAFTA，親労組の非営利団体アメリカン・ライツ・アット・ワークの理事を務めるなど代表的なプロ・レーバーでもある。

　アメリカ議会では，従来の全国労使関係局NLRBによる組合認証選挙をせず，従業員から授権カードを過半数集めて組合承認を迫る手続きが法制化されようとしている。「従業員自由選択法」（HR 800 Employee Free Choice Act）は2007年3月1日に241対185で下院を通過した後，6月26日に上院でフィリバスターにかかっている状態である。こうした法制化がソリス長官の下で実現すればヒスパニック系や女性を活力としてきた社会運動ユニオニズムはさらに活性化されることになるだろう[8]。

第8章　「移民のいない日」（2006年5月1日）の衝撃—— 183

おわりに

　本章ではヒスパニック系移民と現代アメリカ政治について，移民法制，労働運動，ロサンゼルス市政，カリフォルニア州政治，大統領選挙などを中心に検討してきた。前提とされるのは人口構成のうえでシェアを拡大させることによりヒスパニックの政治的影響力が拡大されてゆくという視点である。しかしその影響力は政治の質や世界観にも及んでいる。

　ルース・ミルクマンは西海岸の労働運動が，これまで困難とされてきた移民の組織化に成功した理由として，(1)職場や居住地区を通じて移民の社会的ネットワークが形成され，それがカトリック教会によって補強されていること，(2)中南米のヒスパニック系にみられるように彼らは出身国で労働組合や社会運動に関与した経験があり，連帯主義的世界観を共有していること，(3)アメリカ国内での差別（住民提案187および209にみられるような反移民的動き）に対抗するには結束する必要があること，の3点を指摘している。ネットワーク機能や連帯主義的世界観は労働運動全体を成熟させてゆく可能性があるだろう（Milkman 2006：133-140）。

　従来AFL-CIOが展開してきたビジネス・ユニオニズムは，賃金や雇用主提供医療保険など組合員の利害を優先し，社会問題への関与に消極的だったといえる。これに対し西海岸で展開されている社会運動ユニオニズムは，当事者の利害でなく，「アメリカ人の社会正義」として問題を設定している。ジャスティス・フォー・ジャニター・キャンペーンはその典型である。

　「移民はAFLの雇用を奪う」と述べたサミュエル・ゴンパース以来労働組合内部にはある種の反移民感情がある。これに対し，現UCLAレーバーセンター所長ケント・ウォンらが1992年にアジア・太平洋系アメリカ人労働者連合（APALA）を設立して以来，移民政策の転換が提起され，2000年2月16日，AFL-CIOは「非合法移民の雇用主に対する制裁撤廃」，「さらなる600万人のアムネスティ」を掲げるに至っている。

　2006年5月1日「移民のいない日」の衝撃を，「出来事」にとどめること

なく連帯主義的世界観を共有していくことができたなら，この潮流はアメリカ社会に寛容と共存を実現してゆくための大きな力となるだろう。

■注
1) アメリカ労働運動の2つの潮流については高橋（2008）を参照。
2) アメリカ企業の世界展開，市場原理主義の興隆をアメリカ労働運動の脆弱性と表裏一体のものとして批判的に検討し，西海岸の新たな運動を評価する研究としては，Fantasia and Voss（2004）がある。他方，SEIUの非民主的組織運営，集権的ローカルブランチの統合をネオ・ゴンパース主義として批判する研究としては，Fletcher and Gapasin（2008）がある。
3) 移民労働者の組織化について，1986年から2008年を概観し，CTW結成から「移民のいない日」に至る象徴的出来事を総括した研究としてはNarro（2009）がある。
4) 「移民のいない日」（2006年5月1日）の具体的経緯については，当日のタイム・テーブル，主催者総括の報告書などをUCLAレーバーセンターにてビクター・ナロー氏から入手した。
5) センセンブレナー法案を契機とし，移民法改正をめぐり展開された政治過程についてはNarro et al.（2007）を参照。近年の動向についてはUCLAレーバーセンター所長ケント・ウォン，ジョアン・トクマル，ヴィクター・ナローなどのスタッフからヒアリングを行い（2008年12月15～16日，および2009年3月23～24日），これに依拠した。
6) 2009年3月に行われたロサンゼルス市長選の結果については以下のサイトに依拠した。http://laist.com/2009/03/04/election-result-mayor-villagosa.php
7) 2008年大統領選挙の結果についてはCNNのウェブサイトに依拠した。http://www.cnn.com./ELECTION/2008
8) HR 800 Employee Free Choice Actをめぐる議会の動向については，ジョアン・トクマル氏から入手したアジア太平洋系アメリカ人労働者連合（APALA）の内部資料 Congressional Voter Guide 2008.に依拠した。

■参考文献
五十嵐武士編（2000）『アメリカの多民族体制――「民族」の創出』東京大学出版会。
伊豫谷登士翁（2001）『グローバリゼーションと移民』有信堂。
ウォン，ケント編（2003）『アメリカ労働運動のニューボイス――立ち上がるマイノリティ，女性たち』（戸塚秀夫・山崎精一監訳）彩流社。
賀川真理（2005）『カリフォルニア政治と「マイノリティ」――住民提案に見られる多民族社会の現状』阪南大学叢書73，不磨書房。
小井戸彰宏編（2003）『移民政策の国際比較』明石書店。

サッセン,サスキア (1992)『労働と資本の国際移動——世界都市と移民労働者』(森田桐郎他訳) 岩波書店.
高橋善隆 (2006)「国際労働力移動の逆説について——英国の移民政策を中心に」『法学新報』第12巻第7-8号.
高橋善隆 (2008)「ソーシャル・ユニオニズムと現代アメリカ政治——ヒスパニック系移民の動向を中心に」『跡見学園女子大学文学部紀要』第41号.
高橋善隆 (2009)「アメリカ民主党の支持基盤とその変容——エスニック・マイノリティ,労働組合,南部問題の交錯」『跡見学園女子大学人文学フォーラム』第7号.
森田桐郎編 (1987)『国際労働力移動』東京大学出版会.

Castles, Stephen, and Miller, Mark J. (1993) *The Age of Migration: International Population Movements in the Modern World*. Palgrave Macmillan.
Dinnerstein, Leonard, and Reimer, David (2009) *Ethnic Americans: A History of Imigration* (fifth edision). Columbia University Press.
Fantasia, Rick, and Voss, Kim (2004) *HARD WORK: Remaking the American Labour Movement*. University of California Press.
Fletcher, Bill, and Gaspasin, Fernand (2008) *Solidarity Divided: The Crisis in Organized Labour and New Path toward Social Justice*. University of California Press.
Milkman, Ruth (2006) *L.A. STORY: Imigrant Worker and Future of the US Labour Movement*. Rusel Sage Foundation.
Narro, Victor, Kent Wong, and Janna Shadduck-Hernandez (2007) "THE 2006 IMMIGRANT UP RISING Origin and Future," in *New Labour Forum* 16.
Narro,Victor(2009) "¡Si se peude! Immigrant Worker and The Transformation of Los Angers Labour and Worker Center Movements," *LOS ANGELS PUBLIC INTEREST LAW JOURNAL* 1.
Portes, Alejandro, and Kelly, Patricia (1989) "Image of Movement in Changing World: A Review of Current Theories of International Migration," in *International Review of Comparative Public Policy*. JAI Press.

第III部

越境の歴史を問い直す

第9章

国境を越える連帯
―― 1920 年代広州における「中韓協会」

許　寿童

はじめに

　今日，日本・中国・韓国の市民が国境を越えて様々なレベルで交流し，それらが，時には国家の外交政策に影響を与える場合もある。これはアジア地域に限定しなくとも，本国で抑圧された少数民族が国外で亡命組織を結成して運動を展開する，という事例もまた，今日ではしばしば見られる現象である。そのような現代の社会運動は，インターネットや様々な情報網によってネットワークを形成している。このような現代の状況を念頭に置けば，歴史上見られた異民族同士の亡命者による運動は，ネットワークという視点で分析していく必要がある，ということがわかる。
　アジアにおける異なる民族同士による統一組織や連帯運動に関しては，これまでにもいくつかの研究があるが（小島 1980；小野 1982；水野 1992；孫 1996），近年では加藤哲郎が，1932 年春，ドイツに滞在する日本人，中国人，朝鮮人，インド人などが「革命的アジア人協会」を結成し，ドイツ語雑誌『革命的アジア』の発行などを通じて，日本の満洲侵略とナチス台頭に抵抗したという事実を明らかにしている（加藤 2008）。
　とはいえ，加藤の研究を除けば，アジアにおけるこういった諸民族連帯の運動，特に中国で起きた運動に関しては，中国あるいは朝鮮の近現代史の枠組みの中で検討されがちであったため，中国革命と朝鮮独立運動との関係や，中国人と朝鮮人の連帯に関する検討は不十分であった。国境を越える視点によって，このような問題が克服され，中朝連帯の実態を明らかにすることが

できると思われる。

　そこで本章では，1921年に広州で結成された「中韓協会」を，国境を越える情報ネットワークに焦点を当てて考察する。同協会については，従来の研究においてはほとんど取り上げられていないが[1]，中韓協会は以下の点から極めて重要である。まず，この協会には，中国の汪兆銘をはじめとする当時の広東を拠点に活動していた主要な政界関係者，軍人，国民党関係者，そして，申圭植など朝鮮独立運動において重要な役割を担った人物もメンバーであった。また同協会は，1921年11月に開催されたワシントン会議に，中国と朝鮮の主権尊重と独立を要求する宣言書を送り，それと同時に，機関紙『光明』を発行してメディアを通じた活動も展開し，同時期に世界各地で展開されていた朝鮮民族独立運動の中でもその名を知られていた。その活動は数ヶ月間しか存続しなかったとはいえ，同組織に関わった人々は，その後，各地で日本に対する抵抗運動を展開し，さらには中国や韓国の独立運動において重要な役割を担っていくのである。

　なお，中韓協会に関して最も多くの情報を得ることができるのは，日本の官憲が作成した文書である[2]。そのため本章で筆者は，そのような史料を多用することになるが，それは中国や韓国側の史料からでは中韓協会について明らかにできないからである。官憲の文書であるため，全面的に信頼できるわけではないが，その中から信頼に足ると判断できる箇所が本章の基礎となっている。以下，第1節では，朝鮮が日本によって植民地化された後の抵抗の亡命者たちによる活動を明らかにし，第2節では，1920年代に広州で中韓協会が成立した経緯と，同協会の組織について述べ，第3節では，中韓協会の活動を，第4節では，朝鮮人による情報ネットワークと中韓協会との関わりについて述べ，結論としては，中韓協会の経験，つまり異民族間の連帯と相克は，世界中で民族紛争が絶えない今日にとっても極めて示唆的である，という点を指摘する。

1　日本の植民地化による朝鮮人の国外亡命・移動と独立運動

　日露戦争後，日本の朝鮮植民地化にともなって多くの朝鮮人が中国，ロシア，アメリカなどへ亡命・移動した。彼らの一部はそれぞれの移動先で朝鮮独立運動を行ったが，それによって当時，朝鮮独立運動はグローバルな展開を見せていた。1910 年代はじめ，ロシアの沿海州地域では「権業会」と「大韓光複軍政府」が成立し，アメリカにおいては「大韓人国民会」が成立した。後者の場合，アメリカ本土だけでなく，ハワイやメキシコ地域にもその支部が存在したため，北米地域における朝鮮民族独立運動の中心的な組織となった。また日本では，1919 年 2 月 8 日に東京基督教青年会館で「朝鮮青年独立団」による集会が開催された。この時に発表された独立宣言書（二・八独立宣言）が，後述する朝鮮の三・一独立運動のきっかけとなったのはこれまでの研究で明らかにされているとおりである。

　このように，亡命者組織は，独立運動において重要な役割を果たしていたのであるが，朝鮮民族が最も多く亡命・移住していたのは中国であった。そのため，中国こそが朝鮮独立運動の中心であったと言える。朝鮮から中国への亡命・移住人口を見ると，1910 年にはすでに 10 万人を超えていたが，10 年後の 1920 年には 45 万人を超えるようになっていた（許 2009：43）。これらの朝鮮人のほとんどは，現在の吉林省延辺朝鮮族自治州を中心とする中国東北地域に移住していたが，北京，南京，上海など中国内地の大都会でも，移住してきた多数の朝鮮民族が生活していた。例えば，1919 年には 1000 人程度の朝鮮人が上海に住んでいた。東北に移住した朝鮮人は主に農業に従事し，中国内地に移住した朝鮮人は商人や留学生が多かったが，いずれの地域においても彼らによる朝鮮独立運動が行われていた。1910 年代，東北では「墾民教育会」[3]，「新興武官学校」，「北路軍政署」などの諸機関が朝鮮独立運動を主導し，中国内地では，1919 年上海に設立された「大韓民国臨時政府」が独立運動の中心となった。

　国外に亡命・移動した朝鮮人は独自の独立運動を展開するとともに，現地

の官民とも交流し、連帯しながら共通の目標ないしそれぞれの目的の達成のために互いに支援を行っていた。広州における中韓協会はまさにそのような中朝連帯の一例である。

2　革命の都・広州における中朝連帯組織の成立

(1)　広州中韓協会設立の背景

1910年代末には、ロシア革命（1917年）、ウィルソン米大統領の民族自決主義の提唱（1918年）、朝鮮の三・一運動（1919年）、中国の五・四運動（1919年）といった、朝鮮民族独立運動に刺激を与えるような出来事が立て続けに起きていた。その中でも、三・一運動と五・四運動が主として標的としていたのは日本であった。また、これら2つの事件が起きた翌1920年末には、日本軍が間島（現在の吉林省延辺朝鮮族自治州の一部）をはじめとする中国東北地方に出兵し、数千人の朝鮮人を殺害した「間島事件」が発生している[4]。以上見てきたような1917年から1920年にかけて起きていた様々な出来事が中国人と朝鮮人、とりわけ在中朝鮮人と中国人との提携を促したと考えられる。

当時の中国革命にとっても、朝鮮独立運動にとっても、広東省の広州は特別の位置にあったのだが、それは、そもそも広州が、中国近代史において重要な位置を占めてきた、という背景があったからでもあるだろう。例えば同地では、1839年イギリスの侵略に反対する「三元里人民抗英闘争」が起きている。1911年4月には、孫文が広州蜂起を行っているが、これは辛亥革命のいわば先駆け的な行動と見ることもできる。1917年9月、孫文は中華民国の憲法ともいえる「臨時約法」を守る護法運動を起こし、広州に広東軍政府を立ち上げた[5]。その後の1921年5月、孫文は同地で中華民国非常大統領に就任し、広州は中華民国の臨時首都となった。

孫文は、広東軍政府樹立以前から、日本の外交政策の基盤となった日英同盟に対する対抗策として、「朝鮮独立運動ヲ助長」し、また「米国ト結束シテ日英両国ヲ牽制シ更ニ露国過激主義ヲ誘入宣伝」して日本を悩ますべきだ

と語っていた[6]。つまり、その後成立する中朝連帯に関する構想を、彼は第一次世界大戦が終結する前から明らかにしていた、ということになる。

他方、1919年3月1日、ソウルでは大規模な反日独立運動が起きた（三・一運動）。また、同年4月、上海のフランス租界内に亡命朝鮮人による大韓民国臨時政府（李承晩大統領）が成立するが、中国で活動する同政府にとっては、中国政府や中国人有志との連帯が必要不可欠となっていた。したがって、中国政府との関係を緊密にすることや中国人との親睦団体を結成することが、その後の大韓民国臨時政府の重要な外交政策となった。

実際、1920年6月、アメリカ議員団が極東視察に出ることを知った大韓民国臨時政府法務総長の申圭植は、日本に占領された韓国の実態をアメリカ議員団に伝えたい、という内容の手紙を孫文に送っている（石 2009：17）。孫文の広東軍政府側も朝鮮民族独立運動に対して、積極的に支援する意志を表明していた。例えば、1920年10月8日、孫文は上海通信社の記者を前に、中朝両国有志の連帯を呼びかけ、朝鮮の独立を支持し、袁世凱政府が受け入れた二十一ヶ条要求の撤廃を要求する談話を発表した。その2日後の10日に申圭植をはじめとする上海の朝鮮人たちが中国語の週刊誌『震壇』を創刊した。同誌は、「欧米列強を訴え、中朝連帯を主張」することをその方針としていた。そしてこの創刊号には、孫文と蔣介石がそれぞれ「天下為公」（「天下は公のものである」）と「同舟共済」（「同じ舟を乗って川を渡る」）というメッセージを送っていた。これらの言葉によって2人は、反日・反帝運動において中国人と朝鮮人とが協力するべきである、と呼びかけていたと考えられる。

その後、1921年4月、大韓民国臨時政府は、議政院議員を広州に派遣し、朝鮮独立運動に対する広東軍政府の支援を求める大統領の秘密文書を孫文に渡している。以上のような様々な動向を見れば、1920年春頃からから翌21年の春頃までの約1年間で、中国人と朝鮮人は政府レベルの連帯のみならず、多様な政治組織レベルでの連帯も進展していった、と想像できる。

1921年5月を前後に、中国各地に多くの中朝連帯組織が次々に誕生したのは、以上のような状況を背景としていたと考えられる。同年3月から4月

にかけて湖南省の長沙，安徽省の安慶，湖北省の武漢に「中韓互助社」が設立され，5月には上海に「中韓国民互助総社」が設けられている。また，とりわけ長沙の中韓互助社の場合は，後に蒋介石を台湾に追い払い，新中国の初代主席となった毛沢東が黄永珉(ファンヨンミン)という朝鮮人とともに通信部主任を務めていた，という事実は注目に値する。広州で中韓協会が設立されるのも，以上のような動向が背景になっていた。以下では同協会が設立された経緯について見ていきたい。

(2) 中韓協会が設立された経緯

　日本の官憲資料[7]では，同会が中国側の主導で設立されたかのように，ほぼ次のようなかたちで記録されている。国会議員の丁象謙は「濃厚ナル排日思想抱持者」で，上海滞在中に「韓国臨時政府ノ不振ナルニ同情」し，将来時機を見て援助を与えると口約していた。広東に帰った彼は謝英伯，朱念祖ら複数の議員と広東軍政府司法部長の徐謙，および国民党の重要人物汪兆銘（精衛）などと「排日行動ニ関シ協議」を行った。ちょうどこの頃，大韓民国臨時政府の申圭植が丁らを訪れてきたので議論を進め，「中韓協会」を設立することに合意した。協会の設立にあたって双方は組織委員会を立ち上げたが，広東軍政府外交部総務司長の朱念祖が委員長，謝英伯が副委員長を務め，中国側の丁象謙，汪兆銘，張啓栄，高振宵と朝鮮側の申圭植，金熙緽(キムヒタク)，朴化祐(パクファウ)，孫士敏(ソンサミン)の計8人が委員に選ばれた。以上の委員をはじめ，中朝両国の70人あまりが同会の発起人となった，と。

　同じく日本の官憲資料によれば，1921年9月27日に開催された創立大会では，元広東軍政府司法部長の葉夏声が臨時議長を務め，上記委員の一部のほか，金奇済(キムキジュ)，李愚珉(イウミン)といった朝鮮人も出席していた，という。他方，同年10月12日付けの上海大韓民国臨時政府機関紙である『独立新聞』は，同会の会員が数百人に増え，多くの広東軍政府の国会議員と官民にわたる「名士」が加わっている，と報じている。このような臨時政府が発表した情報から考えれば，日本の官憲側の文書に記載されてある出席者に関する情報は正しいと判断できる。したがって，中韓協会の設立には，中朝の錚々たる人物

が設立にかかわっていた，と考えることができる．以下では，同協の設立の目的と組織構成を見る．

(3) 設立の目的と組織構成

中韓協会が設立にあたって採択した8項目からなる規約の第3条では，同会の目的が「本会ハ中韓民族ノ発展ヲ謀リ互助ヲ以テ目的ト」すること，と定められていた[8]．ただし，同会の目的はこれだけでなかった．協会設立大会において，臨時議長を務めた葉夏声は，次のように述べている．朝鮮が日本に併合された後，「韓国ノ志士ハ日本ノ暴状ニ堪ヘス近年殆ント寝食ヲ忘レテ祖国ノ独立ニ奔走シ実ニ同情ヲ禁セス吾人ハ向後共同シテ朝鮮独立ノ為大ニ努力」すべきであり，協会の目的と事業は「今発表ヲ憚」り，会員に限って追って印刷物を配布する，と[9]．要するに，両国が協力して共通の敵である日本に対抗する，というのが，中韓協会の真の目的であった，ということがここからわかるのである．

また，協会の規約では，「学術」，「議事」，「幹事」，「文書」という4部が設置されること，これらの各部が，主任1人と副主任2人によって構成されることが定められていた．そのうち幹事部については，普通と特別の2科を設け，普通科は議事部の議決事項を執行し，特別科の事務は別に定める，とされている．また，同会の規約第2条では，広州と上海に本部を置き，各地方に支部を設ける，とされている[10]．日本政府の広州総領事館が作成した調査報告書[11]では，中韓協会に関する以下のような記載がある．同会は上海大韓民国臨時政府系統に属し，朝鮮人会員73人と，拳銃6挺を有し，申圭植が臨時会長代理を，金檀庭（キンサンジョン）が外交員を，朴化祐が宣伝部長を，金奇済が庶務部長を，李愚珉が光明雑誌社の社長を務めている，と．ここで記載されている役職名は，設立当時に上記した規約に定められていたものと一致しないところもある．とはいえ，申が会長代理を務め，「中韓人民の組織せる唯一の言論機関」を標榜する協会の機関雑誌『光明』も朝鮮人の李愚珉が社長を務めている，という報告が事実であるとすれば，協会設立後，朝鮮人側が重要な役割を果たすようになった，と考えることもできる．なお，ここで言

及される機関紙『光明』については後述する。

　以下では，協会の組織委員会のメンバーを中心に触れておきたい。まず中国側をみると，朱念祖は，1913 年に中華民国の参議員を務めていたが，同年，袁世凱の横暴な政治に反対したため逮捕され，3 年後に出獄した，という経歴の持ち主であり，中韓協会設立当時は，広東軍政府外交部総務司長を務めていた。

　謝英伯（1882-1939）は，広東省出身で香港で教育を受けた人物である。孫文らが 1905 年に東京で清朝打倒を目指して結成した革命組織の中国同盟会に加入したことがあり，1917 年に孫文の大元帥府[12]秘書を務め，18 年に中華民国の衆議員になる。その間には，立て続けに複数の新聞を創刊したり，あるいは創刊した新聞の編集長を務めるなど，新聞などに関わる活動を得意分野としていた。後述するように，中韓協会の機関紙『光明』の創刊においても，謝の役割が大きかったという。

　丁象謙（1875-1956）は，安徽省出身で早稲田大学に留学した経験の持ち主であり，謝らと同様に同盟会会員であった。1913 年に参議員となったが，上記の朱念祖と一緒に袁世凱の独断政治に反対したため逮捕された。出獄後，1917 年に大元帥府参議を務めている。

　汪兆銘（1883-1944）は，1921 年当時，広東省教育会長，広東軍政府顧問を務めていた。その翌年に彼は総参議となる。この後，24 年 1 月に国民党中央執行委員兼宣伝部長に就任し，翌 25 年に孫文が死去した後は広東軍政府常務委員会主席を，そして 37 年には国民党副総裁を務め，40 年に日本の傀儡（かいらい）政権といわれる南京政府の主席となる。

　次に朝鮮側をみると，まず，申圭植（1880-1922）は，朝鮮の忠清北道清原郡で生まれた人物である。官立「漢語学校」を経て陸軍武官学校を卒業した後，副尉に昇進する。1905 年，日韓保護条約が締結されると，死をもって抵抗しようと毒を飲んだが，失敗し，右の目を失明した。1911 年の春，中国（上海）へ亡命し，同年秋には「辛亥革命」に参加した。翌 1912 年，抗日秘密結社の「同済社」を立ち上げ，さらに中国革命家たちと提携して「新亜同済社」を結成した。1919 年，上海に大韓民国臨時政府が樹立されると，

申は議政院の副議長,そして法務総長を経て,1921年には国務総理代理に就任し,外務総長職も兼任した。しかし1922年9月,申は祖国の将来を懸念し,中国革命にも失望したすえ,25日間の断食を行って自ら命を絶った。

『光明』雑誌社長の李愚珉は,当時毛沢東が通信部主任であった長沙中韓互助社の経済部主任も務めていた。日本の官憲資料によると,李は「孫文,陳炯明ヲ動カシ両者ヨリ三百円」の補助を受けて「光明社」を創設し,「不穏雑誌『光明』ヲ発行」して朝鮮の独立を訴え,中朝の提携を呼びかけていた[13]。そして中国南方における独立運動の「重鎮」となって,また「孫文ヲ動カシ」て上海に「中韓互助社」(中韓国民互助総社のこと)を創設し,1922年には北京に赴いて在留朝鮮人のための育英学校を設立しようと「北京国務院支那議員ニ対シ援助方ヲ運動」して議員70余人の「承諾連署」を得ていた。この資料における記述が正しいとすれば,彼は中国側の有力者とかなり深い関係にあったと考えられる。

以上,中朝両側の協会メンバーをみると,中国革命や朝鮮独立運動において重要な役割を担った錚々たる顔ぶれであった,ということがわかる。また,朱念祖や申圭植のように,中国の立憲政治や朝鮮の独立を最重要課題と捉え,自分の身の安危など意に介さなかった人物も複数いる。そのような彼らの行動を見ると,民族の独立という正義のために戦う,という共通の思想と認識が,中朝の連帯を可能にした,と考えることもできる。さらに,李愚珉は,長沙,広州,上海,北京など中国各地で中朝の連帯運動のために奔走した。そのようにして彼らが各地でかかわった組織や連帯運動は,中朝連帯のネットワークを形作っていた,とみることもできよう。

3　中韓協会の活動

(1)　ワシントン会議および中国各界への働きかけ

1921年の7月,アメリカ大統領ハーディングが,同年11月から翌年2月までの期間に,ワシントンにおいて,アメリカ,日本,中国など9ヶ国代表が参加する,軍縮および太平洋・極東問題を討議する国際会議を開催するこ

とを提唱した。呼びかけを受けた各国は，この会議に参加する意志を表明する。中国政府は，ワシントン会議が日本に奪われた諸権益を取り戻すチャンスである，と認識し，北京政府だけでなく，広東軍政府も，会議をめぐる外交活動に総力を挙げて取り組んでいくことになる。また，中国に亡命した朝鮮人たちも，この会議を朝鮮の独立を取り戻す好機として捉え，活発な外交活動を展開していくことになる。

1921年8月15日，第2節の(1)で言及した上海中韓国民互助総社は，アジアと世界の平和のために朝鮮の独立を回復し，中国の主権を尊重することを内容とする宣言文書をワシントン会議に提出した。他方，これと同時期に上海の大韓民国臨時政府は，李承晩ら3名を渡米させるとともに，韓国の独立問題を取り上げるように中国や会議参加国の代表に働きかけた。

その後，広州の中韓協会も，アメリカ政府およびワシントン会議参加国の代表宛に宣言書を送った。そこでの主張は，次のように3点にわたるものだった。第一点目は，日本と締結してきた様々な条約に関する主張であり，そこでは，二十一ヶ条要求，山東問題，満蒙優先権などの中国に関わる問題と，朝鮮に対する保護条約，併合条約を「両国の全国的民意機関の正式な承認を経なかった不法の密約」と規定し，その破棄を求めている。また，韓国の独立を約束した下関条約を確実に履行し，併合ないし占領した朝鮮，台湾をはじめ大連，香港などをすべて返却すべきである，という主張もある。第二点目は，経済問題に関わる主張であり，そこでは「両国の合法国会の通過を経」ていない借金は返還の責任がない，と指摘されている。第三点目は，国家の勢力範囲に関わる主張であり，そこでは，いわゆる勢力範囲や優先権，特権などさまざまな不平等の待遇は一切承認しないし，両国に駐屯する外国の軍隊は1922年2月1日以前に撤退すべきである，と主張している（『独立新聞』陰暦1921年10月20日）。

また，中韓協会はワシントン会議に出席した中国代表にも打電し，韓国の独立に関わる議題を会議に提出し，韓国の代表が会議に列席して意見を述べることができるように，と求めていた。

同協会はまた，上海，北京，天津，広州および中国各省における連合会や

学生連合会,太平洋討議会,国民外交後援会,国会,省議会,教育会,農会,商会,工会(労働組合),各団体,各新聞社に向けて,上記の宣言書とほぼ同じ内容の声明を電文で送った[14]。さらに,上記の宣言文は,香港の『華字新聞』,上海の『独立新聞』などに掲載された。以上のことから,日本帝国主義に反対する中韓協会の活動は多くの人々に知られた,と考えることができる。また,中韓協会の宣言文を通じて,中国在住の朝鮮人は,大韓民国臨時政府あるいは亡命活動家たちの主要な要求を知ることになったはずであるから,その点でも中韓協会は重要な役割を果たしたと考えられる。

しかしながら,朝鮮人がこれだけ大きな期待を寄せたにもかかわらず,ワシントン会議の主催国であるアメリカは,韓国代表団の存在そのものを認めなかった。ヨーロッパの諸列強も,アメリカと同様,韓国代表団に冷淡な態度をとった。以下では,そのようなワシントン会議開催期間に創刊された中韓協会の機関紙『光明』について見ていきたい。

(2) 機関紙『光明』の創刊

中韓協会が設立されてから2ヶ月後の1921年12月1日,当時の広州市昌興馬路26号の建物で,同協会の機関紙『光明』(月刊)が創刊された。同協会は,この月刊誌創刊のために,現地以外に,遠く離れている湖南省からも寄付金を募集していた。湖南省長沙における中韓互助社の幹部を務めたことのある李愚珉の人脈によるものと推測されるが,その結果,長沙,常徳地方の中国人の官吏や民間人から800ドルから900ドル程度の寄付金が送付され,また,広州市長を務めていた孫文の息子である孫科や,広東省長代理の古応芬など十数人の要人からも,数百ドルの寄付金を集めることができた[15]。

創刊号の「発刊宣言」では,次のように主張されている。光明月報は中韓人民の唯一の言論機関である。同誌の目的は,両国人民が友情を深め,「民治」を推進すること,同誌の性格は有産階級ではなく庶民のものであり,強権を一掃し人道主義を提唱し,朝鮮独立運動を行う総体である,と。またこの宣言文では,世界の人々よ,いち早く立ち上がって正義を伸張し,ともに自由と幸福を求めよう,と呼びかけている。この場合の「正義」とは,日本

をはじめとする帝国主義の侵略に抵抗し，あらゆる強権に反対することを意味すると考えられる。つづく「発刊詞」でも，世界の多くの革命家の意見を総合して強権を撲滅する方法を講じるとしつつ，東アジアと世界の平和を祈っている。

『光明』誌には中朝の執筆者らが寄稿していたが，汪兆銘や中国共産党創立メンバーの一人である陳公博[16]およびこの雑誌の創刊に寄付金を出している魯蕩平など湖南省長沙の「名士」も寄稿していた。つまり，『光明』誌は，朝鮮人の亡命者たちによる雑誌でありながら，彼らに連帯の意志を表明する様々な党派に属する中国人からも支援されていた，ということがわかるのである。

創刊号に掲載された論説の内容を整理すると，おおむね以下のようになる（楊他 1987：1229-1234）。まず，いくつかの論説では，被支配民族，特に朝鮮人民が強権と抑圧から逃れ，独立と自由を勝ち取るためにとるべき方法について論じられている。その際に，多くの執筆者は，今後中朝両国の革命は「社会革命」を目指すべきだと主張している。ここでの「社会革命」は，社会主義の実現を意味している。次に，いくつかの論説では，アナーキズムに関する主張が展開されている。それらの論説等では，あらゆる強権的政府を打倒してこそ真の自由を獲得することができる，と主張され，世界規模で強権をなくすための運動が呼びかけられている。さらに，多くの論説に見られたのは，朝鮮独立運動をめぐる北京政府の親日的な態度に対する批判である。加えて，これも多くの論説等で扱われていたのが，労働問題である。ある論説では，資本家による労働者からの搾取を暴露し，労働者の悲惨な生活を描きながら，サンディカリスム（労働組合主義）が主張されている。またある論説では，労働組合のあり方が論じられ，労働組合は労働者によって担われる組織であり，その目的は労働者自身の問題を解決することにあるだけでなく，資本制度を打破し，社会の改造を目的とする組織でもあるべきである，と主張されている。しかも，『光明』の最終ページには「広東総工会章程」[17]と，広東における85に及ぶ労働組合組織の名前が掲載されている。

以上のように，『光明』誌上には，朝鮮独立運動から始まり，社会主義や

アナーキズム運動，さらには労働問題に至るまでの幅広い領域に関する論説が掲載されていた。これらの論説を見れば，中韓協会の関係者やその同調者たちは，単に中国あるいは朝鮮の問題だけを考えていただけではなく，人類共通の問題や世界全体のあり方にも目を向けていたことがわかる。また同誌上では，民族独立だけでなく，独立後の国家のあり方をも論じられ，その中には社会主義を目標とすべきである，という主張も見られた。以上のように，『光明』誌は，中朝の多様な見解を区別することなく掲載していた。このような同誌のあり方も，中朝双方の連帯の基盤になったのではないだろうか。

以上のほか，中韓協会は広東軍政府と大韓民国臨時政府の架け橋の役割も果たしたと考えられる。1921年11月，臨時政府総理代理の申圭植は広州で孫文と会い，中国軍事学校への朝鮮人学生の受け入れや借款などの支援を求めた。孫文らは広東軍政府の力量の許す限りこれに応じた（石 2009：19）。例えば，雲南の陸軍講武学校は，その後孫文の呼びかけに応じて数十人の朝鮮人学生を入学させており，1924年に広州で設立された有名な黄埔軍官学校も多くの朝鮮人学生を受け入れている。また，広州に常駐する大韓民国臨時政府代表の経費なども広東軍政府側が負担した。ただ広東軍政府の日本への外交的顧慮のため，それらは非公式に，あるいは民間組織を通じて行う形をとった（胡 1976：60）。中韓協会はこの民間組織の中核だったろう。

以下では，ここまで見てきた中国における中朝連帯が，国際的なネットワークとどのように結びついていたのか，という点について見ていきたい。

4　情報ネットワークと中韓協会

すでに見たように，その規約からは，中韓協会が広州と上海に本部を置き，さらに各地に支部を置くなど，中国における広範な組織網を構築しようとしていたことがわかるが，それがどこまで成功していたかは不明である。とはいえ，朝鮮人は国内外の団体やメディアを通じて緩やかなネットワークを形成し，情報を伝達し，あるいは，独立運動を支援していた。例えば，上海では大韓民国臨時政府の機関紙として『独立新聞』が発行され，アメリカでは

在住朝鮮人たちによって『新韓民報』というハングル新聞が発行されていた。これらのメディアは，広州における中韓協会の『光明』とともに，日本の朝鮮支配の実態を世界に知らせ，世界中の朝鮮人に独立運動の情報を伝達し，また独立運動を呼びかけるうえで大きな役割を果たした。朝鮮独立運動が日本の厳しい弾圧の下でも維持されていたのは，こうしたネットワークがあったためであると考えられる。

こういったネットワークによる運動は，日本政府にとって危険な存在であるために取り締まるべき対象と見なされていたが，容易に弾圧することはできなかった。例えば，1921年10月7日，広州に駐在する藤田という日本総領事は，広東軍政府の魏公安局長に中韓協会を取り締まることを要請する文書を送っていた。藤田によれば，李愚珉ら中韓協会の朝鮮人会員は「暗殺団に属する過激派」であり，「中韓人聯合シテ日本ニ反抗」する行動をとっているという。そして藤田はこの文書の中で，日中両国の「精神的親善維持」のため，朝鮮人の動向を充分観察し，「放逐」などの措置をとるように，と広東軍政府に要請していたのである[18]。以上の文書には，中朝連帯を遮断しようとする日本政府の狙いがうかがえるが，その約2ヶ月後の1921年11月24日，すでに言及した，当時アメリカで発行されていた『新韓民報』紙上では，「領事はなぜ韓中協会を妨害するのか」という記事が掲載され，日本の取り締まりに反対する意志が表明されていた。また，同紙によると，広東軍政府当局は，日本政府の要求に対して，人民が結社の自由のもとで組織した団体を政府としては干渉できない，と回答したという。

しかし，中韓協会が存続した期間は極めて短いものだった。1922年以降，日本の官憲資料で中韓協会に言及されることがほとんどないことから，同協会は設立から数ヶ月でその活動を中止したと考えられる。機関紙『光明』も1921年12月に発行された創刊号以降に継続して発行された形跡はない。以上のような，中韓協会の活動停止と『光明』誌の発行停止の原因は，まず，現地総領事館をはじめとする日本当局の取り締まりのほか，おそらくは活動・出版経費の問題にもあったのではないかと考えられる。当時の中国における朝鮮人の独立運動には，常に経費不足という難題が付きまとっていた。

中韓協会も他の朝鮮人による組織と同様，安定した活動資金が常に不足していた組織のひとつだった。例えば『光明』誌を発刊するために中国人の官吏や一般人からさえ寄付金を集めねばならなかった，という点を見れば，資金が不足していたために，朝鮮人による運動は，常にそのつど広く募金を呼びかけて工面しなければならない状況にあった，ということが推測できるのである。

　そのうえ，中韓協会の大きな支持勢力であった広東軍政府も，北伐などをめぐって大きな試練の中にあった。1922年6月には軍事的に広東軍政府を支えていた陳炯明の軍隊が反乱を起こしたため，孫文は広東を離れざるをえなくなった。その結果，中韓協会は，重要な支持勢力を失うことになった。また朝鮮人側でも，この時期には，中韓協会の支持勢力である上海大韓民国臨時政府内で，独立運動の路線や方法をめぐる政争が続いていた。その過程で李承晩大統領に対する不信が高まり，あるいは，ワシントン会議などをめぐる外交が挫折することなどによって政府自体の存立が危ういところまできていた。そのため，1922年9月には，同協会の中心メンバーである申圭植が，中国革命と朝鮮独立運動に失望したあまり自殺を選んだのである。このような内外の厳しい状況のなかで，中韓協会の活動は終結に向かったと考えられる。

　ただし，中韓協会の活動はその後の中国と朝鮮における独立運動の動向に何らかの影響を与えたのではないか，と推測させる事実がある。例えば1927年の広州蜂起には数百人の朝鮮人が参加している。さらに，1930年代以降の中国抗日戦争にも数多くの朝鮮人が参加している。これらの事実からは，中朝両国民の強い連帯を読み取ることも可能であり，そのような連帯の礎を築いた組織のひとつが中韓協会だった，とも言えるのではないだろうか。

おわりに

　以上，1921年9月に広州で設立された中朝連帯組織「中韓協会」の成立と組織の構成，ワシントン会議などに向けての諸活動，そして機関紙『光

明』の活動および発行の停止までの経緯を見た結果，以下の点が確認できた。まず，中韓協会を支持したのは，広東軍政府と上海大韓民国臨時政府の有力者などであった。彼らは同会の創立にかかわり，同会を支えたのである。また，中韓協会は，ワシントン会議や中国各界に宣言書などを送り，日本の侵略を糾弾し，朝鮮の独立と中国主権の維持を呼びかけた。そして機関紙『光明』は，当時中国人と朝鮮人が協力して創った数少ないメディアであり，日本の侵略に反対し，中朝連帯を訴えるうえで一定の役割を果たした。

本章では，以上のような点を確認したことを通じて，中国人と朝鮮人が，中国革命と朝鮮独立運動を別々に考えたのではなく，深い相関関係にあるものと認識し，独立あるいは主権擁護といった問題を解決するために，ともに考え，ともに戦っていた，という点を明らかにした。そのうえで，中韓協会の活動を，国境を越える情報ネットワークの観点を取り入れて考察することにより，同協会を中国史や朝鮮史といった一国史の枠組みの中でのみ見るのではなく，グローバルに活動していた朝鮮民族独立運動と関わり合わせながら見ることができる，という点も指摘した。中韓協会の経験，つまり国境を越える異民族間の連帯と相克は，世界中で民族紛争が頻発する現代社会においても軽視できないことであろう。

■注
1) ペ（1996）のなかである程度紹介しているが，管見の限り，これ以外に同協会に焦点を当てた研究はいまだに見当たらない。
2) 日本は国内外のネットワークを通じて朝鮮独立運動などの情報を収集し，しかるべき対応をとっていた。1921年10月21日付け高警第28417号の『国外情報』は在広東総領事の通報であり，中韓協会発会式の様子を詳しく記録した秘密文書であるが，この文書の発送先には次の諸機関の長官などが入っている。つまり，内閣総理大臣，各省大臣，拓殖局長官，警視総監，検事総長，関東長官，同軍司令官，朝鮮軍司令官，同両師団長，同憲兵隊司令官，各法院長，各検事長，検事正，奉天，吉林，哈爾賓，天津，上海，浦潮，間島総領事，安東，鉄嶺，長春領事，朝鮮各道の知事，警務局派遣員である。総理大臣から軍司令官，司法長官，各地の総領事や朝鮮各道の知事，警務局の派遣員まで，実に幅広い諸機関に情報が行き渡っていることがわかる。また日本国内のほか，朝鮮，中国，ソ連といった広大な地域が含まれている。これらの諸

機関はネットワークを形成し，それぞれが収集した情報を常に交換していた。またその情報収集能力は高かった。当時の在広州日本総領事館の報告書などを見ると，その情報収集の迅速さと正確さが読み取れる。朝鮮人がいつ，どこで，何をしたかといったことが詳細に書かれているのである。このように，日本は個人や団体の情報をかなり正確に把握し，それに基づいて対策を考案したのである。

3) 「墾民」は「開拓の民」という意味だが，当時中国当局は東北に移住してきた朝鮮人の呼称としてこの「墾民」を多用していた。植民地期に日本が用いた「鮮人」と同じように，朝鮮人に対する蔑称の意味合いもあるように思われる。
4) この間島事件を日本ではよく「琿春事件」あるいは「間島出兵」と呼ぶ。
5) 中国では1917年9月以来，北方の北京政府と南方の広東軍政府が，互いに正統を称して対立していた。このような状況は，孫文の後を継いだ蔣介石が1928年北伐に成功し，中国を統一するまで続いた。
6) 「僭称上海假政府法務総長ノ広東行」1921年11月2日，防衛研究所蔵史料『陸軍省大日記』朝鮮騒擾事件関係書類。
7) 「中韓協会組織」1921年10月19日，外務省外交史料館所蔵史料『不逞団関係雑件』朝鮮人ノ部／在支那各地 (2)（以下「在支那各地」と略す）。
8) 前掲「中韓協会組織」1921年10月19日。
9) 「中韓協会ノ発会式挙行」1921年10月21日，在支那各地 (2)。
10) 上海本部に関する資料は見当たらない。また官憲側の記録を見れば，「北京支韓協会支部員」云々とされているため，もしこの記述が信頼できるとすれば，北京にも支部があったことになるだろう。
11) 「在外朝鮮人団体調査方ノ件」1921年11月12日，在支那各地 (2)。
12) 1917年9月，孫文は中華民国軍政府（護法軍政府とも呼ぶが，広東軍政府のことである）の大元帥に就任したが，「大元帥府」は大元帥の官邸のことである。
13) 「中韓互助社創立者李愚民ノ帰順意図」1924年2月7日，在支那各地 (3)。同資料には1922年以降，李は独立運動に失望し帰順する意向を代理人を通じて日本側に伝えていると記録している。
14) 「中韓協会ノ支那各界ニ通電」1921年12月26日，「在支那各地」(2)。
15) 藤田広東総領事の内田康哉外務大臣への書簡，1921年10月7日，外務省外交史料館所蔵『不逞団関係雑件』朝鮮人ノ部／鮮人ト過激派。
16) 1921年7月，陳公博は広州共産主義グループを代表して中国共産党第一次全国代表大会に出席したが，後に汪兆銘政権のナンバー2になった。
17) 「工会」とは，労働組合のことである。
18) 「藤田広州総領事の魏公安局長宛書簡」1921年10月7日，「在支那各地」(2)。

■参考文献
小野信爾（1982）「三一運動と五四運動」『朝鮮史叢』第5・6合併号。
外務省外交史料『不逞団関係雑件』朝鮮人ノ部など。
加藤哲郎（2008）『ワイマール期ベルリンの日本人――洋行知識人の反帝ネットワーク』岩波書店。

小島晋治（1980）「三・一運動と五四運動」『朝鮮史研究会論文集』第17号。
孫安石（1996）「1920年代,上海の中朝連帯組織――『中韓国民互助社総社』の成立,構成,活動を中心に」『中国研究月報』第575号。
許寿童（2009）『近代中国東北教育の研究――間島における朝鮮人中等教育と反日運動』明石書店。
水野直樹（1989）「黄埔軍官学校と朝鮮の民族解放運動」『朝鮮民族運動史研究』第6号。
水野直樹（1992）「東方被圧迫民族連合会（1925-1927）について」狭間直樹編『中国国民革命の研究』京都大学人文科学研究所。

［中国語・韓国語文献］
胡春恵（1976）『韓国独立運動在中国』［台湾］中華民国史料研究中心。
石源華（2009）『韓国独立運動与中国関係論集』上,［中国］民族出版社。
ペ京漢（1996）「孫文と上海臨時政府」［韓国］『東洋史学研究』第56号。
楊昭全他（1987）『関内地区朝鮮人反日独立運動資料匯編』下,［中国］遼寧民族出版社。

第10章

国民国家を越える戦場への移動
―― スペイン国際旅団とアメリカ人義勇兵：
アメリカの若者が見たスペイン内戦

島田　顕

はじめに

　現代世界において，ボランティアにかけられる期待は大きい。ボランティアに参加する人々の多くは，何の知識も経験も持たない。若さと体力，そして「何か役に立ちたい」という自己犠牲の精神だけで活動に参加している。近年，日本人のボランティア活動は，国内の被災地などだけでなく，政情が不安定な国外の諸地域における活動にも広がっている。日本人のボランティア活動は，1995年の阪神淡路大震災以降に脚光をあび[1]，その後国境を越えたボランティアがマスコミなどで報道されるようになった。

　ところで，「ボランティア（volunteer）」は，もともと，「義勇兵」あるいは「志願兵」を意味する。つまり，戦場という極めて過酷な場所で，自らの命を投げ出す覚悟で参加する若者を指す言葉である。「志願兵」ではなく「義勇兵」と訳す場合には，自身が帰属する国家やエスニック・グループのためではなく，より普遍的な理念に導かれて，他国民のために戦場に赴き，しかも報酬を度外視して進んで兵に服する者を指す。今日でも，宗教などの普遍的な理念に導かれて，「義勇兵」が国境を越えて戦場に赴くことがしばしば見られる。だがそれは，今日のようなグローバル化が進む世界ではなく，国民国家の理念と体制が強化されつつあった19世紀末から20世紀前半までの時期において成立しえたのだろうか。

　注目すべきは，1930年代のスペイン内戦に参加した義勇兵たちである。なぜなら彼らは，世界恐慌以降，国境の壁が高くなり，「甲殻類としての国

家」が一般的になり，ヒト，モノ，カネの動きが停滞したといわれる時代にあって（序章を参照），国境の壁を乗り越えて今日のボランティアと同様に，他国の人々のために救援活動に駆けつけていった者たちだからである。彼らは，今日よりもはるかに困難かつ危険な状況だったにもかかわらず，国境を越えて義勇兵として他国の戦争に加わった。

そうだとすれば，彼らが戦争に赴くに至った動機や，彼らが戦場で得た体験の意味を解明することは，当時の世界を理解し，再検討するうえで，さらには，現代の若者たちが国境を越えて，ボランティアとして見ず知らずの他国の人々のために活動することの意味を考えるうえで，重要な手がかりを与えてくれるに違いない。

本章では，今日の国際社会でグローバルに展開している，あらゆる「ボランティア」の原型のひとつとして，1930 年代のスペイン内戦にアメリカから参加したトーマス・ペイジという黒人の義勇兵に焦点を当て，スペイン内戦に参加した経験，そしてその後の人生を明らかにする。このことを通じて，国境を越えた他国での救援活動への参加が，義勇兵たちの成長とその後の人生を大きく変えることになったことを明らかにする。

ペイジは，黒人という差別される境遇を強く意識しながら，「自由」のためにスペインで戦った。この事実を考えれば，すでに述べたような，普遍的な価値観に導かれ，自らが帰属しない国家や民族のために命を投げ出す「義勇兵」への意識が，彼の行動から読み取れる。自らが帰属しない国家や民族のために命を投げ出す義勇への意識が，彼の行動から読み取れるということが予想できる。しかもペイジの記録が，ロシア国立社会政治史文書館（RGASPI）にあり，アメリカにあるエイブラハム・リンカーン旅団退役軍人会（VALB）のホームページに略歴が掲載されているため，他の義勇兵に比べるとペイジは，辿った人生を比較的詳しく知ることができる人物の一人である。さらにペイジは，後述するように，スペイン共和国連帯活動や支援活動において，主導的役割を演じていたアメリカ共産党の運動を底辺で担っていた人物である。その点で，今日ボランティア活動に参加する若者に近い存在だったと考えられる。彼に焦点を当てるのは，以上のような理由からで

ある。

　以下第1節では，スペイン内戦の経過を概観する中で，内戦といえども，実際には国際紛争であったという点を明らかにする。第2節では，1929年の世界大恐慌からスペイン内戦に至るアメリカ社会の変化を概観する中で，アメリカの若者たちがスペイン内戦に義勇兵として参戦した背景であるアメリカにおける政治経済的な状況を検討する。第3節は，アメリカ人義勇兵の一人であるペイジが辿った人生を振り返る。まず，スペイン内戦に至るまでの彼のアメリカでの活動，政治活動に入るきっかけからスペインに赴くまでを見たうえで，スペイン到着後の彼の活躍，戦いの様子を明らかにする。さらに，スペイン内戦後帰国したアメリカ社会での彼の生活を振り返る。

1　スペイン内戦とは何か

　1936年2月，スペインで実施された選挙において人民戦線が勝利する。人民戦線とは，ファシズムの脅威を感じ，不安をおぼえた共産党や社会党を中心とする左翼勢力を含む進歩的勢力が結集した勢力である。選挙で人民戦線が勝利した結果，スペイン共和国は人民戦線政府が担うことになった。

　しかし，人民戦線政府に敵対していた軍部，特に陸軍が，1936年7月18日に叛乱を起こした。第二次世界大戦が始まる3年前のことである。その後，叛乱軍陣営には，ファシスト，王党派，軍部，地主，教会，資本家などの右派勢力が人民戦線政府打倒を目標にして結集し，次第に内戦の様相を呈するようになる。

　叛乱は，首都マドリード，バルセロナ，バレンシアなどの主要都市を擁する東部，バスク地方を含む北部では鎮圧されたが，南部地域，北西部では成功する。また叛乱軍陣営は，イタリア，ドイツと連絡を取り，軍事援助を得ることに成功した。イタリアとドイツの両国は，最新鋭の武器を叛乱軍陣営に送るだけでなく，叛乱当初から「義勇軍」と称した正規軍部隊を続々とスペインに送り込んだ。

　画家パブロ・ピカソの絵画作品『ゲルニカ』が，当時スペインに送り込ま

れていたドイツ空軍の正規軍部隊(「コンドル兵団」)による,バスク地方の都市ゲルニカに対する無差別爆撃をモチーフにしていたことは周知の事実である。

　人民戦線政府は,軍部の叛乱に対し,武装した労働者と政府側に残った陸軍の一部と海軍および空軍によって,叛乱軍鎮圧を開始するが,それでも兵員が足りず,諸外国に援助を求めた。フランコらの叛乱が開始された当時,ベルリン・オリンピックに対抗する形で開催される予定だった,労働者のためのオリンピックであるバルセロナ・オリンピックの開幕を目前に控え,世界各地から約6000人ものスポーツ選手がバルセロナに集まっていた。叛乱がはじまると,バルセロナ・オリンピックは中止され,スポーツ選手の多くは帰国することになった。だが,一部のスポーツ選手たちは,スペイン人民を支援することを決意し,義勇兵となりスペインに残った。

　さらにスペインを救おうと,世界中で起こったスペイン共和国連帯運動および支援運動によって,スペイン共和国に世界中から義勇兵がやってきた。加えて,有名作家,ジャーナリストたちが挙ってスペインにやってきた。その中には義勇兵として参加したイギリス人作家のジョージ・オーウェルや,ジャーナリストとして入ったアメリカ人作家のアーネスト・ヘミングウェイもいた。スペイン内戦後に,オーウェルは『カタロニア讃歌』を,ヘミングウェイは『誰が為に鐘は鳴る』を出版する。また,写真家ロバート・キャパも当時スペインで取材を行い,出世作となった『崩れ落ちる兵士』や多くの写真を撮影し,アメリカの雑誌『ライフ』に発表する。

　こうして,世界中からやってきた義勇兵の多くが加わったのが,国際旅団である。国際旅団は,コミンテルン(共産主義インタナショナル)[2]がスペイン共和国を救おうと,世界中に呼びかけて結成されたものであり,スペイン共和国軍の一部として行動し,勇名をはせた。同旅団に加わったのは,55ヶ国からやってきた約4万人の義勇兵だった。国際旅団は,第11国際旅団から第15国際旅団が結成され,言語別に編成された各部隊を持っていた。それらのうち,英語圏出身者によって結成された部隊の中で,アメリカ人が多数加わっていたのが,エイブラハム・リンカーン大隊とジョージ・ワシン

トン大隊だった。

　両部隊に所属するアメリカ出身の義勇兵たちのほとんどが，20代から30代の若者で共産党員だった。彼らアメリカ人義勇兵の総数は，約2600名であり，その中には裕福な家庭の者や作家や芸術家もいたが，多くはトラック運転手，船乗り，学校教員，大学生，さらに失業者だった。加えて，彼らの中には，2世紀近く前，独立戦争前からアメリカに移住していた人々を祖先に持つ人もいれば，比較的最近アメリカに移住してきた移民の子孫もいた。エスニシティから見ると，黒人，アメリカ先住民（インディアン），加えて，日本人義勇兵のジャック・白井がいたという点が興味深い（Caroll 1994：14-15）。こういったエスニシティの多様性や所属階層を見れば，義勇兵になった動機は，「エスニック」あるいは「ナショナル」な同胞意識に基づくものではなく，「自由で平等な民主主義」という普遍的な理念であったと推測できる。

　以上のように，世界各国から共和国陣営と叛乱陣営に義勇兵が参加することになり，やがてスペイン内戦は国際紛争の様相を呈するようになる。このような状況の中で，スペイン共和国は同じ人民戦線による政府であるフランス政府に援助を要請した。しかしフランスは，支援自体を冷淡視するイギリス政府と協議した結果，援助中止を決定し，中立を宣言した。援助のかわりにフランスは，関係各国の政府代表者によって構成される不干渉委員会結成を提案し，これが了承され，第1回会議が1936年9月にロンドンで開かれる。

　すでに叛乱軍陣営に対して援助を行っていたドイツ，イタリア，そしてスペイン共和国政府側を援助していたソ連を含む27ヶ国が，この組織に参加した。その頃，ソ連はまだ武器援助を開始していなかったが，ドイツとイタリアから大量の援助を受けた叛乱軍による大攻勢がはじまり，これによりスペイン共和国側が崩壊寸前の状況に陥り，ついに武器援助を開始する。

　だが，すでに不干渉委員会に加わっていたため，ソ連は公然と武器援助を行うことはできなかった。このためソ連が送った武器は，ドイツとイタリアに比べてわずかなものであり，戦況を大きく変えるほどのものではなく，ま

してやスペイン共和国側を勝利させるほどではなかった。ドイツとイタリアが叛乱軍陣営，ソ連がスペイン共和国陣営に対して武器援助することにより，不干渉協定は遵守が破られ，実効のないものとなった。

　その後，叛乱軍陣営が，支配地域内にあるブルゴスにフランコ将軍を首班とする臨時政府を樹立し，ドイツとイタリアがこれを承認した。こうしてスペインは，共和国政府とフランコによる臨時政府が並立する二重政府状態となる。叛乱軍陣営は，臨時政府を樹立する傍ら国内体制を整備し，ファシスト政党のファランヘ党を改編し，全勢力がこれに結集し，政権の地盤固めを着々と行っていった。

　一方，人民戦線政府のスペイン共和国の政治体制は，様々な政治勢力が協調・妥協しながらも，かろうじて維持していた不安定なものだった。左翼共和党，共和同盟，アナーキスト勢力もいれば，共産党，社会労働党，トロツキストもいた。1936年11月，スペイン共和国政府はマドリードからバレンシアに移転し，戦争勝利のために軍制その他の改革を実施するが，反対も多く，各勢力の間で激しい対立が起きた[3]。

　その間，叛乱軍は攻勢を続け，1937年10月にバスク地方が陥落，ついに共和国支配地域に楔（くさび）を打つような形で実施された地中海到達作戦が，1938年4月に成功し，スペイン共和国の支配地域を2つに分断する。残ったスペイン共和国地域も，叛乱軍によって各個に攻撃を受け，最終的に1939年3月28日に，フランコ将軍がマドリードに入城し，2年9ヶ月にわたるスペイン内戦は終了した。

　第2節では，このようなスペイン国内での戦争に，なぜアメリカの若者たちが義勇兵として参加したのかを検討する。このために，1929年に起きた世界大恐慌を発端として生み出された社会状況にさかのぼって検討しなければならない。なぜなら，義勇兵に参加した多数の若者が当時のアメリカにおいて共通して対峙していた問題の発端がそこにあったからである。

2 スペイン内戦とアメリカ人義勇兵
──なぜ彼らはスペイン内戦に赴いたのか

　1929年の大恐慌勃発以前，特に1920年代のアメリカでは自動車，鉄鋼を中心とする経済発展が見られた。だが独占資本による支配が浸透し，生産の伸びに比べ，物価は下がらなかった。本来なら，利潤を労働者に賃金として分配すべきなのだが，労働者の賃金は低くおさえられたままで，賃金の伸びは一向に見られなかった。かわりに，余剰資本はマネーゲームに投じられ，株式投機ブームが巻き起こる。アメリカ政府の政策も，このような状況を後押しし，労働者の生活改善に向けられることはなかった。

　1928年の時点で，失業者はすでに500万人に達していた。平均賃金が低いままで，かつ失業者が増大すれば，当然購買力は低くなる。このように，購買力に見合わない過剰生産と投機拡大が破綻する形で起こったのが，大恐慌だった。いざ大恐慌が1929年10月に勃発すると，自動車をはじめとするあらゆる生産の暴落，滞貨増大，設備減退，そして失業者の増大，購買力の衰退が起こった。大恐慌で経営側は，さらなる労働者の切り捨てによって脱出を図ろうとしたのである。

　失業者は1929年に約1600万人に達した。労働者の平均賃金は，1929年の1449ドルから1932年には960ドルに減った。各地で失業者のデモが頻発する。デモは時として暴動を伴う。飢えた労働者たちが食料品店や肉屋を襲撃し，ハム，ベーコン，缶詰め，果物を奪うという事件も起こっている。当時，最も過酷な状況下にあったのが黒人だった。黒人の賃金は最低におさえられ，失業率も平均失業率の2倍となっていた。

　失業と飢えは，労働者を労働運動に立ちあがらせた。1930年には125万の失業者の全国的デモが行われた。1930年，1931年には，首都ワシントンで国民飢餓行進が実施される。労働者たちが求めていたのは，失業救済と失業保険だった。要求を掲げて，各地でデモとストライキが起こる。特に工場での賃下げに対するストライキは激しいものだった。盛り上がる労働運動を目の当たりにした大企業は，労働運動の弾圧に走る。様々な自警組織も，ク

一・クラックス・クラン（KKK，アメリカの反黒人運動組織）もこれに加担した。それにもかかわらず，労働組合の加入者数は，1929年の400万人から1933年の1500万人へと急増し，労働組合運動は急成長した。

　各労働組合とともに，失業対策を求める運動で先導的役割を果たしたのが失業者協議会だった。失業者協議会は，大恐慌以後自発的に結成された地方委員会を統一する形で，1930年7月にシカゴで結成された。産業別労働組合（CIO）の結成まで，労働者，特に非熟練労働者の全国的な結集体となった。その間失業者は，解雇されていない労働者をストライキへ組織する連帯行動を行った。失業者協議会の最初の仕事は，多くの労働者たちが運動に加わるよう訴え，大衆デモを実行することだった。

　失業者協議会によるさらなる重要な活動は，住宅からの失業者の強制立ち退きを阻止する闘いだった。1930年から10万の家族の立ち退きと闘った。デモ，飢餓行進では，1930年3月6日には，アメリカ全土で参加総数125万人におよぶ失業者デモを実施し，デトロイトでは10万人，シカゴでは5万人規模のデモが実現した。こういったデモに対して，鎮圧のために警官隊が動員され，特にニューヨークでは，11万人規模のデモに2万5000人の警察官が鎮圧にかかった。その2年後の1932年12月には，失業者協議会によって，ワシントンへの飢餓行進も実行されている。

　アメリカは，まさに革命前夜を彷彿とさせる状況にあった。政府は，労働組合の激しい攻勢を抑え，これを体制に取り込んで危機を回避する必要があった。このために登場したのが，ローズヴェルト大統領（1933年3月就任）であり，彼によって打ち出されたのが，ニューディール（「新規まき直し」）政策だった。その際，労働者の権利を認め，労働組合を認知し合法化するが，そのかわりに共産主義は絶対に認めないことが念頭に置かれていた。

　周知のように，ニューディール政策の中心は，1933年6月成立の全国産業復興法（NIRA）と農業調整法（AAA）である。特に前者によって，工場での生産制限，労働時間の短縮，賃金引き上げを行い，労働者の権利を認め，購買力を上げようとした。そしてテネシー川流域開発公社（TVA）などの公共事業創出による失業者救済事業が行われた。

NIRAでは労働者の権利は不十分なままだったが，その後1935年に成立したワグナー法（全国労働関係法）により，労働者の団結と団体交渉権，資本の不法労働行為禁止が認められることになった。こうしてアメリカの生産は徐々に回復していったのである。だが，大恐慌からはじまる経済危機が完全に終息するのは，1940年の軍需生産増大以降であり，社会不安は依然として続いていた。

　スペイン内戦が勃発したのは，このように，大恐慌によってアメリカ国内で社会的な紛争が続いていた最中のことだった。アメリカ政府は，スペイン内戦がはじまる以前から，スペイン人民戦線に友好的な態度を示すことはなく，むしろ1936年2月のスペインの総選挙で敗北した右派勢力に同情していた。なぜなら，アメリカの政府とその支持者たちは，スペイン人民戦線に共産党が参加していたことを理由に，スペイン共和国政府を共産党の傀儡政権とみなしていたからである。だからこそスペイン内戦が勃発すると，アメリカ政府は叛乱軍陣営を援助する。

　その後アメリカ政府は，1936年8月に，不干渉政策の一環として，スペイン内戦を戦う両陣営に対する禁輸措置を発表した。しかし実際には，叛乱軍陣営にはアメリカから約187万トンのガソリンや，1万2000台のトラックが送られていた。ドイツとイタリアに対しても，アメリカから弾薬が送られた。例えば，ニュージャージーからは，6万発の航空爆弾がドイツの貨物船に積み込まれて出航した。さらに，叛乱軍が1938年にバルセロナと周辺諸都市を空襲した際，ローズヴェルト大統領は，この爆撃でアメリカ製の爆弾が使われた可能性があると述べたものの，アメリカ製の爆弾がヨーロッパに輸出され，フランコに渡った，という事実については言及しなかった。加えてアメリカ政府は，1937年2月に，叛乱軍支配地域であるマラガにアメリカの領事館を置いた。

　アメリカのマスコミは，当初はアメリカ政府と同じく，叛乱軍を支持し，フランコら叛乱軍が左派勢力に対する「十字軍」としての役割を果たしていることを強調していた。ところが，叛乱軍陣営による都市住民に対する無差別爆撃や大量処刑など，叛乱軍側の残虐さが明るみになっていくにつれて，

アメリカの多くのマスコミは報道方針を変え，スペイン共和国に対する共感を表明するようになる。

このようなマスコミの方針転換は，アメリカ社会においてスペイン共和国支持が圧倒的だったことを背景にしていた。当時の世論調査によれば，76％のアメリカ市民がスペイン共和国を支持していた。実際，マスコミの方針転換に先立って，すでに有名作家や科学者がスペイン共和国政府支持の意見広告を出すなど，スペイン共和国擁護の言論活動が活発化していた。また，労働組合など労働者の組織も，スペイン共和国政府支持を表明しており，それらの組織が関わる民衆デモや集会，さらにはより大規模な大衆集会が各地で開催されていく。

例えば，ある衣服労働者の組合は，援助をスペイン共和国に送ることを決議し，集まった数百万ドルの募金をスペイン共和国に送っている。スペイン内戦勃発から3年目を迎えた1938年9月になっても，ニューヨークの通りではそれ以前と同様，スペイン共和国政府支持を呼びかけるデモ行進が行われ，同年11月には食料や衣服，そして医療品を満載した輸送船がスペインに送り出されている。アメリカにおけるスペイン共和国支援の熱情は，政府レヴェルでは見られなかったが，市民レヴェルでは冷めることなく燃え続けていたのである。

また，スペイン内戦が勃発してから約6ヶ月後の1937年1月には，スペイン共和国政府を支援するために，最初のアメリカ人医療派遣団が到着していた。その後2年間にわたり活動するこのアメリカの医療組織は，医師，看護婦，薬剤師，救急車の運転手，通訳によって構成され，スタッフの総数は2年間で117人に達した。また彼らとともに，50床以上の収容能力がある病院を設置することができる物資や救急車，医薬品などもスペインに送られている。彼らアメリカ人医療スタッフは，スペイン共和国軍の行軍に合わせて，マドリード戦線，中央戦線，カタロニア戦線といった戦場で，野戦病院を展開し，機銃掃射や砲弾，そして空からの爆撃にさらされながらも果敢に医療活動を続けた。

さらに，すでに述べたように，1937年にスペインの戦場にアメリカ人義

勇兵の部隊であるエイブラハム・リンカーン大隊，そして 1938 年にジョージ・ワシントン大隊が登場すると，それらを支援する友の会という組織が結成された。この支援団体は，2 万 5000 人の会員を擁する巨大な組織であり，アメリカ人兵士たちのために，タバコ，チョコレート，書籍などの支援物資，さらに募金として集められた総額 21 万 5500 ドルの支援金をスペインに送っている。

　義勇兵を派遣するうえで最も重要な役割を演じたのが，アメリカ共産党だった。そればかりかアメリカ共産党は，前述したようなスペイン共和国連帯活動や支援活動において，主導的役割を演じていた。それらの活動において共産党は，アメリカの各都市の街頭でドイツを支援する組織と対峙し，アメリカ駐在のドイツ領事館の周囲に，メンバーを並べて包囲するという示威行動をとり，さらにはドイツ商船がニューヨークに入港した際，ナチ党を表す鍵十字のエンブレムを壊すという激しい行動もとっている。こういった激しい行動の多くは，気骨のある若い共産党員によって支えられていた。そのような若い党員たちが，アメリカ共産党の呼びかけに応じ，義勇兵としてスペインに旅立つことになる。

　1936 年 12 月 26 日，97 人からなる義勇兵派遣団の第一陣がニューヨークからスペインに向けて出発した。ただし，この最初の派遣団の出発は，大々的に報じられることはなかった。人目を避けるようにして出発したためである。義勇兵グループとみなされて注目され，一網打尽に拘束されることを恐れたからである。

　その数日後，アメリカ議会では，アメリカ市民がスペイン軍に加わることを禁ずる法案が可決された。つまり，アメリカ人が義勇兵としてスペインに赴くことは違法行為となった。それにもかかわらず，多くのアメリカの若者たちが，単独で，あるいは数人のグループ単位で，義勇兵となるべくスペインに向かった。

　スペイン国境に向かう途中で，一時的にフランスの警察に拘束された者もいれば，川を泳いで渡り，徒歩で標高 3000m 級のピレネーの山々を越えてスペインにやってきた者もいた。そのような彼らの行動を支えていたのは，

プロレタリアートは国際的に連帯しなければならない，自由の国アメリカに住む者としてあらゆる人々の自由を守らねばならない，そして自由と民主主義を守るために戦わねばならない，という信念だった。だからそれまでの人生で，スペインという国家やそこに住む人々とは何ら関わりがなかったとしても，スペインに赴き，スペイン共和国の人々のために戦闘に参加することは，彼らにしてみれば当然のことだったのである。

翌1937年1月から2月頃に，スペインにおいて最初のアメリカ人部隊である第15国際旅団エイブラハム・リンカーン大隊が結成された。以降，同大隊は，スペイン内戦の主要な戦闘，すなわちマドリード，ハラマ，ブルネテ，アラゴン，テルエル，エブロその他の戦いにおいて活躍する。だが，常に最前線に派遣されたため，リンカーン大隊が受けた人員の損耗は常に大きかった。同大隊が最初に参加したマドリード防衛戦線では，127人が戦死し，200人以上が負傷し，さらに，有能かつ勇敢なことで知られていた多くの指揮官を失った。

リンカーン大隊に所属していたアメリカ人の義勇兵たちは，その後編成されるジョージ・ワシントン大隊とともに，転戦に次ぐ転戦を繰り返す。その中で死傷者は増加する一方であったため，兵員の減少を理由とする部隊の編成替えや，他の部隊による吸収・合併も余儀なくされた。

義勇兵のうち生き残った者は，再びアメリカに帰還し，後年になって手記や回想録を残した人物もいる。だが後述するように，アメリカ社会が彼らを冷遇したため，スペインでの体験に関しては口を閉ざしたまま，生涯を終えた元義勇兵も多い。とりわけ，元義勇兵の黒人や先住民といった非白人は，共産党員ということだけでなく，有色人種だったことによって差別を受け続けた。

このように義勇軍に加わった人々のうち，彼らのようなアメリカで差別されていた人々が，スペイン内戦で何を経験したのかを明らかにすることは，困難を伴う。しかしながら，彼らがなぜスペインに向かい，スペインで何を経験したのかを知ることは，極めて重要である。抑圧され差別されていた者たちだからこそ，たとえ外国に住む見ず知らずの人々であっても，抑圧され

差別されている人々がいれば,その人々の自由を守るために駆けつけなければならないし,それが自分たちを救い出すことにつながるのだ。このように彼らは考えたに違いないからである。第3節では,今日まで偶然にも残されている,当時義勇兵だった者に対して行われたインタビューに依拠しながら,彼らの義勇兵参加の動機や,スペインでの体験などを再構成する。

3 トーマス・ペイジ

(1) スペイン内戦に至るまで

　RGASPI に保管されている,1937年12月16日に実施されたインタビュー記録4)によれば,トーマス・ペイジは1909年9月29日にニューヨークに生まれた黒人である。インタビューが行われた1937年12月16日の時点の年齢は28歳,最終学歴は高校であり,しかも2年間在籍しただけだった。その後大恐慌の初期,ペイジは職につくことができず,短期間だが密造酒の製造・販売で生計を立てていたこともあるという。大恐慌下で違法な活動に従事するほど,ペイジは切羽詰まった状況に置かれていたといえる。

　彼が政治活動家になるのは,前節で言及した失業者協議会に関わるようになってからだった。そのきっかけは,ノースカロライナ州で運転手として働いていたときに,偶然手にした黒人の共産党員ハリー・ヘイウッド（1898-1985）が書いた『土地,自由,平等』というパンフレットを読んだことだった。その後ペイジは,ニューヨークで共産党員だった友人たちと議論を重ね,何冊も文献を読んだ末に,1934年に共産党に入党する。ただし,「何でもしたのは共産党だった。他のあらゆる党派は,口先だけだった」というペイジの発言から考えると,加入の動機は,友人との議論や読書だけではないことは一目瞭然である。ペイジは共産党を,単に言葉で主張するだけでなく,様々な場面で党の考えを積極的に行動で示すことができる政党だと見ていた。

　前述のように,共産党はスペイン共和国を支持し,街頭などで示威行動を行い,支援物資や支援金を集め,スペインに送っていた。ペイジが共産党を高く評価していたのは,このような積極的な行動だった。

共産党入党後、ペイジはニューヨークの共産党の一支部、サニーサイド、ロングアイランド通り支部で活動するようになる。さらに全米黒人会議（1936年結成）の支部、ロングアイランド・グループを設立するために活動し、あるいは彼の活動する地区にあった夜間の児童自立支援施設に派遣され、子供たちのための活動に従事していた。彼が義勇軍への参加を決意したのは、そのような共産党員としての活動に明け暮れていた時期であった。

　(2)　スペイン到着後
　1937年2月、ペイジはニューヨークのハーレム（黒人地区）で活動していた共産党員のベリーから義勇兵になるよう要請され、義勇兵としてスペインに向かうことを決意する。同年3月10日、彼は汽船ワシントン号でヨーロッパに向けて出航、4月4日に国際旅団本部が設置されていたアルバセテに到着する。スペインに到着後、彼は歩兵として従軍することを希望する旨を明らかにする。なぜなら、ニューヨークの彼の黒人の友人が、次のように語ったからだという。君は「兵士としては役立たず」だ、「コックか何か別の汚い仕事」にありつけるだろうが、「黒人は戦闘部隊には配属されない」と。ペイジが「役立たず」といわれたのは、おそらく彼に従軍経験がなかったためだろう。
　だが、「黒人は戦闘部隊に配属されない」という友人の発言は、明らかにアメリカの軍隊における黒人差別の実態を踏まえたものだった。第一次世界大戦から、アメリカ軍は多数の黒人を採用するようになるが、その時期から戦場での黒人差別はアメリカの陸軍では一般的だった。黒人が兵士ではなく「汚い仕事」に配属されることも、おそらくは軍隊における経験、もしくは実態を踏まえた発言だったのである。
　前述のように、黒人として差別されるという忠告を受けていたペイジが、あえて兵士を志願したのは、国籍が異なっていてもプロレタリア同士が人種差別をすることなどない、プロレタリアートの国際的連帯という国際共産主義運動の理念を信じていたからかもしれない。その後ペイジは、南部の戦線（コルドバ戦線）にいた第86旅団に所属する。戦闘部隊に配属されたのでは

なかった。彼に与えられた任務は，軍用品供給のためのトラックを運転する輸送業務だった。ペイジにとって，この輸送業務に従事したのが，義勇兵としての最初の体験であり，それはまた，彼にとってはじめて外国人とともに同じ任務に従事した経験でもあった。ペイジは，様々な国からやってきた兵士たちとの交流を通じて，「アメリカ人」と他国の人々との違いを認識したようだ。

　その後7月になって，すべてのアメリカ人が前線に送られることになり，彼らは第86旅団第20国際大隊に配属される。ペイジ自身は，同大隊を構成する中隊のひとつに配属され，10月中旬までの3ヶ月ほどの間，この前線に配置されていた。この中隊は当初，ペイジのようなアメリカ人や，スカンジナヴィア人，イギリス人もいたが，スペイン人のほうが圧倒的に多い部隊だった。やがて30人から40人の兵士とともに，ペイジははじめて戦闘に参加し，異なる国籍を持つ人々と生死を共にすることになる。その後ペイジは，スペイン人だけの部隊に配属され，次第に外国人として居心地の悪さを感じるようになっていった。

　10月までの3ヶ月間は，敵と対峙しながらも大きな戦闘はなく，一時的に前線から後退して演習・訓練を行うこともしばしばあった。このような膠着状況の中で，兵士たちを苦しめたのは，「熱とハエと食べ物」，つまり猛暑とひどい食料だった。戦場が常に膠着していたことは，オーウェルをはじめ，当時スペイン内戦での戦闘を経験した人々の証言でも明らかである。勇ましい戦闘を想像しながらスペインにやってきた若者たちの多くが，当初このような戦場の状態を目の当たりにして，幻滅したのではないだろうか。

　その後10月に，ムーア人部隊（スペイン領モロッコのイスラム教徒で叛乱軍に参加した兵士が構成する部隊）およびイタリア人部隊を含む叛乱軍によって激しい攻撃が開始されると，ペイジの部隊は，混乱の中で一時撤退を余儀なくされる。その後，撤退した区域を別の旅団が再度制圧し，ペイジの中隊は元の前線に戻ることになった。このような前線での経験から，ペイジは，スペイン共和国軍の武器が不足していることを痛感する。その後ペイジは国際旅団に転属し，そこで輸送部門に配属される。

スペインでの従軍中に，ペイジがスペイン語を学んでいることから，スペイン人兵士たちや，スペインの一般市民と多少なりとも意思の疎通ができるようになったと考えられる。また指揮官をはじめ，彼が所属していた部隊には，ヨーロッパ各地から参加した義勇兵たちもいた。このことから，ペイジがアメリカ人以外の多くの国の人々とも交流したことがわかる。

ペイジがスペイン人の新兵たちを訓練する役割を任されたこと，自己犠牲の精神を発揮して危険な任務に自ら進んで参加したこと，そしてスペイン内戦末期のスペイン共和国軍による最後の攻勢作戦であるエブロ作戦に参加して，二度も表彰されたことは，彼が勇敢な兵士として成長していたことを物語っている。

出発前に友人から，「兵士として役に立たないだろう」といわれていたペイジは，自らの意志と行動力を通じて，このような予測を覆したのである。エブロの戦闘で重傷を負ったペイジは戦線を離脱，その後長期にわたり入院生活を余儀なくされる。そして1938年12月20日，汽船アウソニア号でアメリカ合衆国に帰国した。

(3) 帰国後の境遇

アメリカに帰国した後，ペイジはニューヨーク・ワールド・フェアのソビエト・パヴィリオンやニューヨーク毛皮市場で，警備員として勤務している。帰国後の彼が，かつて加入していたアメリカ共産党とどのような関係にあったのかは不明である。帰国後には，すべての元義勇兵たちが，アメリカ議会下院非米活動調査委員会の厳しい取り調べを受けており，かならずしも平穏無事な毎日を送っていたとは考えられない。

また，ペイジが加入していたアメリカ共産党は，ペイジが帰国した頃にはすでに衰退傾向にあったとされている。特に1939年8月の独ソ不可侵条約締結後，離党者が増大したのだが，なかでもスペイン内戦に義勇兵として参加した多くの若者たちは，ファシスト国家であるドイツと戦火を交えないという方針を明らかにしたソ連に失望し，無力感にさいなまれ（レオンハルト 1992：190-198），国際共産主義運動の理想と現実の狭間に置かれ，自らの行

動を嫌悪することさえあった。

　党の幹部たちは，ソ連の政策を現実路線として受け入れることができたが，大量の離党者が出たという事実を念頭に置けば，ペイジもこのように落胆して党から離れたと見るのが妥当ではないだろうか。第二次世界大戦後に，アメリカ共産党を離れるジョン・ゲーツは，「ブルジョア民主主義とファシズムとのあいだでどちらかを選択しなければならなくなるなら，ぼくたちは，ファシズムに反対するすべての人と手をむすぶだろう。いまや，ぼくたちは，この賢明な政策を投げすてたのだ」と述べ，不可侵条約によりファシズム国家と手を結んだソ連を痛烈に批判している（ゲーツ 1968：132）。かつて「何でもしたのが共産党だった」と述べたペイジは，このときのアメリカ共産党をどう見ていたのだろうか。

　その後 1939 年 9 月に第二次世界大戦がはじまり，1942 年にアメリカが参戦すると，600 人の元義勇兵たちがアメリカの陸軍，海軍，空軍のいずれかに登録されている。彼らは 1943 年以降，北アフリカ，そして 1944 年 6 月の有名なノルマンディー上陸作戦をはじめとする激戦に投入された。ペイジもそのような元義勇兵の一人であり，戦時中は陸軍に入隊し，第 376 工兵旅団 C 中隊に配属され，北アフリカ，イタリア，フランスの各戦線に参加した。ペイジが第二次世界大戦で従軍したことは，彼がスペイン内戦では幹部クラスの義勇兵ではなかったことを示している。だが彼はスペイン内戦と同じく，第二次世界大戦でも活躍したに違いない。

　実際に，アンツィオ上陸作戦（1943 年 9 月），イタリア戦線，ノルマンディー上陸作戦，フランス戦線，ユーゴ戦線といった激戦の戦場に，元義勇兵たちは登場している。さらにアメリカ人の元義勇兵の中には，精鋭部隊として知られる落下傘部隊の第 82 空挺師団第 509 パラシュート大隊に参加した者もいた。また，ローズヴェルト大統領の命により創設された，情報調整局（OWI）[5] に採用された元義勇兵たちも多くいた（クレア，ヘインズ，フィルソフ 2000：363-370）。

　ただし，元義勇兵がこのような重要な国家機関に採用される，あるいは重要な戦闘に投入されることは，アメリカ以外の各国ではありえないことだっ

た。例えばイギリス軍では，元義勇兵，しかも幹部クラスの元義勇兵が重要な戦闘に投入されることはなかった。戦時中に軍隊にいた人々は，イギリスに敵対する共産主義者と見なされて冷遇されていたのである。第 15 国際旅団参謀長にまで上り詰めたマルカム・ダンバーでさえ，伍長以上の地位を与えられなかった。また元義勇兵たちが海外に派遣されてスパイ行為を行うことを恐れてか，海外派遣部隊から急遽内地勤務に配置換えされた者もいた（川成 2003：279）。

しかしながら，第二次世界大戦後に東西冷戦がはじまり，アメリカ人の元義勇兵たちも「赤狩り」[6]の標的になった。1930 年代の，自由と正義のための彼らの進歩的な戦いと，反ファシスト戦争での戦いが疑いの目で見られたのだ。赤狩りは，元義勇兵たちの自尊心を傷つけるものだったに違いない。イギリスでは，アメリカほどの激しい赤狩りはなかったが，沈黙を守った者，隠遁生活を強いられた者もあった。

赤狩りの波はペイジにも及んだ。1950 年代に，アメリカ連邦捜査局（FBI）の捜査官がペイジの自宅を何度か訪れている。だがペイジは FBI の捜査官との継続的な対話を拒否し，やがて訪問はなくなった。追及がおさまったのは，彼が幹部クラスの義勇兵ではなかったとみなされたからだろう。

その後ペイジは，第二次世界大戦後に写真撮影をはじめ，カメラの修理技術を学び，ベル電話会社で職を得て定年まで働き，1985 年 4 月に 75 歳の生涯を終える。スペイン内戦に参加した元義勇兵たちの多くは，戦後の赤狩りの影響もあって，戦場での経験や，戦争に向かった経緯については口を閉ざしたままこの世を去った。

ソ連崩壊後，ロシアの文書館に保管されていたスペイン義勇軍に関連する史料について，検討が進められてきている。口を閉ざしてこの世を去った人々の経験が，明らかにされていく中で，国境を越えて他国の人々のために救援に行く今日の国際ボランティア活動に参加する人々と，元義勇兵たちの意識や行動は，重なり合うところが多い。本章で見たペイジの経験もまた，今日見直すべきもののひとつである。

おわりに

　ペイジが政治活動に参加するきっかけは，1冊のパンフレットを手にしたことだった。その後，彼は友人と議論を交わし，文献を読んだうえで共産党に入党する。また彼は，言葉だけでなく行動で示すという共産党の行動に共感していた。このことが，彼が共産党に入党する最も重要な動機だった。
　これに対して，ペイジが1年9ヶ月もの間スペインで義勇兵として戦い続けるに至った動機は，史料からは読み取れない。しかし，彼が政治活動に加わっていく経緯を見れば，他の義勇兵たちと同様，自由や正義，労働者の国際的連帯という普遍的な理想に彼が燃えていたことは間違いない。このことがスペインに入る動機のベースとなっていることがわかる。
　このように，彼は理想を追い求めた人物だった。他方で，読書や議論で知識を集め，自らの行動を決定していく。このような彼の態度には，知性を感じさせるものがある。また彼は，義勇兵としてスペイン内戦に参加していたときに，スペイン語を学んでいる。つまり，ペイジは知的な人物であり，なおかつ努力家だったことがわかる。
　さらに，新兵の訓練を任されたことから，彼が周囲から信頼される人物だったことが推測される。それは，スペイン語を学んで周囲とのコミュニケーションを円滑にしようとする，彼の努力の結果でもあったのかもしれない。そのような彼の態度を周囲が認めている。
　加えてペイジは，当初から歩兵として戦闘に参加することを希望し，激戦で表彰されるほどの勇敢な行動をとった。つまり，彼は勇気と行動力を持つ人物だった。それは彼が黒人というアメリカで差別される境遇を自覚しながらも，労働者の国際的連帯という理想を信じていたからだろう。
　スペインの戦争で，ペイジが全く差別を受けなかったのかどうかはわからない。しかし，彼がスペインの戦場において様々な任務を与えられていることから，戦争を通じて，彼が人々の信頼を勝ち取っていったことがわかる。
　ペイジにとってスペイン内戦は，多様な国籍の人々とともに，自由や民主

主義という普遍的な理念のために戦った戦いであり，アメリカでは決して得られない貴重な体験だった。アメリカで生活していた日本人ジャック・白井も，おそらくペイジと同じような体験をし，同じような状況にあったのではないだろうか[7]。

　今日残されている記録によれば，ペイジはスペイン人から高く評価されていた。ペイジは，フランス人やスペイン人とアメリカ人を比較し，所属する国によって人間の気質が異なっていることを指摘している。だが彼は，そういった様々な国から集まってきた兵士たち，そしてスペイン人たちと生死をともにし，彼らから評価されるようになった。

　ペイジがスペインで得た経験や認識は，国境を越えてはじめて獲得できるものだった。また，ペイジが戦場で自分が「アメリカ人」であることを強く意識したのは，義勇兵になったアメリカの若者が共通に抱いていたといわれる，「スペインの自由のための戦いはアメリカの自由のための戦い」という信念を抱いていたからだろう。この信念こそが，彼らを国民国家を超えた戦場へと至らしめた原動力だった。

■注
1) ボランティアの役割を強烈に印象付けた出来事として，1995年1月に発生した阪神淡路大震災が挙げられる。当時，全国から被災地に駆けつけた人々の多くは，捜索活動や医療活動に従事できるだけの特別な技術や専門知識を持っていたわけではなかった。当初は，行政や救援組織とのつながりもなかった人々も多かった。彼らの中には，被災地で自分が何をすべきなのかがわからなかった人々もいた。しかし，そのような状況の中で，最初はいわば茫然としていた人々も，次第に自身がすべきことを見出していった。彼らは，お年寄りと話し，片付けを手伝い，できることは何でもやった。こうして，地元の人々と交流を深めたことが伝わっている。以来ボランティアが脚光を浴びる。
2) インタナショナルは，労働者のための国際組織のことである。最初のインタナショナルである第一インタナショナル（国際労働者協会）は，カール・マルクスらによって1864年にロンドンで結成され，1872年に事実上解散した。第二インタナショナルは，1889年に結成され，各国の社会民主党が加盟したが，第一次世界大戦勃発で自国政府の戦争政策支持を表明したことで分裂した。1919年に結成されたコミンテルン（共産主義インタナショナル，通称第三インタナショナル）は，ロシア革命後に

モスクワに本部を置き、各国共産党の集合体として結成された。コミンテルンは、第二次世界大戦中の1943年に解散している。
3) 特に、戦争勝利を優先する共産党と、革命を優先するアナーキストの間の対立は激しく、1937年5月にバルセロナで「内戦中の内戦」と呼ばれる五月事件が勃発する。
4) RGASPI., f. 545, op. 3, d. 469, ll. 2-4, Interview with Thomas Page, December 16, 1937.
5) OWIは、後に第二次世界大戦中の秘密情報機関の中枢部分である戦略事務局（OSS）となる。中央情報局（CIA）の前身である。
6) 「赤狩り」は、「マッカーシズム」とも呼ばれ、第二次世界大戦後のアメリカで蔓延した、政治的社会的異端排除の動向であり、共産党員だけでなく、リベラルな思想を持つ知識人や芸術家にもその攻撃の矛先が向けられた。
7) アメリカ人義勇兵J. トアブの1937年1月20日付の日記には、次のような記載がある。「我々の日本人義勇兵ジャックがコックをすることを拒否した。なぜなら彼はグッドファイトをするためにここにやってきたのであって、コックをするためにここへやってきたのではない。彼は週給40ドルの仕事をアメリカに残してきた」（RGASPI., f. 545, op. 3, d. 468, ll. 1-16.）。「我々の」という記述から、トアブが白井を仲間と認めていたことがわかる。白井はその後も従軍し、1937年7月11日、ブルネテ戦線のビリャヌエバ・デ・カニャーダ村で、動きの取れなくなっていた食糧車を動かそうとして、塹壕から出たとたんに狙撃されて死亡した。

■参考文献
川成洋（2003）『スペイン戦争 青春の墓標──ケンブリッジの義勇兵たちの肖像』東洋書林。
クレア、H.／ヘインズ、J. E.／フィルソフ、F. I.（2000）『アメリカ共産党とコミンテルン』（渡辺雅男・岡本和彦訳）五月書房。
ゲーツ、ジョン（1968）『スターリン主義に抗して──ある共産党員の回想』（雪山慶正・西田勲訳）合同出版。
ノース、ジョゼフ（1971）「スペイン共和国の防衛に参加したアメリカ人」『アメリカ共産党の五〇年』（『ポリティカル・アフェアズ』編集部編、野村八郎訳）大月書店。
レオンハルト、ヴォルフガング（1992）『裏切り──ヒトラー＝スターリン協定の衝撃』（菅谷泰雄訳）創元社。

The Abraham Lincoln Brigade Archive: http://www.alba-valb.org/volunteers/thomas-page
Carroll, P. N. (1979) *The Odyssey of the Abraham Lincoln Brigade, Americans in the Spanish Civil War*. Stanford University Press.
International Solidarity with Spanish Republic 1936-1939 (1975-1976):, Progress Publishers.
RGASPI., f. 545, op. 3, d. 469, ll. 2-4, Interview with Thomas Page, December 16,

1937.
RGASPI., f. 545, op. 3, d. 468, ll. 1-16.

第11章

人の移動と思想・運動の生成
――ロシア革命前後のロシア出身のユダヤ系移民アナーキスト

田中　ひかる

はじめに

　ベルリンの壁が崩壊してから今日までの20年間にわたる，いわゆるグローバル化という過程の中で，民族主義的あるいは宗教原理主義的組織から始まり，環境や人権に関わる国際NGO，さらには世界社会フォーラムからアナーキストらによる反グローバル化運動もしくは反資本主義運動に至るまでの，インターネットで結びつくネットワーク型の運動が，グローバルな政治という公共圏において影響力を強めている[1]。その結果，かつては国民国家の枠組みの中で矮小化されてきた，歴史上のさまざまな政治的主体による越境や彼らの形成したインフォーマルなネットワークに対する関心が高まってきた。ワイマール時代のベルリンにおける日本人左翼知識人たちの活動に関する加藤の研究は，その一例であろう（加藤 2008）。また，B. アンダーソンは，20世紀後半に世界各地で起きた政変を担った人々の多くが亡命者であり，国外移民が彼らの出身地における政治に影響力を行使してきた，という事実から，1990年代に「遠距離ナショナリズム」という概念を提唱し，さらに，フィリピン・ナショナリストと中国人革命家，日本人知識人，ヨーロッパのアナーキストとのインフォーマルなネットワークに焦点を当てた研究を発表している（Anderson 2005；アンダーソン 2005；梅森 2007）。
　しかしながら，そのような国民国家の枠組みを超えたグローバルな運動から新しい理念が生み出されるのはなぜか，という問題はいまだ十分には解明されていない。例えばアンダーソンは，アナーキストが国境を越えて移動す

る人々だったと指摘しながら，彼らの移動がアナーキズムという思想・運動の成立や展開とどのように関連していたのか，という問いには答えていない。そこで本章では，国境を越えた人々の間でアナーキズムが支持されるようになった事例として，アメリカ合衆国に渡ったユダヤ系移民を取り上げ，彼らの間でアナーキズムが支持され，また，彼らによるさまざまな運動が成立した，という事実と，彼らが国境を越えた移民だった，という事実とがどのように関わっているのかを明らかにする。以下，第1節では，国境を越えて移動するというアナーキストに関する特徴について，第2節では，ロシアからアメリカ合衆国に移民したユダヤ人の状況について，第3節では，彼らの中から生まれたアナーキズム運動が成立する過程について，第4節では，そのように成立した思想および運動の特徴と変容について，第5節では，ロシア革命に参加したユダヤ系移民の運命と，彼らが革命で得た認識や経験が国境と時代を越えて伝えられた，という事実について述べる。以上で明らかにした事実を踏まえたうえで，移民たちがアナーキズムという思想や運動を支持したのは，彼らが国境を越えた後にアメリカで新たな認識や経験を獲得したからである，と指摘することが本章での目的である。

1 国境を越えるアナーキスト

(1) 現代のアナーキスト

1990年代から，世界貿易機関（WTO）やG8などによって開催される国際会議の開催地に集まり，抗議の意志を示す人々が現れたが，彼らの中に「アナーキスト」と自称する人々が加わっているという事実が，多くのメディアを通じて報じられるようになった。「アナーキスト」たちは，人や情報などが自由に国境を越えることによって生まれる自由な空間の実現を要求し，インターネットを通じてネットワークを形成し，国境を越えて移動して，世界中で抗議行動を起こしている。そして，彼らが支持している「アナーキズム」は，今日では「人間による人間に対する支配のない状態」（無支配状態＝アナーキー）に理想を見出す多様な思想と行動の総称になっている[2]。その

ような,漠然とした定義しかできないのが現在の「アナーキズム」であり「アナーキスト」である[3]。

「アナーキスト」と自称する人々が多数現れるのは,1880年代以降の西ヨーロッパとアメリカの諸都市であり,当時彼らは,労働者が国家権力を握ることを通じて自由と平等を実現することを目標としていた社会主義者[4]たちと一線を画し,「国家の廃絶」を通じて「国家なき社会」もしくは「人間に対する人間による支配のない状態」を実現することをめざした。「支配のない」社会(=アナーキー)についてのイメージがアナーキスト個々人によって多様であったため,彼らの掲げる理想社会像も多様であり,今日では当時よりもさらに多様になっているが(Kinna 2005:15-26),その点についてはここでは扱わず,以下では,19世紀末から今日に至るまで,アナーキストに共通してみられる特徴について確認しておきたい。

(2) 国境を越えるアナーキスト

19世紀末から現在に至るアナーキストたちは,「アナーキー」を理念にしているという点で共通点を持っているが,さらに,その多くが国境を越えたネットワークで結びついている人々である,という点でも共通した特徴を持っている。彼らの多くは,アナーキストになる以前から,国家から弾圧を受けた経験を持つ亡命者/移民であり,そのため,国境を越えたインフォーマルな人間関係に基礎をおくネットワークを持ち,共同体や国家に縛られない状況におかれていた人々が多かった。そのような状況にあったために,彼らはアナーキズムを支持したのかもしれない。また,彼らが移民した場所が,自由な意見表明や,多様な人々との交流が可能な国際的な都市であったことを考えれば,そういった都市がアナーキズムを生成させる場であった,ということも推測できる。さらに,彼らが創り出したネットワークは,国民国家を単位にした堅固な組織ではなく,限りなく個人的であり,なおかつインフォーマルなものだった。そのことも,彼らが国家に縛られなかった要因だったのであろう。そのようなネットワークのあり方に,アナーキストたちの理想が反映されていたとも言える。

以下では，こういった国境を越えるアナーキストのうちの一例として，19世紀末から20世紀初頭にかけてロシアからアメリカに移民したユダヤ人アナーキストを取り上げる。彼らの多くは，アメリカに移民して初めてアナーキストになった人々であり，また，彼らがアナーキズムを知ることができたのは，ニューヨークやフィラデルフィアといった大都市だった。

2　ロシア出身のユダヤ系移民

(1)　移民の背景

　1881年から1917年までの約40年間に，第二次世界大戦後にソ連が占めていた領土，すなわち帝政ロシアとほぼ同様の領域からアメリカ合衆国に移住した移民を数えると300万人以上にのぼるとされているが（Cook 2001：1245），その半数以上を占めていたのはユダヤ人だった（田中 2009a：67-68, 72-73）。彼らがアメリカに移民した理由はさまざまである。1880年代から1905年までの間に，ロシアではユダヤ系住民に対するポグロム（ユダヤ人に対する暴行，掠奪，虐殺）が頻発し，また，ユダヤ人たちはロシア経済の近代化から取り残され困窮していた。他方，蒸気船の導入とマスメディアの発達により，アメリカの情報が迅速に伝えられ，移動も容易になった（Kosak 2000：33-35；Kobrin 2008：233-235）。

　以上のようなさまざまな理由から，1880年代以降，ロシアからアメリカに移住するユダヤ系住民の数が徐々に増えていき，1903年，そして1905年以降には特に，同年に起きた革命がすぐに弾圧されたことで民主化が進まなかったことに対する失望から，あるいは，1903年から革命まで頻発し続けていたポグロムから逃れるために，その数が爆発的に増大していった（Kobrin 2008：227-230, 235-240）。

(2)　ニューヨークのユダヤ人移民労働者

　1880年代に，ニューヨークはロシア出身のユダヤ系移民が多く住む都市になっていく。彼らは「スウェットショップ」（「搾取工場」などと訳される）

と呼ばれる被服関連工場で職に就き，劣悪な労働環境の中で長時間・低賃金労働に従事する（野村 1995）。そのような過酷な工場労働は，彼らがアメリカで初めて経験することだった。

彼らが集住していたニューヨークのマンハッタンにあるロワー・イーストサイド地区に住むユダヤ人は，1890年代初頭には約17万人であったが，1910年にはその3倍を超える約54万人になり，その人口は急速に増大した。当然，住宅事情は悪化した。しかも当時のユダヤ人家族は，自分たちの部屋を誰かに貸して家賃の足しにしていたため，例えば6人の子供と夫婦が住む3部屋のフラットには，全部で13名が住む，という場合があった（Kosak 2000：84）。ロシアでは家族や共同体を中心にして生きていた彼らにとって，常に新しい知人や友人との関係が生まれ，そのような関係がさらに広がっていく，というこのような生活も，初めて体験することだった。

また，ユダヤ教に従えば金曜の夕方から土曜日までが安息日だが，彼らの多くはアメリカで生活するうちに，土曜日でも働くようになった。さらに，アメリカでは，シナゴーグ（ユダヤ教の教会）は単なる宗教的な儀礼の場所ではなく，同郷団体や労働組合，研究会，学校などとしても利用されていた。なかでも同郷団体は，組合員の就職，健康，埋葬，さらに緊急の資金援助を行った。このような同郷団体の中から，「労働者サークル（Workmens' Circle）」が生まれる。労働者サークルは，信仰を組織の理念とすることに反対して同郷団体を辞めた人々が結成した世俗的かつ社会主義的な労働者の相互扶助組織であり，1917年までには約6万人の会員を擁するようになる（Kosak 2000：89-92；Avrich 1988：190；Michels 2005：3）。

3　ユダヤ系移民労働者によるアナーキズム運動

(1)　ドイツ系移民アナーキストからの影響

移民ユダヤ人の労働運動をリードしたのは，1880年代にニューヨークに移民したロシア出身のユダヤ系知識人たちだった。当初彼らは，ロワー・イーストサイド地区に約17万人居住していたドイツ系移民たちから社会主義

やアナーキズムを学んだ (Michels 2005：26-44)。当時アメリカでは，ドイツ系移民アナーキストのリーダーである J. モスト (1846-1906) を中心とするアナーキズム運動が，社会主義派と同様，主としてドイツ系移民の間で多数の支持者を獲得していたが (田中 2002)，1886 年 5 月に起きたヘイマーケット事件[5]を境にして，また同時期にはドイツ系移民の最後のピークが過ぎていたこともあり，彼らを中心にしたアナーキズム運動は衰退していく (田中 2002)。

ところが，1880 年代からロシアからユダヤ人が多数移民してくるようになり，彼らの間では，モストに対して支持を表明する人々が，特に若い世代に少なからず見られた。彼らはモストから多くを学び，モストは彼らに協力する，という関係が生まれる (Avrich 1988：178-179)。そのように彼らがアナーキズムを支持するきっかけとなったのは，多くの場合，ヘイマーケット事件だった[6]。

1886 年 10 月 9 日，アナーキズムを支持する若いユダヤ人移民労働者たちがニューヨークで，「自由の先駆者」という組織を結成する。同日にヘイマーケット事件の裁判で，アナーキスト 5 名に対する死刑判決が下ったことがきっかけだった。その後「自由の先駆者」には，文章と演説において優れた能力を持つ若者たちが加わってくる。彼らはロワー・イーストサイドを拠点に，演説会やダンスパーティーを企画し，そこで集めた収益金や募金を裁判費用として被告の家族などに送金した。その後「自由の先駆者」が各地で開催した講演会によって，東海岸の諸都市でイディッシュ語を話す移民たちによってアナーキストの組織が立ち上げられ，フィラデルフィアの組織「自由の騎士」は，パン屋や靴屋の協同組合を立ち上げるなど独自の活動を展開していく (Avrich 1988：177-178)。

ここで強調すべきなのは，1870 年代末ごろからドイツ本国では「反セム主義」という言葉が使われ始め，人種主義に基づく新たな反ユダヤ主義が主張され始めていたという事実である (竹中 2004)。またロシアでも，19 世紀末から 20 世紀初頭に至る時期は反ユダヤ感情が強まりポグロムが頻発していた (黒川 1996；Lambroza 2004)。したがって，ドイツ系移民の間でユダヤ

人に対して差別感情が共有されていても不思議ではなかった。ところが当時のアメリカでは，モストをはじめとするドイツ系移民アナーキストがユダヤ系移民たちに協力し，多くのユダヤ系移民労働者はモストを支持する，という関係が生まれている。これと同じことは，同時期のドイツでは起こりえず，移民の故郷ロシアでも，ユダヤ系住民と非ユダヤ系住民との間では生まれえない現象だった。

(2) イディッシュ語を通じた思想の受容

　当初ニューヨークで活動を始めたロシア出身のユダヤ系移民は，みな知識人だった。彼らは，同時期にニューヨークで増大しつつあった同郷のユダヤ系移民労働者に対して社会主義やアナーキズムの思想を伝えようとしていた。ところが彼ら移民労働者たちの多くは，東ヨーロッパにおけるユダヤ人たちの共通言語であるイディッシュ語しか理解しなかった。イディッシュ語は，中世に中部ヨーロッパに住んでいたユダヤ人が話していた，ドイツ語に極めて近い言語であるが，数世紀の間にユダヤ人たちはドイツ地域から東ヨーロッパ地域に移住していき，そのなかで，彼らが居住するそれぞれの地域で支配的な言語を，それまで彼らが話していたイディッシュ語に取り込んでいった。また，ヘブライ語起源の語彙が多く含まれること，そしてヘブライ文字で記述し，右から左へと読む／書くのも，イディッシュ語の特徴である。その後イディッシュ語は，19世紀末のロシアにおいて，500万人以上のユダヤ系住民の9割以上が母語とする言語となっていた（ボームガルテン 1996：35）。

　これに対して，ロシア社会に参入する機会を得て社会的上昇を果たした一握りのユダヤ人たちは，自分たちの祖先の言語であるイディッシュ語を話さなくなったばかりか，ロシア語よりもランクの下の言語であると見なす場合もあった。しかし，ニューヨークに移民した知識人たちは，ロシアからきたユダヤ系移民労働者に対してメッセージを伝えるためにイディッシュ語が必要だ，と考えるようになり，実際にイディッシュ語によるプロパガンダを実行に移していく（Michels 2005：27-39, 48-55, 73-74）。

　アナーキストによるイディッシュ語新聞として最も重要なものは，1890

年に創刊された『労働者の自由な声（*Fraye Arbeter Shtime*)』である。同紙は，その後何度かの中断をともないながら，約 80 年後の 1977 年 12 月まで発行され続ける。アナーキズム史上これは極めて長期に発行された新聞の一つである（Avrich 1988：183-184）。

とはいえ，イディッシュ語新聞を発行する場合，障害は大きかった。まず，ユダヤ人移民労働者たちの多くは文字が読めなかった。また，文字が読めたとしても，新聞を読むことは困難だった。イディッシュ語を学び直した知識人たちは，イディッシュ語新聞やパンフレットの中で，それまでロシアで使われたことのない外来語を多用したからである。「反逆（revolt）」，「搾取者（exploiter)」といった言葉は，ロシアから来たばかりのユダヤ系移民労働者にとっては，理解できなかった。しかも，当時ロシア系の社会主義者やアナーキストは，「ドイツ語風のイディッシュ語」で記事を書いていた。彼らの中に，ドイツ語の影響を強く受けたイディッシュ語話者がいたこと，あるいは，イディッシュ語を全く知らなかったために，仕方なくすでに学んでいるドイツ語を取り入れた者がいたことなどによる。加えて，時事的な話題に関する記事を書くうえでイディッシュ語には語彙が不足していたため，ドイツ語新聞から言葉を借用することがよくあった。

こういったことにより，新聞で使われるイディッシュ語を，ロシアから来たばかりのユダヤ系移民たちが理解することは極めて困難だったが，彼らは友人や家族とともに新聞を読むことによって問題を克服する。ユダヤ系移民にとって，「新聞を読む」という営みは，親しい人々と協力して実現するものだった。すでに見た彼らの劣悪な居住環境や労働現場は，むしろこのような親密な関係性を創り出すうえでは重要な条件だったのだろう（Michels 2005：110-114）。

このような，アメリカにおけるイディッシュ語による社会主義やアナーキズムのプロパガンダは，ロシアよりも先行していた。ロシアで活動していたユダヤ人社会主義者がイディッシュ語によるプロパガンダをしようと決意するのは，ニューヨークなど国外の運動を模範としたからだった（Michels 2005：66）。

イディッシュ語による社会主義運動が，ロシアよりもアメリカで先行したのは，アメリカではイディッシュ語を母語とする人々がロシア出身の労働者において圧倒的多数だったこと，また，労働者組織の支部が，移民の故郷である国民国家を単位とするのではなく，労働者の話す言語を単位に組織されることが一般的であった，ということにも起因する（Michels 2005：7）。さらに，ロシアと異なりアメリカでは，ロシア人化したユダヤ系知識人がイディッシュ語から距離を保つ必要性がなかった，ということも重要な要因であっただろう。いずれにせよ，イディッシュ語による社会主義やアナーキズムのプロパガンダも，ユダヤ人が協力してイディッシュ語の新聞を読むことも，ロシアではありえなかったことだったが，そういったことはすべて，彼らが国境を越えたことによって実現できたといえる。

(3) 環大西洋ネットワーク

　アナーキズムを支持した若いユダヤ系移民たちは，ドイツ系移民以外にも，ロンドンのイーストエンドなどで形成されていたユダヤ人アナーキストによる運動や思想からも影響を受けていた。そもそもアメリカに移民した少なからぬユダヤ人たちの中には，ロシアからイギリスに向かい，その後アメリカに来た，という人々も多く，イギリスで初めてアナーキズムに触れていた人もいた。逆にロンドンのユダヤ系移民たちもアメリカの運動と交流していた（Avrich 1988：178-179）。

　こういった，国境を越えて結びつく移民たちは，近年では「トランスナショナル・マイグランツ」と呼ばれ，彼らの行動形態は「トランスナショナリズム」などと呼ばれることもある（村井 2007）。

　この時期までに，ニューヨークやロンドンで生まれたイディッシュ語の刊行物は，彼らの故郷であるロシアのユダヤ人定住地域に向けて船で送り届けられ，警察の目をかいくぐって人々の手に渡っていた。このように，ロシアの諸都市とロンドン，そしてニューヨークがイディッシュ語のメディアで結びついた状況は，「環大西洋ネットワーク」とでも呼べるものである。ロシアの西部国境地域（現在のリトアニア，ポーランド東部地域，ウクライナ，モル

ドヴァの西部国境地域）で20世紀初頭にアナーキストの組織が生まれるのは，それらの地域がこのネットワークと接続していたからである。1903年頃，ユダヤ系労働者が多数居住する西部国境地域の諸都市でアナーキストの組織が生まれるのだが，この組織は国外から密輸した印刷物を複写して配付していた（Avrich 2005：38-39）。その後アナーキストの組織はロシアの南部まで広がり，1905年以降，そのような運動に加わった経験を持った人々がアメリカに移民し，アメリカの運動に加わってくる（田中 2009a：84-90）。イディッシュ語によるアナーキズムの運動は，国境を越えた組織として統一されたものはなかったが，環大西洋ネットワークを通じてゆるやかに結びつきながら展開した。

(4) 運動の拡大

アナーキストのネットワークの中核はニューヨークであり，『労働者の自由な声』は彼らをつなぐメディアであった。やがて同紙はアナーキストに敵対する社会主義者たちからも高く評価されるイディッシュ語新聞となり，第一次世界大戦直前の発行部数は2万部を超え，多数の読者を獲得するようになっていた。同時に，1900年から1918年までの間に，ニューヨークをはじめとして，アメリカ各地でユダヤ人アナーキスト団体が急増し，メンバーも拡大した。これはすでに述べたように，1903年以降もしくは1905年以降，ロシアからのユダヤ系移民の数が激増したからである。以上のようなユダヤ人移民とアナーキストのグループの急増が，イディッシュ語によるアナーキストの出版物と定期刊行物の急増をもたらす。特に1905年以降，アナーキストによるイディッシュ語の定期刊行物や書物がアメリカ各地で刊行された（Avrich 1988：188, 191-192）。これらイディッシュ語新聞やパンフレットに比べるとロシア語のアナーキスト新聞は多くはないが，ニューヨークで刊行された『労働者の声（*Golos Truda*）』（1911-17年）が特筆に値する。同紙は，1914年頃に結成された「全米・カナダロシア人労働組合連合」の機関紙であった。この労働組合は，ユダヤ系も含むほとんどのロシア出身の移民アナーキストが加入していた組織であり，9000名から1万2000名の全国規模の

組織だった。同紙の編集者をみると，多くがロシアにおいて政治活動を経験した人々であり，1905年の革命に参加した後に西ヨーロッパに逃れ，最後にアメリカにたどり着いた人々である。『労働者の声』とともに，ロシア出身のユダヤ系アナーキストのE. ゴールドマン（1869-1940）やA. バークマン（1870-1936）が編集していた英語による『母なる大地（*Mother Earth*）』(1907-17年）は，第一次世界大戦前に発行されたイディッシュ語によるアナーキズム系新聞に比べると，比較的長く発行が続けられた（田中2009b：103-104）。これらロシア語および英語の定期刊行物も，ユダヤ系移民アナーキストたちによって支持されていた。

4　思想と運動の特徴と変容

(1)　アナーキズムの思想上の変化と運動の変容

ユダヤ系移民アナーキストたちは，1890年代までは，テロリズムや革命によって社会の枠組みを一気に変革した後に新たな社会を建設せよと主張していた。だが，20世紀初頭頃になると，暴力による社会の転覆ではなく，国家や宗教の枠組みに縛られない自由な教育を行う学校を設立することを通じて，あるいは，労働組合や協同組合における活動を通じて，理想的な社会のあり方を提示していくべきである，と主張するようになる。このような変化は，欧米のアナーキストたちの間に見られた変化と軌を一にしていた。また，ユダヤ系移民アナーキストたちは，すでに言及したユダヤ人移民の相互扶助組織である「労働者サークル」の活動や協同組合運動に参加している。さらに，ユダヤ人アナーキストが中心となって入植地が設立されたこともあった。そこでは，協同組合によって運営される食料品店，被服製造工場，乗り合いバスがあり，子ども向けのフリースクールもあった（Avrich 1988：190)。

(2)　アナーキスト赤十字

以上のような運動以外に，第一次世界大戦以前のロシア系アナーキストは，

国境を越えた活動も行っていた。そのうちの一つとして，アナーキスト赤十字が挙げられる。1905 年の革命以降，ロシアでは社会主義者やアナーキストに対する弾圧が強まり，多くの革命組織のメンバーが投獄された。そこで，多くの人々がロシアと国外で基金を集めて獄中の政治犯たちに対する支援活動を行っていく。このような支援組織は「赤十字」という名前をつけられて創設されるが，やがて，獄中の政治犯のうちでアナーキストにだけは救援物資が届かない，ということが知られるようになる。当時ロシアの監獄では，政治犯の代表者を選出するという習慣があった。この代表者は，監獄の官僚機構に対して囚人たちの不満を伝え，あるいは，監獄の外から送られてくる支援物資などを代表して受け取り，これを囚人たちの間で分配する，という役割を担っていた。しかし，選出された指導者がロシア社会民主党員である場合，その人物は自らの権限を乱用し，送られてきた支援物資を社会民主党の囚人だけが受け取れるようにする，ということがしばしば起きていた。

　1905 年以降，政治的な弾圧から逃れてきた人々の多くは，獄中のアナーキストが支援を受けられない，という情報をアメリカやイギリスにもたらした。その結果，ニューヨークをはじめとして各地にアナーキスト赤十字が創設され，資金を集めてロシアに送った。それ以外に，選ばれたメンバーだけによって，ロシアの囚人と文通をするという活動も極秘で行っていた。1917 年 2 月に革命が始まると政治犯は全員釈放されたため，アナーキスト赤十字は，もはや従事すべき任務がなくなり，解散する。そのメンバーのうち，1917 年にロシアに帰還した人々のなかには，自分たちが手紙を送った元囚人と出会い，彼らから支援を受けるという経験を持った者もいた（Yelensky 1958）。

5　ロシア革命とその経験の伝達

(1)　ロシアへの帰還と迫害

　第一次世界大戦の勃発とともに，欧米のアナーキズム運動には亀裂が生じる。協商国側を支持して戦争を容認した一部のアナーキストたちは，多くの

アナーキストたちから支持を失う。また，10月革命によって成立したボリシェヴィキによる革命政府をめぐっても，アナーキストたちは対立した。『労働者の自由な声』紙上でも，ロシア革命を称賛する論説が掲載される一方で，彼らが「新たな独裁」を生み出した，という反論が掲載され，そのような中で，ユダヤ人アナーキストによる運動の間にも深い亀裂が生じることになる（Avrich 1988：193-194；Avrich 2005：136-137）。

　ただし，このような議論が起きる以前，1917年の2月革命が起きた直後には，ロシア出身のアナーキストや社会主義者たちは，革命を歓迎していた。それどころか，彼らはロシアに戻り革命に参加しようとした。というのもロシアの臨時政府は，投獄されている政治犯および政治亡命者とその家族に対して恩赦を出し，政治犯は釈放し，亡命者とその家族に対してはロシアへの帰還を許可したからである。

　アメリカの亡命者たちは，帰還事業を組織的に運営した。帰還のルートは東海岸から出発する大西洋ルートと，西海岸を出発して，日本とシベリアを経由してロシアに至る太平洋ルートがあり，帰還は数次にわたって実施された。帰還した人々は，ボリシェヴィキからアナーキストに至る多様な人々およびその家族によって構成されるロシアへの移民だった（Yelensky 1958）。彼らロシア帰還者の総数については諸説あり，約5000人，さらには，約1万人といった数字が示されてきているが，詳細は不明である（田中 2009a：52）。

　また，その後も自発的にロシアに戻った人々がいた可能性もあり（Szajkowski 1972：292, 308-313），加えて，1919年以降に激化するアメリカ政府による左翼弾圧の結果，ゴールドマンやバークマンらのように，政府によって強制的にロシアに送還された人々もいた（ゴールドマン・下 2005：280-313）。

　欧米から帰還した人々は，ロシア各地で機関紙を発行し，組織を拡大して支持者を増やし，あるいは赤軍に加わり内戦を戦い，何らかの行政機関に職を得た人もいれば，ボリシェヴィキを積極的に支持して活動した人々もいた。しかし多くのアナーキストは，ボリシェヴィキに敵対し，彼らの「独裁」を非難し続け，独自の行動を取ったため，次第に激しい弾圧を受けるようにな

り，そのような人々の多くは逮捕・投獄され，さらには処刑されていった。

アナーキストの一部は，ウクライナで創設された，反革命の白軍に対抗する多数のパルチザン部隊にも加わった。これらパルチザン部隊の中でも最も重要だったのは，アナーキストのN. マフノ（1888-1934）指揮下のゲリラ軍だったが，その後マフノ軍は赤軍の急襲を受けて壊滅し，また，ロシア各地のアナーキストによる組織もボリシェヴィキの弾圧によって消滅する。このような状況の中，1921年末以降，ゴールドマンをはじめとする一部のアナーキストたちは，ヨーロッパやアメリカに逃れていくことになる（Avrich 2005：222-233）。

(2) 新たな認識とその伝達

ロシア革命勃発とともに，自分たちの理想を実現できると期待してロシアに帰還して革命に参加したアナーキストの多くは，ボリシェヴィキによる迫害の中で命を落としたか投獄され，その後行方不明になった。奇跡的に欧米に亡命できた人々が，ロシア革命期におけるアナーキストのさまざまな主張や活動，そして，彼らに対するボリシェヴィキによる迫害について書き残していくが，それらを見れば，アナーキストたちが革命に対する認識を大きく変えたことがわかる。

革命の最初の時期にボリシェヴィキを支持していたゴールドマンは，ロシアから逃れた後には「革命がどのようになされてはならないか」をロシア革命から学んだ，と述べ，ボリシェヴィキを非難している。また，彼女とともにアメリカからロシアに強制送還されたバークマンも，当初は革命に期待していたが次第に幻滅し，ベルリンに逃れると，同地でロシア革命での体験について書きつづった文書を次々に発表し，ボリシェヴィキを非難する。さらに，ゴールドマンとバークマン，そしてロシアから逃れてきたアナーキストたちは，そういった体験談を，西ヨーロッパやアメリカにおいてさまざまな言語で出されていたアナーキズム派のメディアでも発表していった（Voline 1990；アルシノフ 2003）。

同時期に大杉栄（1885-1923）は，当初はコミンテルンと接触してボリシェ

ヴィキとの提携を模索していたが，とりわけゴールドマンらの書いた新聞記事から多くを学んだ後には，ボリシェヴィキとの提携を拒否するまでになった。その後彼はボリシェヴィキ批判を繰り返し，「アナ・ボル」論争を展開した。さらに1922年末には日本を「脱出」してパリまで赴いた（田中 2004b；田中 2005；田中 2006）。その目的は，亡命ロシア人アナーキストに出会うためであり，マフノ運動に関する情報を収集するためだった。帰国した大杉がマフノに関する論説を1923年に発表したことにより（大杉 1988），日本でマフノ運動が知られることになった。

『イデオロギーの終焉』や『脱工業社会の到来』の著者として知られる社会学者 D. ベル（1919-）は，ニューヨーク出身のユダヤ系移民二世であるが，彼が大学生だった1930年代に共産主義に関心を抱いていたこともあった。だが，母方の親戚のなかにいたユダヤ系アナーキストに勧められて，ゴールドマンらによるロシア革命を批判する著書を読んだことをきっかけに，共産党に対して距離を置くことになった，とベルは回想している（矢澤 1996：176-177）。

このように，アナーキストが当時国境を越えてもたらした情報は，大杉栄やD. ベルの事例を見ればわかるように，人々の認識，そして行動を変える力を持っていたのだが，最後に，そういった情報が，第二次世界大戦後のアメリカにおいて，いかなる政治的態度を生み出したのか，という事例を挙げておきたい。

ロシアからアメリカにやって来てフィラデルフィアに住むようになったユダヤ系移民の両親の間に，後の言語学者N. チョムスキー（1928-）が生まれたのは，ロシア革命から10年ほど後のことだった。1939年，彼が10歳の頃に，スペイン共和国政府が瓦解し，フランコを中心とするファシスト政権が成立する。当時，少年チョムスキーは，自分が小学校で編集していた新聞に，ヨーロッパが次々とファシズムにおおわれていく，という内容の記事を書いた。

それから数年後，彼は，ロンドンでユダヤ系移民アナーキストたちと運動をしていたドイツ人アナーキストR. ロッカーが書いたスペイン内戦に関す

る著作を読み，ボリシェヴィキ，そしてソ連に対する批判的な視点を持つようになる。さらに，少年チョムスキーが接続していたもう一つの情報ネットワークにも言及しておかねばならない。彼の母方の叔父は，ニューヨークで新聞スタンドを経営していたが，少年時代にチョムスキーは，叔父のところで『労働者の自由な声』紙を読み，その編集部に出入りするなどして，ニューヨークのユダヤ系移民労働者たちの世界に入り込んでいた（Barsky 1998：28）[7]。チョムスキーがヴェトナム戦争時代から今日までとっているラディカルな政治的態度は，彼が少年時代にキャッチしていた国境を越えて移動する情報を出発点とするものだったのである。

おわりに

　ロシアからアメリカに移民したユダヤ人が展開したアナーキズム運動は，すでに述べたように，当時のドイツやロシアではとうてい起こりえない次のような事態によって成立した。(1)ユダヤ系移民がドイツ系移民アナーキストによる支援を受けた。(2)ロシア人化したユダヤ系知識人が，ロシア語によってではなく，イディッシュ語によるアナーキズムのプロパガンダを展開した。(3)ユダヤ系移民労働者は，親しい人々とともに，新聞などイディッシュ語の書物を読むことを通じて，その内容を理解した。(4)環大西洋ネットワークが形成され，ロシアや西ヨーロッパと結びつく運動がニューヨークをはじめとするアメリカの諸都市に生まれた。それ以外にも，アナーキズムがユダヤ系移民の間で支持されたのがなぜなのか，ということを考えるうえでは，彼らが国境を越えて移動する人々であった，ということや，彼らの母語であるイディッシュ語そのものが，国民国家に依存しない，国境を越える言語だった，ということも念頭におかねばならない。いずれにせよ，以上挙げたようなさまざまな状況の中で，ユダヤ系移民は新たな認識と経験を獲得することを通じて，アナーキズムを支持するに至ったと考えられる。

　彼らが国境を越えて情報をやりとりする姿は，今日，グローバル化の中で，移民たちが，国境をまたいだトランスナショナル・コミュニティや社会的ネ

ットワークを形成している状況に極めて似通っている。そして，そのような中で紡ぎ出された思想や言葉が，国境を越えて日本の大杉栄に伝わり，彼をヨーロッパに呼び寄せ，あるいは，世代を超えて D. ベルや N. チョムスキーに伝わり，彼らの思考や行動を形作る重要な要素となった。ここには，言葉や思想が，時間と空間を越えて伝えられる，一つの例を見ることができるのではないだろうか。

■注
1) M. カルドーは，これら社会運動が構成する「グローバル市民社会」がグローバル・ガバナンスと結びついて機能していると指摘している（カルドー 2007：特に第 4 章を参照）。
2) anarchy は，「支配」を意味する「アルキー（archy）」に否定の接頭辞「an」をつけたギリシア語に起源を持つ言葉である（田中 2004a：39）。
3) D. グレーバーによる「新しいアナーキスト」の定義はこれよりも限定されているが（田中 2004a：37），現代のアナーキストはさらに多様である（Kinna 2005；Kuhn ed. 2008）。
4) 当時は「社会民主主義者」とも呼ばれる場合もあったが，ここでは「社会主義者」と総称する。
5) 1886 年 5 月 4 日，シカゴ市内で警察官が労働者に発砲したことに抗議する集会が開かれた際，警官隊がこれを解散させようとしたときに爆弾が爆発して，警官の側に死傷者が出た。これがヘイマーケット事件である。警察は爆弾を投げた首謀者を，証拠もなくアナーキストであると決めつけ，アナーキストや彼らを支持していた労働者組織に対する弾圧を開始し，アナーキストたちを逮捕していく。最終的には，逮捕・起訴された者のうち 5 名は絞首刑の判決を言い渡されるが，そのうちの 1 名は獄中で自ら命を絶ち，1887 年 11 月 11 日，残る 4 名が処刑される。
6) E. ゴールドマンもヘイマーケット事件について知ることを通じて社会主義，そしてアナーキズムを学んでいった一人である（ゴールドマン 2005 上：14-16）。
7) "The Life and Times of Noam Chomsky: Noam Chomsky interviewed by Amy Goodman, Democracy Now, November 26, 2004": http://www.chomsky.info/interviews/20041126.htm［2010 年 2 月 3 日ダウンロード］

■参考文献
アルシノフ，ピョートル（2003）『マフノ運動史 1918-1921──ウクライナの反乱・革命の死と希望』社会評論社．
アンダーソン，ベネディクト（2005）「遠距離ナショナリズム」『比較の亡霊──ナショ

ナリズム・東南アジア・世界』(精谷啓介他訳) 作品社.
梅森直之 (2007)『ベネディクト・アンダーソン——グローバリゼーションを語る』集英社.
大杉栄 (1988)「無政府主義将軍 ネストル・マフノ」『大杉栄・伊藤野枝選集6——アナキストの見たロシア革命』黒色戦線社 (初出は『改造』1923年9月号).
加藤哲郎 (2008)『ワイマール期ベルリンの日本人——洋行知識人の反帝ネットワーク』岩波書店.
カルドー, メアリー (2007)『グローバル市民社会論——戦争へのひとつの回答』(山本武彦他訳) 法政大学出版局.
黒川知文 (1996)『ロシア社会とユダヤ人——1881年ポグロムを中心に』ヨルダン社.
ゴールドマン, エマ (2005)『エマ・ゴールドマン自伝』[上・下] (小田光雄・小田透訳) ぱる出版.
ジョル, ジェイムズ (1975)『アナキスト』(萩原延壽・野水瑞穂訳) 岩波書店.
竹中亨 (2004)『帰依する世紀末——ドイツ近代の原理主義者群像』ミネルヴァ書房.
田中ひかる (2002)『ドイツ・アナーキズムの成立』御茶の水書房.
田中ひかる (2004a)「反グローバル化運動におけるアナーキズム——『真のグローバル化』を模索するアナーキストたちによせて」『現代思想』第32巻第6号.
田中ひかる (2004b)「大杉栄が参加できなかったアナーキスト国際会議——パリ, 1923年10月」『初期社会主義研究』第17号.
田中ひかる (2005)「大杉栄が参加できなかったアナーキスト国際会議 (二) ——ベルリン, 1921年12月」『初期社会主義研究』第18号.
田中ひかる (2006)「大杉栄が参加できなかったアナーキスト国際会議 (三) ——ロシア革命に関するアナーキストの認識」『初期社会主義研究』第19号.
田中ひかる (2009a)「アメリカ合衆国におけるロシア系移民アナーキスト——ロシア時代についての考察」『歴史研究』第46号.
田中ひかる (2009b)「アメリカ合衆国におけるロシア系移民アナーキスト」(2009年度歴史学研究会大会報告 近代史部会「帝国秩序とアナーキズムの形成」所収)『歴史学研究』増刊号, 第859号.
野村達朗 (1995)『ユダヤ移民のニューヨーク——移民の生活と労働の世界』山川出版社.
ボームガルテン, ジャン (1996)『イディッシュ語』(上田和夫・岡本克人訳) 白水社.
村井忠政 (2007)「アメリカ合衆国における移民研究の新動向——トランスナショナリズムをめぐる論争を中心に」『トランスナショナル・アイデンティティと多文化共生——グローバル時代の日系人』明石書店.
矢澤修次郎 (1996)『アメリカ知識人の思想——ニューヨーク社会学者の群像』東京大学出版会.

Anderson, Benedict (2005) *Under Three Flags: Anarchism and the Anti-Colonial Imagination*. Verso.
Avrich, Paul (1988) "Jewish Anarchism in the United States," in *Anarchist Portraits*.

Princeton University Press.
Avrich, Paul (2005) *The Russian Anarchist*. AK Press.『ロシア・アナキズム全史』[改装版]（野田茂徳訳）合同出版，1974 年。
Barsky, Robert F. (1998), *Noam Chomsky: A Life of Dissident*. The MIT Press.
Cook, Michelle Stem (2001) "Former Soviet Union," in James Ciment (ed.), *Encyclopedoia of American Immigration*, Vol.4. Sharpe Reference.
Kinna, Ruth (2005) *Anarchism: A Beginner's Guide*. Oneworld Publications.
Kobrin, Rebecca (2008) "The 1905 Revolution Abroad: Mass Migration, Russian Jewish Liberalism, and American Jewry, 1903-1914," in S. Hoffman and E. Mendelsohn (eds.), *The Revolution of 1905 and Russia's Jews*. University of Pennsylvania Press.
Kosak, Hadassa (2000) *Jewish Immigrat Workers: New York City, 1881-1905*. State University of New York Press.
Kuhn, Gabriel (ed.) (2008) ›*Neue Anarchismus*‹ *in den USA: Seattle und die Folgen*. Unrast-Verlag.
Lambroza, Shlomo (2004) "The Pogroms of 1903-1906," in J. Klier and S. Lambroza (eds.), *Pogroms: Anti-Jewish Violence in Modern Russian History*: 195-247. Cambridge University Press.
Michels, Tony (2005) *A Fire in Their Hearts: Yiddish Socialists in New York*. Harvard University Press.
Szajkowski, Zasa (1972) *Jews, Wars, and Communism*: Vol.I: *The Attitude of American Jews to World War I, the Russian Revolutions of 1917, and Communism (1914-1945)*. KTAV Publishing House, Inc.
Voline (1990) *The Unknown Revolution 1917-1921*. Black Rose Books.『知られざる革命——クロンシュタット反乱とマフノ運動』（野田茂徳・野田千香子訳）現代思潮社，1966 年；『1917 年・裏切られた革命——ロシア・アナキスト』[新装版]（野田茂徳・野田千香子訳）現代評論社，1971 年。
Yelensky, Boris (1958) *In the Struggle for Equality: The Story of the Anarchist Red Cross*. Alexander Berkman Aid Fund.

あとがき

　本シリーズ「政治を問い直す」全2巻は，私たちのネットワーク型共同研究の成果である。第1巻は，加藤哲郎・小野一・田中ひかる・堀江孝司編『国民国家の境界』，第2巻は，加藤哲郎・今井晋哉・神山伸弘編『差異のデモクラシー』と題し，共同研究を進めてきた中堅・若手の力作が収録される。専門的な内容を教科書にも使えるよう，初学者にも読みやすい構成と叙述に苦労したが，類書にはない多くの問題提起が含まれている。

　それは，3年前に始まった。日本学術振興会科学研究費補助金で「移動と情報ネットワークの政治学──『帝国』と越境するマルチチュード」を基盤研究(B)で申請したところ，幸い高い評価を得てほぼ全額が認められ，各地で海外調査を行いつつ，「政治と国家の境界」に共同で取り組むことになった。

　この研究は，ネットワークのハブである私にとっては，長年進めてきた現代国家論研究と，近年取り組んでいる情報政治研究の，結節点に位置する。経済のグローバル化とともに進行する国内政治の国際政治化，国際政治の地球政治化を，定住を前提とした近代国民国家型政治の再編，モノ，カネ，ヒトが国境を越える「帝国」型グローバル政治の形成とみなし，そのもとで進行する民衆の移動，とりわけ越境・脱国家化の動きに注目して，「国籍」，「国民」，「市民」，「市民社会」等の既存の概念がどのような変容をこうむり，どのような新しい課題を生み出すか，どのような新しい枠組みと発想，方法，概念を必要とするかを，実証的な国際比較と歴史的・思想的系譜に即して考察したものである。

　こうしたアプローチのアイディアは，もともと3つの理論系列に示唆を受けた。

　第一は，政治学・国際政治学の21世紀的展開，とりわけデーヴィッド・

ヘルドらのデモクラシーとグローバル・ガバナンスの理論である。そこでは一国内部でも地球的規模でも「差異の承認・解放」が課題になり，マイノリティの処遇が「国際人権レジーム」として国際機関でも問題にされる。

第二に，「移動の社会学」「移動の政治学」の流れである。ジョン・アーリ『場所を消費する』，『社会を越える社会学——移動・環境・シチズンシップ』（ともに法政大学出版局）の問題提起は，「社会」を都市中心の定住空間と前提する近代市民社会論への，したがって既存の政治学・社会学への挑戦で，移住による身体的移動に商品・貨幣や映像・メディアを介した感覚的移動，国外就労や観光旅行による情動の歴史的変容を加えると，「定住者＝市民」を前提にした政治のあり方は，大きく撹乱される。

第三に，アントニオ・ネグリとマイケル・ハートが『〈帝国〉』（以文社）と『マルチチュード』（日本放送出版協会）で主張している，地球的政治経済秩序の世界史的構造である。彼らの提起した「生政治」や「帝国」，「マルチチュード」の概念を念頭において，欧米・日本の国籍・移民問題や，社会運動における「国際主義」の歴史的展開を問い直した。

その結果，私たちの共同研究が見出したのは，国民国家は動揺し，政治の境界も流動化しているが，国籍や人種・民族問題の重要性は失われていない。移動や越境の具体的あり方を規定するのは，それぞれの地域や国家のデモクラシーのあり方であり，その歴史的軌跡とそれを支える社会運動，情報，世論，メディア，コミュニケーションの変容こそ，21世紀の「差異の政治」を特徴づけていることだった。

この研究は，私自身が，欧米ばかりでなくインドや中国の友人たちの協力をあおぎ，メキシコでは客員講義をしながら完成された。その間にリーマン・ショックによる世界金融・経済恐慌も経験した。執筆には，国外ではアメリカ，イタリア，中国，オーストラリア在住の若手が，国内では北海道から沖縄まで各地に住む研究者たちが加わった。研究そのものがネットワーク型であり，それぞれの執筆者の差異と個性が発揮できるよう心がけた。

「政治を問い直す」は，「政治」を共通に問題としつつも，政治学とも社会学とも，哲学，歴史学とも，一義的に規定できない。それは，歴史と現実そのものの多様性の表現であり，「帝国」と「マルチチュード」の差異を孕んだ可塑的実像への挑戦だからである。

　出版にあたっては，日本経済評論社の栗原哲也社長，編集部の谷口京延さん・吉田真也さんに，大変お世話になった。出版事情の厳しいもとで，日本の社会科学の発展を長期的視野から支え続ける同社の学術的貢献に敬意を表し，心から謝意を表する。

加　藤　哲　郎

【編者・執筆者紹介】

加藤 哲郎（かとう てつろう）編者代表，あとがき執筆
1947年生まれ。東京大学法学部卒業。名古屋大学助手，一橋大学助教授・教授，英エセックス大学，米スタンフォード大学，ハーバード大学，独ベルリン・フンボルト大学客員研究員，インド・デリー大学，メキシコ大学院大学客員教授等を経て，2010年から一橋大学名誉教授，早稲田大学大学院政治学研究科客員教授。専門は政治学・比較政治・現代史。インターネット上で「ネチズン・カレッジ」http://www.ff.iij4u.or.jp/~katote/Home.html 主宰。博士（法学）。
著書に『社会と国家』岩波書店，『国境を越えるユートピア』平凡社，『情報戦の時代』『情報戦と現代史』花伝社，『ワイマール期ベルリンの日本人』岩波書店，など多数。

大中 一彌（おおなか かずや）第1章執筆
1971年生まれ。パリ第10大学第3（博士）課程修了。2006年から，法政大学国際文化学部教員。専門は政治学，政治思想（近現代フランスを中心に）。
論文に Pratique et Temps: Louis Althusser et les "Courants souterrains du matérialisme"（パリ第10大学博士論文），訳書にエティエンヌ・バリバール『ヨーロッパ，アメリカ，戦争』平凡社，など。

丹野 清人（たんの きよと）第2章執筆
1966年生まれ。一橋大学大学院社会学研究科博士課程単位修得退学。日本学術振興会特別研究員PDを経て，2002年東京都立大学人文学部講師採用。2005年東京都立大学の首都大学東京への改組転換に伴い現職の首都大学東京准教授。
著書に『越境する雇用システムと外国人労働者』東京大学出版会，『顔の見えない定住化』名古屋大学出版会（共著），『国際化する日本社会』東京大学出版会（共著），など。

鳥山 淳（とりやま あつし）第3章執筆
1971年生まれ。一橋大学社会学研究科博士後期課程修了。博士（社会学）。大学非常勤講師，名護市史編さん嘱託員などを経て，現在は沖縄国際大学准教授。専門は沖縄をめぐる政治社会学。
著書に『岩波講座アジア・太平洋戦争6　日常生活の中の総力戦』（共著），『沖縄の占領と日本の復興』青弓社（共著），『沖縄・問いを立てる5　イモとハダシ　占領と現在』社会評論社（共著），など。

井関 正久（いぜき ただひさ）第4章執筆
1969年生まれ。ベルリン自由大学で博士号（Dr. phil.）取得。東京大学助手を経て，現在，中央大学准教授。専門はドイツ政治史。
著書に Das Erbe der Runden Tische in Ostdeutschland, Peter Lang,『近代ドイツの歴史』ミネルヴァ書房（共著），『ドイツを変えた68年運動』白水社，など。

堀江 孝司（ほりえ たかし）編者，序章，第5章執筆
1968年生まれ。一橋大学大学院社会学研究科博士後期課程修了。名古屋市立大学助教授を経て，2007年から首都大学東京准教授。専門は政治学。博士（社会学）。
著書に『現代政治と女性政策』勁草書房，『専門知と政治』早稲田大学出版部（共著），『現代政治のパースペクティブ』法律文化社（共著），など。

稗田 健志（ひえだ たけし）第6章執筆
1977年生まれ。欧州大学院大学政治社会学部博士課程修了。2010年から早稲田大学高等研究所助教。専門は比較政治学。博士（政治社会学）。
論文に Aging and political institutions: Comparative political economy of long-term care for frail older people（Ph.D. dissertation），"The political economy of welfare recalibration: What determines the state's responses to the emergence of new social risks?," EUI Working Papers, No. 2009/03, Department of Political and Social Sciences, European University Institute, Florence, および「『資本主義の諸類型』論から見た日本型福祉レジーム」『季刊社会保障研究』，国立社会保障・人口問題研究所，第41巻2号，など。

小野 一（おの はじめ）編者，第7章執筆
1965年生まれ。北海学園大学法学研究科修士課程修了，一橋大学社会学研究科博士後期課程単位修得退学。法学修士。現在，工学院大学准教授。専門は現代ドイツ政治学。
著書に『ドイツにおける「赤と緑」の実験』御茶の水書房，『政治変容のパースペクティブ［第2版］』ミネルヴァ書房（共著），など。

髙橋 善隆（たかはし よしたか）第8章執筆
1964年生まれ。中央大学大学院法学研究科博士後期課程単位修得退学。跡見学園女子大学講師。法学修士。専門は政治学，アメリカ政治。
著書に『グローバル化の政治学』（日本比較政治学会年報第2号）早稲田大学出版部（共著），『グローバル化のなかの現代国家』（中央大学社会科学研究所研究叢書第8号）中央大学出版部（共著），『体制擁護と変革の思想』（中央大学社会科学研究所研究叢書第10号）中央大学出版部（共著），など。

許 寿童（ほ すどん）第9章執筆
1964年生まれ。一橋大学大学院社会学研究科博士後期課程修了。東京造形大学講師などを経て，2008年から中国・汕頭大学法学院副教授。専門は東アジア地域研究。博士（社会学）。
著書に『近代中国東北教育の研究──間島における朝鮮人中等教育と反日運動』明石書店。最新論文に「日本の新首相鳩山由紀夫の歴史認識と中日関係」『太平洋学報』（中国），「間島光明会と永新中学校──韓中日の『理想郷』は可能だったろうか」『満洲研究』（韓国），など。

島田 顕（しまだ あきら）第 10 章執筆

　1965 年生まれ。一橋大学大学院社会学研究科博士後期課程修了。モスクワ放送（現ロシアの声）日本語課アナウンサーを経て、2002 年から関東学院大学経済学部講師。博士（社会学）。専門は歴史学。

　著書に『スペイン内戦とガルシア・ロルカ』南雲堂フェニックス（共著）、『日本におけるスペイン内戦報道』れんが書房新社（共著）、など。

田中 ひかる（たなか　ひかる）編者，序章，第 11 章執筆

　1965 年生まれ。一橋大学大学院社会学研究科博士後期課程単位取得退学。現在，大阪教育大学准教授。専門は歴史学。博士（社会学）。

　著書に『ドイツ・アナーキズムの成立』御茶の水書房，など。訳書に S. リッヒェベッヒャー著『ザビーナ・シュピールラインの悲劇』岩波書店，がある。

国民国家の境界　〈政治を問い直す　1〉

2010年5月20日　第1刷発行

定価（本体2500円＋税）

編　者　加　藤　哲　郎
　　　　小　野　　　一
　　　　田　中　ひかる
　　　　堀　江　孝　司

発行者　栗　原　哲　也

発行所　㈱日本経済評論社

〒101-0051 東京都千代田区神田神保町3-2
電話 03-3230-1661　FAX 03-3265-2993
http://www.nikkeihyo.co.jp
振替 00130-3-157198
シナノ印刷

落丁本・乱丁本はお取替えいたします　Printed in Japan
© KATO Tetsuro et al. 2010
ISBN978-4-8188-2104-0

・本書の複製権・翻訳権・上映権・譲渡権・公衆送信権（送信可能化権を含む）は、㈱日本経済評論社が保有します．

・ JCOPY 〈㈳出版者著作権管理機構　委託出版物〉
本書の無断複写は著作権法上での例外を除き禁じられています．複写される場合は、そのつど事前に、㈳出版者著作権管理機構（電話 03-3513-6969, FAX 03-3513-6979, e-mail: info@jcopy.or.jp）の許諾を得てください．

政治を問い直す　2　『差異のデモクラシー』
　　　　　加藤哲郎・今井晋哉・神山伸弘編　　本体 2500 円

──主な内容──
序　　章　政治の境界と亡命の政治　　　　　　　　　　加藤哲郎
第 1 章　恐怖の政治と治安社会化　　　　　　　　　　斉藤吉広
第 2 章　NIMBY 問題の構造とデモクラシー　　　　　　中澤高師
第 3 章　ポピュリズムと熟議・討議デモクラシー　　　飯島伸彦
第 4 章　自由による差異の承認　　　　　　　　　　　神山伸弘
第 5 章　政治における普遍主義の限界と再生　　　　　鵜飼健史
第 6 章　現代デモクラシーの起源　　　　　　　　　　白井　聡
第 7 章　労働者教育，社会的自助，公共圏への参加　　今井晋哉
第 8 章　ルディー・ベイカーの秘密の活動　　　　　　岡本和彦
第 9 章　60 年安保闘争と「沖縄問題」　　　　　　　 小野百合子
第10章　「1968」をグローバルに語るということ　　　中川　圭

アクセス・シリーズ

既刊

天児・押村・河野編	**国際関係論**	本体 2500 円
河野勝・岩崎正洋編	**比較政治学**	本体 2500 円
河野勝・竹中治堅編	**国際政治経済論**	本体 2800 円
押村高・添谷育志編	**政治哲学**	本体 2500 円
平野浩・河野勝編	**日本政治論**	本体 2800 円
岸川毅・岩崎正洋編	**地域研究 I**	本体 2800 円
小川有美・岩崎正洋編	**地域研究 II**	本体 2800 円
山本吉宣・河野勝編	**安全保障論**	本体 2800 円

A5 判並製・各巻平均 250 頁

日本経済評論社